Lifelong Education Management

평생교육경영론

김진숙 · 김규태 · 서민호 · 조정선 공저

양성원

머리말

"We cannot teach our kids to compete with machines. They are smarter. We have to teach something unique so that a machine can never catch up with us.
(우리는 아이들에게 기계와 경쟁하도록 가르칠 수는 없다. 기계가 인간보다 스마트하기 때문이다. 우리는 아이들에게 기계와는 다른, 인간만의 고유한 능력을 가르쳐야 한다)."

최근 세계경제포럼(2018 다보스 포럼)에서 알리바바그룹 마윈 회장은 "서비스 산업처럼 인간의 고유한 영역을 개발하지 않는다면 인공지능과 빅데이터는 인류에게 위협이 될 것"이라고 경고하였다. 컴퓨터는 절대 지식을 잊어버리거나 화를 내지 않고 항상 인간보다 스마트할 것이기 때문이다. 맥킨지 국제연구소(McKinsey Global Institute)는 80억 개의 일자리가 로봇에 의해 대체될 것으로 전망하였다. 이처럼, 많은 경제학자와 과학자가 예견하는 대로 자동화로 인해 일자리가 사라지는 만큼 또한 많은 일자리가 생겨날 것이다. 그리고 기술 혁명에 따른 미래 노동시장에서는 고학력과 고도기술을 가진 노동력의 수요가 더 늘어날 것으로 전망하고 있다. 하지만, 중요한 문제는 그러한 새로운 일을 수행할 수 있는 역량에 대한 교육과 현장에서 일하는 경영환경이 뒷받침해 주고 있는가이다.

교육은 지금 큰 도전을 맞고 있다. 학교에서 지식 중심의 교육은 그만두어야 한다. 미래 세대를 위한 교육은 기계와는 다른, 인간만의 고유한 능력을 가르쳐야 한다. 지식으로는 학습할 수 없는 팀워크, 타인에 대한 배려, 가치, 신념 등의 소프트 스킬이 필요하다. 그렇다면 평생교육기관과 시설에서의 교육 및 프로그램도 소프트 스킬

등의 내용으로 전환되어야 할 것이다. 즉, 평생교육기관에 근무하는 경영자와 종사자는 평생교육기관의 효과적인 경영과 관련된 지식 및 전략의 학습이 필요하다.

오늘날 인간의 수명이 연장됨에 따라 교육은 학령기 중심의 학교교육에서 평생학습 중심의 평생교육으로 패러다임이 전환되었다. 이러한 평생학습은 노동 체계의 변화를 가져오고, 이에 일터는 학습조직으로 구성되고, 지자체는 학습도시를, 사회는 학습사회를 추진하여 분야마다 평생학습의 장으로 변모되고 있다. 이 밖에도 「평생교육법」 제31조에서 제38조에 있는 평생교육시설과 사교육기관 및 대학 등이 주요한 평생교육산업기관으로서 평생교육에 참여하고 있다.

이 교재는 평생교육기관의 경영자와 평생교육사가 되고자 하는 예비평생교육사들에게 쉽게 이해할 수 있도록 내용을 구성하였으며, 실제 현장업무에서 적용할 수 있는 실천성과 적용성에 중점을 두었다. 따라서 평생교육을 학습하는 학습자와 평생교육을 실천하는 현장의 경영자와 종사자에게 조금이나마 도움이 되기를 소망한다.

끝으로 이 책을 출판할 수 있도록 도와주신 양성원의 강철원 대표님과 출판사 관계 직원 여러분께 감사의 마음을 전한다.

2018년 9월

저자 일동

차례

Chapter 05 평생교육을 위한 조직이론

Chapter 06 평생교육기관 경영의 기획과 전략

Chapter 07 평생교육기관 경영자의 역할과 리더십

Chapter 08 평생교육기관의 마케팅 및 홍보

Chapter 09 평생교육기관의 평가

Chapter 10 평생교육 프로그램 개발 및 평가

Chapter 1

평생교육경영의 이해

학습목표

1. 평생교육의 의미와 특성을 이해하고 설명할 수 있다.
2. 평생교육 관련 개념을 이해하고 구분할 수 있다.
3. 학교교육과 평생교육의 특성을 이해하고 비교할 수 있다.
4. 평생교육경영의 의미와 특징을 이해하고 설명할 수 있다.
5. 평생교육경영, 평생교육행정, 평생교육관리 등을 이해하고 구별할 수 있다.
6. 평생교육경영자의 유형, 역할과 스킬을 이해하고 제시할 수 있다.
7. 평생교육경영의 요소와 내용을 이해하고 설명할 수 있다.
8. 평생교육경영의 원리를 이해하고 제시할 수 있다.
9. 평생교육경영의 과정을 이해하고 나열할 수 있다.
10. 평생교육경영에서의 체제적 분석 및 사고를 이해하고 설명할 수 있다.

사전학습

1. 평생교육은 한 개인이 한 평생 사는 동안 갖는 수직적이고 수평적 차원의 교육을 말한다.
2. 적령기 학생을 대상으로 하는 학교교육(pedagogy)과 성인을 대상으로 안드라고지(성인학, andragogy)에서 강조하는 학습동기, 학습동기와 학습방법은 다르다.
3. 평생교육은 사회교육, 성인교육, 연장교육, 순환교육, 계속교육 등을 포함한 개념이다.
4. 평생교육의 특징은 학습자 중심, 저렴한 비용, 요구반영, 취업연계, 분권화가 있다.
5. 평생교육경영은 평생교육목표를 효과적으로 달성하기 위해 인적·물적·재정적 조건과 그 운영 방법을 계획·집행·평가하고, 평생교육기관의 구성원의 협동적 행위를 촉진하는 활동이다.
6. 평생교육경영자는 최고경영자, 중간경영자, 일선경영자로 구분되며, 이들이 주로 사용하는 스킬은 통합적 스킬, 대인관계 스킬, 실무적 스킬이다.
7. 평생교육경영은 리더십, 기획, 인사, 조직, 자원, 재무, 서비스 등 요소가 체계적으로 연계된 활동이다.
8. 평생교육경영의 원리는 법치행정, 기회균등, 자주성, 타당성, 민주성, 능률성, 적응성, 안정성 등이 있다.
9. 평생교육경영은 계획, 조직, 명령, 조정, 통제 등의 과정을 통해 이루어진다.
10. 평생교육경영을 위한 체제적 접근은 교육조직의 내부 요인들의 상호 연계성과 그것들에 대한 환경적 변화와 영향력 등을 종합적으로 분석하는 것을 말하며, 이를 위해서는 분석적 사고, 비판적 사고, 창의적 사고를 필요로 한다.

1. 평생교육의 이해

평생교육은 삶(life), 평생(lifelong)과 교육(education) 등 세 가지 개념이 내포되어 있는 용어로, 개인이 한 평생 사는 동안 갖는 모든 교육을 말한다. 랑그랑(Lengrand, 1970)은 평생교육을 개인의 출생에서 시작하여 죽을 때까지 계속되는 모든 교육을 통합하는 활동으로 보았다. 즉, 평생교육은 수직적이고 수평적 차원이 통합된 특성을 지닌 교육이라고 하였다. 평생교육이 수직적이라는 의미는 평생교육의 대상이 요람에서 무덤까지, 즉 유아, 아동, 청소년, 성인, 노인을 포함한다는 의미이다. 그리고 수평적이라는 의미는 인간의 생활공간인 가정, 학교, 사회, 직장, 가상공간 등을 포함한다는 것을 말한다.

평생교육이 적령기 학생과 성인을 대상으로 한다고 하지만, 현실적으로는 적령기 학생보다는 성인을 대상으로 실시되고 있는 활동이어서 학교교육과는 다른 특징을 지닌다. 즉, 적령기 학생을 대상으로 하는 학교교육(pedagogy)과 성인을 대상으로 안드라고지(성인학, andragogy)는 구별된다. 학교교육은 교수자 중심, 비현실적 학습내용, 미래생활 대비를 강조하지만, 안드라고지는 학습자 중심, 일과 생활 중심, 현재 필요 등을 강조한다.

구분	안드라고지	페다고지
학습욕구	학습 시작 전 학습 필요성 점검 학습결과에 대한 이해관계 분석	학습내용의 현실과의 비연관성 교사 지도 사항 중시
자기개념	자기주도성	의존성
경험 역할	직접 경험을 통해 얻는 지식과 기술 중시 (실험, 토의, 문제해결, 현장학습 등)	외부에서 주어진 경험 습득 (강의, 전달식 수업 등)
학습내용	실제 생활의 문제, 상황 해결을 위한 학습 이질성, 다양성	사회에서 규정된 학습 강요 동질성, 통일성
학습지향성	미래생활, 실용, 문제해결	미래생활 대비(지식습득, 교과중심)
학습동기	외재적 동기(직업, 승진, 봉급 등) 내재적 동기(직업만족감, 자존감, 생활의 질)	외재적 동기(학점, 교사인정 등)

평생교육은 형식교육(formal education), 비형식교육(non-formal education), 무형식교육(informal education)으로 구분된다. 형식교육은 초·중·고·대학 등에서 졸업장이나 학위취득을 목적으로 하는 정규과정을 말한다. 비형식교육은 학교 밖에서 이루어지는 모든 구조화된 학습과정으로, 학위나 졸업장 취득을 목적으로 하는 교육 프로그램을 운영하는 기관에 등록하여 교육 프로그램을 수강하는 것으로, 주로 학원, 도서관, 평생교육기관, 온라인 학습기관 등에서 이루어지는 교육을 말한다. 무형식교육은 학습자가 독서, 여행 등에서 새로운 무언가를 배운다거나 가족, 친구, 직장 동료나 상사의 조언에 의한 학습, 컴퓨터나 인터넷을 활용하여 새로운 정보나 지식을 배우는 것을 말한다.

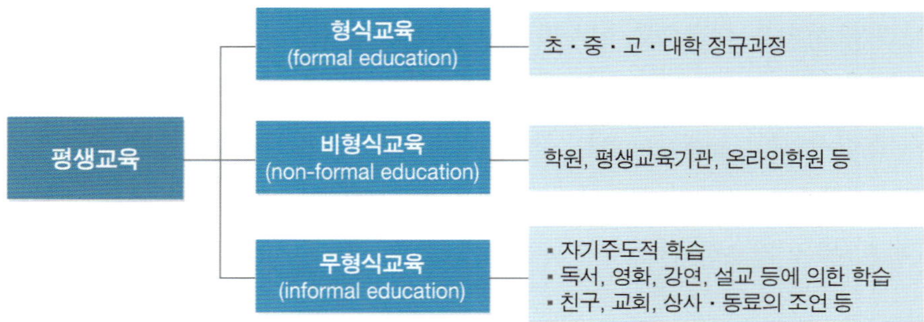

평생교육은 사회교육, 성인교육, 연장교육, 순환교육, 계속교육 등을 포함한 개념이다. 사회교육(social education)은 학교교육을 제외한 모든 형태의 교육을 의미한다. 성인교육(adult education)은 학교 밖 교육기관에서 이루어지는 성인 대상 교육을 말한다. 연장교육(further education)은 의무교육 연령인 15세를 넘는 사람에 대한 전일제, 여가교육, 직업교육을 말한다. 순환교육(recurrent education)은 학습자가 학교와 지역현장인 사회를 왕래하며 받는 교육을 말한다. 계속교육(continuing education)은 성인들이 학교교육을 마치고 난 이후 사회역할 수행과 자기실현을 위해 받는 교육을 말한다.

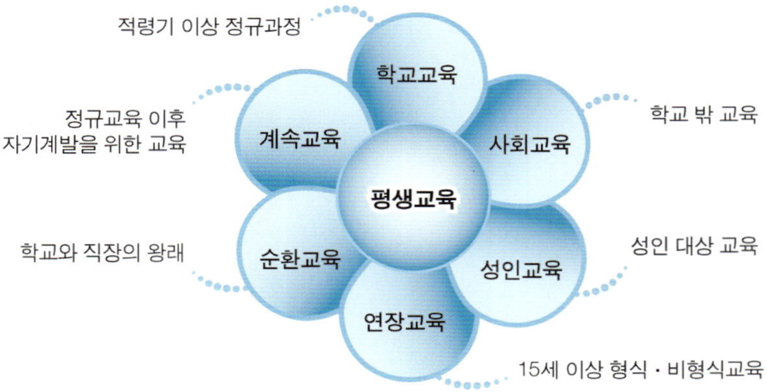

| 그림 1-1 | **평생교육 관련 개념**

평생교육은 다음과 같은 학습자 중심, 저렴한 비용, 요구반영, 취업연계, 분권화 등의 특징을 지닌다.

① **학습자 중심**(learner centered): 평생교육은 학습자의 변화하는 요구와 수요를 충족시키고, 또한 교육기회를 더욱 공평하게 확대하는 방향에서 이루어져야 한다.

② **저렴한 비용**(low cost): 많은 학습자가 평생교육을 받을 수 있도록 교육 및 훈련 비용이 저렴할 필요가 있다.

③ **요구에 기초**(basic in needs): 평생교육 프로그램은 학습자들의 필요와 요구 및 관심을 고려할 뿐만 아니라 사회, 경제, 문화 등 변화에 부응할 필요가 있다.

④ **취업연계(linkage to employment)**: 발전하는 과학 · 기술 문명과 정보에 대한 학습과 변화하는 일터 및 직무기술에 적응할 수 있도록 유연한 교육훈련 및 자격 취득 등에 초점을 두어야 한다.

⑤ **분권화된 기획과 변경(decentralized planning & alteration)**: 평생교육은 교육의 설계와 기획에 있어서 최대한으로 평생교육기관의 입장을 고려하도록 보장해 주어야 한다.

2. 평생교육경영

1) 평생교육경영의 특징

교육경영은 교육기관에서 이루어지는 교육과정, 교수학습 및 생활지도 등 교육활동을 효과적이고 효율적으로 지원하기 위한 활동이라고 할 수 있다(김규태 · 강유정 · 권민석 · 최경민, 2016). 이를 적용하면 평생교육경영은 평생교육기관에서 이루어지는 교육활동을 위한 효과적 · 효율적 지원 활동이라고 할 수 있는데, 이 개념 속에는 다음과 같은 내재된 의미를 내포하고 있다. 우선, 평생교육경영은 평생교육 프로그램이 효과적 · 효율적으로 이루어질 수 있는 인적 · 물적 · 재정적 조건 마련과 그 운영 방법을 강구하는 활동이다. 둘째, 평생교육경영은 한정된 자원을 효율적으로 사용하여 공동의 목표를 효과적으로 달성할 수 있도록 계획, 집행 및 평가하는 활동이다. 셋째, 교육목표가 달성할 수 있도록 교육구성원 간에 이루어지는 협동적 활동이다. 따라서 평생교육경영은 평생교육목표를 효과적으로 달성하기 위해 인적 · 물적 · 재정적 조건과 그 운영 방법을 계획 · 집행 · 평가하고, 평생교육기관의 구성원의 협동적 행위를 촉진하는 활동이라 할 수 있다.

◆◆ 평생교육경영의 특성

- 평생교육기관의 핵심활동인 교수-학습 활동 지원
- 교수-학습 활동이 효과적이고 효율적으로 이루어질 수 있도록 계획, 의사결정, 리더십, 관리 및 실행, 평가하는 활동
- 여러 사람의 노력과 자원이 함께 결합되는 집단적 과정
- 평생교육 특수성을 고려

평생교육경영은 평생교육행정, 평생교육관리나 운영과는 차이가 있다. 평생교육행정은 평생교육을 통한 공공성 및 형평성 등 공적 가치 추구, 국가 및 지방자치단체가 실시하는 평생교육, 공적 의사결정과 집행, 점진적 개선과 안정을 추구하는 활동이다. 반면, 평생교육경영은 수익성 및 효율성을 위한 사적 가치 추구, 개인 및 법인이 실시하는 평생교육, 비즈니스 수준의 의사결정, 혁신, 변화와 유연한 적응성을 강조하는 활동이다.

또한 평생교육행정은 공공기관에서 공익을 추구하는 활동으로 이루어지며, 프로그램 성격도 기관마다 비슷한 경향을 보이며, 변화하는 사회 및 경제 환경과 요구에 따라 프로그램 개발 및 운영하는 속도가 비교적 느리며, 지역 주민이나 저소득층 등 수요자를 고려한 프로그램을 운영하고, 비교적 큰 조직을 지니면서 관료적으로 운영되는 측면이 강한 특성을 보인다. 반면, 평생교육경영은 다양한 개인 또는 법인 등 민간기관이 사익을 추구하는 활동으로 이루어지며, 수요자도 개인 지불 능력이 있는 자에게 국한되며, 변화하는 환경과 요구에 유연하고 신속하게 반응하며 그에 맞는 프로그램 개발·제공할 수 있는 조직 운영을 지향한다.

| 표 1-1 | 평생교육행정과 평생교육경영의 특성

	평생교육행정	평생교육경영
특성	공공성 및 형평성 등 공적 가치 추구 국가 및 지방자치단체 정부/공공기관 수준의 정책결정 점진적 개선과 안정	수익성 및 효율성을 위한 사적 가치 추구 개인 및 법인 비즈니스 수준의 의사결정 혁신과 변화, 유연한 적응성
공급자	공공기관, 대규모	민간기관, 소규모
수요자	주민, 공공, 무료	일반 개인, 유료
프로그램	동형화(공공기관마다 비슷한 프로그램)	차별화(기관마다 다양한 프로그램)
환경/요구부응	느리거나 낮음	비교적 빠르고 높음
조직운영	관료적	팀제

또한, 평생교육경영은 평생교육관리 또는 운영과도 차이가 있다. 평생교육경영이 평생교육에 대한 방향설정, 비전제시, 조직개발, 리더십 전략, 동기부여, 자원의 집중화 및 분산 등을 결정하는 활동이라면, 평생교육관리는 경영진에 의해 결정된 전략이나 방법 등을 실행하는 데 투입되는 자원을 최소화하거나 주어진 자원을 이용하여 추구하는 목표를 달성하기 위해 실무 부서에서 기획 및 예산, 조직 및 충원, 통제 활동을 하는 것을 말한다. 또한 평생교육운영은 평생교육과 관련된 수행 내용이나 방법 등 사전에 정해진 것에 따라 수행하는 활동을 말한다.

- 경영: 조직체의 사회적 역할에 따라 목적을 설정하고 그 목적을 달성하기 위하여 외부환경으로부터 주어지는 기회를 포착하는 의사결정 활동
- 관리: 결정된 전략을 실행하는 데 투입되는 자원을 최소화하거나 주어진 자원을 이용하여 추구하는 목표의 도달하도록 최대화하는 활동
- 운영: 관리활동을 사전에 정해진 방식과 체계에 따라 수행하는 활동

2) 평생교육 경영자

평생교육 경영자는 전략적 기획(비전, 목표, 전략 수립자), 대인관계(대표자, 리더, 연결자, 대변자), 정보관리(정보수집자, 보급자), 의사결정(문제처리자, 자원배분자, 중재자) 등 역할수행의 기대를 받는다. 이들 경영자의 역할에 따른 경영자 유형은 다음과 같다.

① **최고경영자**(chief executive officer, CEO): 기관의 중장기 목표와 전략 결정, 기관 방침 및 비전 설정, 기관의 사회적 책임 수행 및 지역사회의 네트워크 형성
② **중간경영자**(middle management: **부서장, 국장**): 최고 경영층이 설정한 목표, 전략, 정책 집행을 위한 활동 수행, 일선 경영자(감독층)에 대한 지휘 및 감독, 최고 경영자와 일선 경영자층 간의 상호관계 조정 역할 수행
③ **일선경영자**(supervisory management: **팀장, 과장**): 전문적인 실무능력을 갖추고 있으면서 직원들의 고충, 일정계획 및 직원들의 직무 및 관리 책임

이들 평생교육경영자가 수행할 수 있는 기술은 그 담당하는 역할과 기능에 따라 달라지며, 실무적 스킬, 대인관계 스킬, 통합적 스킬로 구분할 수 있다(김규태 · 강유정 · 권민석 · 최경민, 2016).

우선, 실무적 스킬(technical skill)은 조직목표를 달성하는 데 필요한 핵심 기술 또는 전문적 실무 기술이다. 평생교육기관에 적용해 보면 강사 또는 교수자가 강의, 상담, 평가, 고객관리 등을 수행하는 데 필요한 전문적 스킬을 말한다.

둘째, 대인관계 스킬(human relationship skill)은 조직 내부와 외부의 사람들과 원만한 관계를 맺고 의견을 조율하며 협력할 수 있는 스킬이다. 이는 평생교육 담당자와 상사 · 동료 · 고객 · 강사와의 관계와 소통 및 서비스 제공에 필요한 스킬이라 할 수 있다.

셋째, 통합적 스킬(conceptual skill)은 전체 파악적 스킬, 전략적 기획 전략이라고도

하며, 조직의 비전과 전략을 제시하거나 운영 전반을 전체적으로 파악할 수 있는 스킬이다. 평생교육기관에 적용해 보면, 평생교육기관장이 평생교육 비전과 목표를 수립하고, 그에 맞는 교육계획을 수립하여 추진하고, 교육 및 운영 전반을 지속적으로 모니터링하며 운영 성과 및 개선 활동을 하는 데 필요한 스킬로 볼 수 있다.

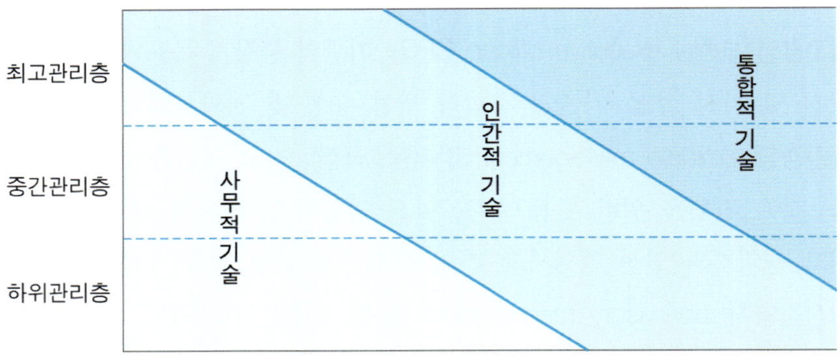

| 그림 1-2 | **학교 구성원의 교육 및 행정 스킬**

3) 평생교육경영의 요소

평생교육경영은 [그림 1-3]과 같이 리더십, 기획, 사람, 조직, 자원, 재무, 서비스 등 요소가 체계적으로 연계된 활동이라고 할 수 있다. 리더십은 평생교육 경영자가 평생교육기관, 프로그램, 구성원, 조직 운영을 효과적으로 이끄는 활동이라고 할 수 있다. 기획은 평생교육기관의 운영 방향과 목표를 설정하거나, 조직 운영 과정에서 야기되는 문제나 이슈를 해결하고 결정하는 활동, 조직 운영 환경과 요구를 분석하고 성과를 관리하는 활동을 말한다. 인사관리는 인사 충원 및 배치, 구성원의 직무수행능력 향상을 위한 교육훈련 등을 말한다. 조직관리는 조직 내 구성원의 역할과 기능을 배분하거나, 조직 목표달성을 위한 조정 및 갈등 관리 등에 대한 활동을 말한다. 자원관리는 평생교육기관에서 수행하는 프로그램 운영, 구성원의 직무 수행이나 조직관리 등에 필요한 시설, 물품, 환경 등의 관리 활동을 말한다. 재무관리는 평생교육기관이 실시하는 프로그램 개발 및 운영, 조직 구성원의 직무활동 및 지원, 고객 서비스 등에 필요한 경비를 조달하고 집행하는 활동을 말한다. 서비스 및 고객관리는 평생교육기관에서 제공하는 프로그램이나 지원 활동의 질관리를 하거나, 고객의 요구를 조사하거나, 프로그램 이수자의 만족도를 확인하는 등의 활동을 말한다.

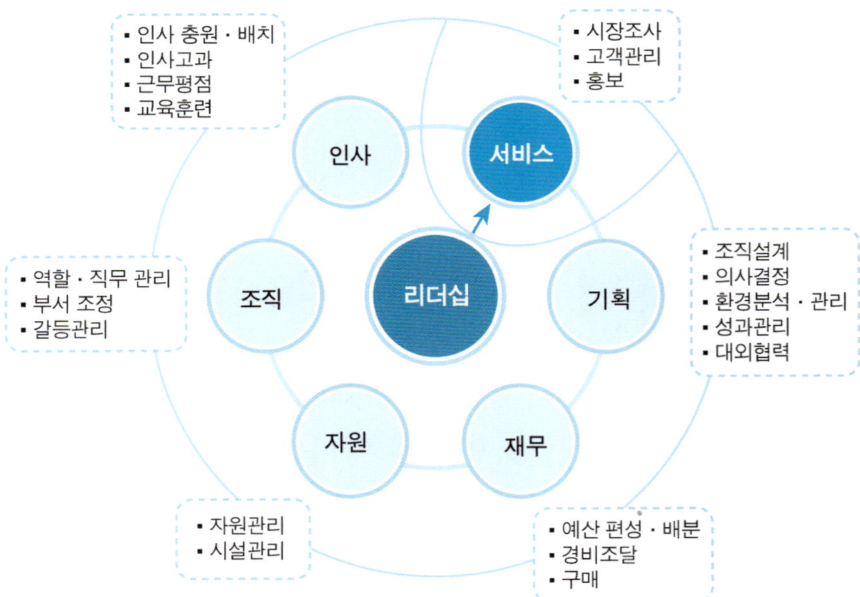

| 그림 1-3 | 평생교육경영의 요소

4) 평생교육경영의 원리

평생교육은 국가 및 지방자치단체 또는 개인 및 법인이 설립한 평생교육기관을 통해 이루어지고 있으며, 그 운영원리는다음과 같다.

① **법치행정의 원리**: 평생교육은 법에 의하여 법이 정하는 범위 안에서 이루어져야 한다는 원리

② **기회균등의 원리**: 평생교육은 모든 사람에게 균등한 기회를 제공하여 개인의 능력을 최대한 발휘할 수 있도록 해야 한다는 원리

③ **자주성 존중의 원리**: 평생교육기관의 관리 · 운영에 관하여 필요한 기준을 자주적으로 설정 · 집행하며, 조직 발전에 필요한 제반 정책을 독자적으로 결정할 수 있다는 원리

④ **타당성 원리**: 평생교육의 목표달성을 위해 부합되는 교육 및 운영 계획을 수립 실시해야 한다는 원리

⑤ **민주성 원리**: 평생교육에 관한 중요한 정책을 수립하고 집행하는 데 있어서 다양한 교육 관련 집단들의 참여와 의사결정을 보장하는 원리

⑥ **능률성의 원리**: 경제성 또는 효율성의 원리로서 평생교육활동에 있어서 최소한의 노력과 경비를 투입하고 최대한의 효과를 얻고자 하는 원리

⑦ **적응성의 원리**: 평생교육 활동이 사회 변화를 고려하여 교육 환경과 전략 및 수단을 유연하게 조정해 나가야 한다는 원리

⑧ **안정성의 원리**: 일단 결정된 평생교육정책을 일정 기간 시행함으로써 행정 시책의 일관성을 유지할 필요가 있다는 원리

5) 평생교육경영의 과정

평생교육경영의 과정은 평생교육기관의 목표달성을 위해 수행하는 경영 또는 부서 업무 수행 경로라고 할 수 있다. 평생교육 경영자는 효과적인 업무 수행을 위하

여 경영과정에 대한 이해와 적절한 적용이 필요하다. 평생교육경영의 과정은 주로 계획, 조직, 명령, 조정, 통제 과정을 통해 이루어진다.

① 계획(planning): 미래를 예측하고 미래에 대비한 행동 계획을 수립하는 것
② 조직(organizing): 인적·물적 조건을 정비하고 체계화하는 것
③ 명령(commanding): 조직에서 종업원이 최선을 다하도록 자극하는 것
④ 조정(coordinating): 조직 목표를 달성하기 위해 노력이나 부서 내 갈등을 조정·통합하는 것
⑤ 통제(controlling): 규칙과 명령에 따라 모든 일이 제대로 수행되고 있는가를 감독하는 것

6) 평생교육경영과 체제적 분석

평생교육경영을 위해서는 평생교육 운영 전반에 대한 체제적·종합적 분석이 필요하다.[1] 이러한 접근은 평생교육조직 내·외부 구성요소와 환경 간의 상호 연계된 것들을 탐색하여 조직의 목표달성에 영향을 미치는 요인들을 탐색할 수 있다는 점에서 유용하다. 또한 분석된 조직의 하위 요소들에 의해 발생하는 문제 및 대안에 대한 합리적·총체적 분석을 통해 조직 내부의 프로세스, 구조 및 문화 등을 개선하는 데 유용하다. 또한 조직과 관련된 외부 환경과 관계자들의 요구를 파악하거나 조직에 대한 환경적 변화와 적응 방안을 탐색하는 데 유용하다.

평생교육경영자는 이러한 체제적 접근을 통해 교육행정 현상을 분석, 비판하면서 새로운 대안을 탐색하여 체제의 유지와 변화를 도모해야 할 것이다. 이를 위해서는 무엇보다도 체제적 사고가 요청된다. 체제적 사고는 교육조직의 내부 요인들의 상호 연계성과 그것들에 대한 환경적 변화와 영향력 등을 종합적으로 사고하는 것을 말한다. 체제적 사고를 위해서는 [그림 1-4]와 같은 분석적 사고, 비판적 사고, 창의

1) 김규태·강유정·권민석·최경민(2016)의 내용을 수정한 것임.

적 사고를 필요로 한다. 분석적 사고(analytic thinking)는 조직 내 · 외부 요인, 요인 간, 환경 및 그 영향에 대해 논리적이고 합리적으로 사고하며 분석하는 것을 말한다. 비판적 사고(critical thinking)는 조직 내 · 외부 요인, 요인 간 상호관계, 환경 및 그 영향에 대한 가치와 효과(순기능과 역기능)를 객관적이고 균형 있게 판단하는 것을 말한다. 창의적 사고(creative thinking)는 조직 내 · 외부 요인, 요인 간, 환경 및 그 영향에 대한 가치와 효과를 종합적으로 분석한 결과를 바탕으로 기존의 조직 정책, 절차나 방법을 수정 · 보완하거나 새로운 것으로 대체하는 것을 말한다.

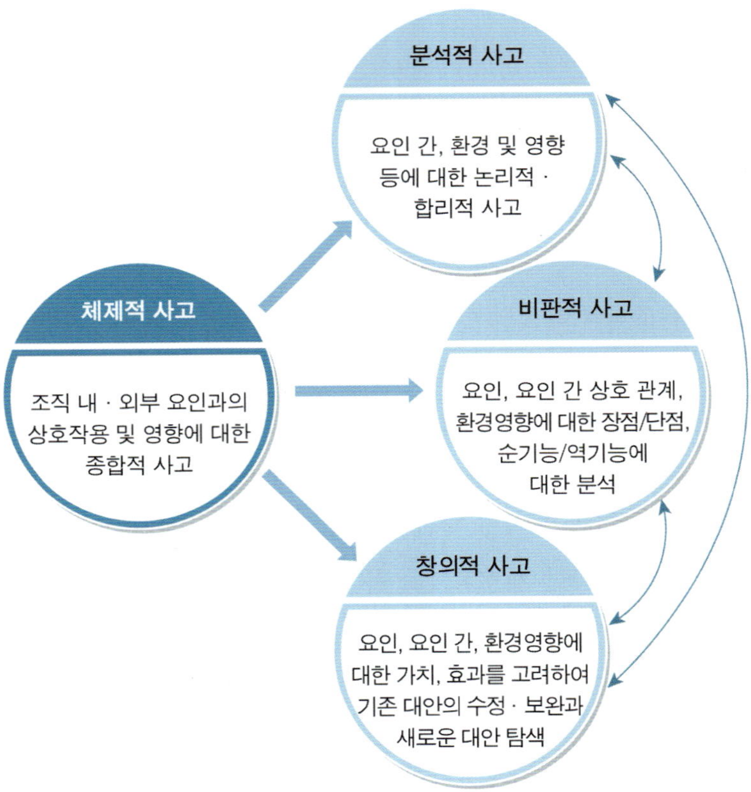

| 그림 1-4 | 체제적 사고유형과 관계

학습정리

1. 평생교육은 한 개인이 한 평생 사는 동안 갖는 수직적이고 수평적 차원의 교육을 말한다. 수직적이라는 의미는 평생교육의 대상이 유아, 아동, 청소년, 성인, 노인을 포함하며, 수평적이라는 의미는 가정, 학교, 사회, 직장, 가상공간 등을 포함한다는 것을 뜻한다.

2. 적령기 학생을 대상으로 하는 학교교육(pedagogy)과 성인을 대상으로 안드라고지(성인학, andragogy)에서 강조하는 학습동기, 학습동기와 학습방법은 다르다. 학교교육은 교수자 중심, 비현실적 학습내용, 미래생활 대비를 강조하지만, 안드라고지는 학습자 중심, 일과 생활 중심, 현재 필요 등을 강조한다.

3. 평생교육은 사회교육, 성인교육, 연장교육, 순환교육, 계속교육 등을 포함한 개념이다. 사회교육(social education)은 학교교육을 제외한 모든 형태의 교육을, 성인교육(adult education)은 학교 밖 교육기관에서 이루어지는 성인 대상 교육을, 연장교육(further education)은 의무교육 연령인 15세를 넘는 사람에 대한 전일제, 여가교육, 직업교육을, 순환교육(recurrent education)은 학습자가 학교와 지역현장인 사회를 왕래하며 받는 교육을, 계속교육(continuing education)은 성인들이 학교교육을 마치고 난 이후 사회역할 수행과 자기실현을 위해 받는 교육을 말한다.

4. 평생교육의 특징은 학습자의 요구를 충족하며, 교육 및 훈련 비용은 저렴해야 하며, 사회적 요구와 변화에 부응해야 하며, 일터와 직무와 연결되어야 하며, 평생교육기관의 자율성을 보장하는 것에 있다.

5. 평생교육경영은 평생교육목표를 효과적으로 달성하기 위해 인적·물적·재정적 조건과 그 운영 방법을 계획·집행·평가하고, 평생교육기관의 구성원의 협동적 행위를 촉진하는 활동이다. 평생교육관리는 경영진에 의해 결정된 전략이나 방법 등을 실행하는 데 투입되는 자원을 최소화하거나 주어진 자원을 이용하여 추구하는 목표를 달성하기 위해 구체적인 기획 및 예산, 조직 및 충원, 통제 활동을 하는 것을 말한다. 평생교육운영은 평생교육과 관련된 수행 내용이나 방법 등 사전에 정해진 것에 따라 업무를 수행하는 것을 말한다.

6. 평생교육경영자는 전략적 기획자, 대표자, 리더, 연결자, 대변자, 정보수집 및 보급자, 의사결정자 등과 같은 역할을 수행하며, 최고경영자, 중간경영자, 일선경영자로 구분되며, 통합적 스킬, 대인관계 스킬, 실무적 스킬을 사용한다.

7. 평생교육경영은 리더십, 기획, 인사, 조직, 자원, 재무, 서비스 등 요소가 체계

적으로 연계된 활동이다.

8. 평생교육경영의 원리는 법치행정, 기회균등, 자주성, 타당성, 민주성, 능률성, 적응성, 안정성 등이 있다.

9. 평생교육경영의 과정은 평생교육기관의 목표달성을 위해 수행하는 경영 또는 부서 업무 수행 경로이며, 일반적으로 계획, 조직, 명령, 조정, 통제 등으로 제시된다.

10. 평생교육경영을 위한 체제적 접근은 분석적 사고, 비판적 사고, 창의적 사고를 통해 교육조직의 내부 요인들의 상호 연계성과 그것들에 대한 환경적 변화와 영향력 등을 종합적으로 분석하는 것을 말하며, 조직의 목표달성에 영향을 미치는 요인들을 탐색하여 조직 내부의 프로세스, 구조 및 문화를 개선하거나 조직 환경에 대한 적응 방안을 탐색하는 데 유용하다.

평가하기

1. 평생교육은 평생교육의 대상이 유아, 아동, 청소년, 성인, 노인을 포함하는 (   ) 차원과 가정, 학교, 사회, 직장, 가상공간 등을 포함하는 (   ) 차원을 통합한 것이다.

2. 적령기 학생을 대상으로 하는 학교교육(pedagogy)과 성인을 대상으로 하는 학문 분야를 (   )라고 한다.

3. 평생교육은 사회교육, 성인교육, 연장교육, 순환교육, 계속교육 등을 포함한 개념이다. 이 중 (   )은 학교교육을 제외한 모든 형태의 교육이며, (   )은 학습자가 학교와 지역현장인 사회를 왕래하며 받는 교육을 말한다.

4. 평생교육경영자는 최고경영자, 중간경영자, 일선경영자로 구분된다. 이들이 주로 사용하는 스킬은 무엇인지 밑줄로 연결하시오.

1) 최고경영자	가) 대인관계 스킬
2) 중간경영자	나) 통합적 스킬
3) 일선경영자	다) 실무적 스킬

5. 평생교육행정, 평생교육경영, 평생교육관리의 차이점을 설명하시오.

6. 평생교육경영을 위한 체제적 사고에 대해 설명하시오.

정답: 1) 수직적, 수평적 2) 안드라고지 3) 사회교육, 순환교육 4) 1) → 나) 2) → 가) 3) → 다)

Chapter 2

현대사회와 평생교육경영

학습목표

1. 현대사회의 특징을 이해하고 설명할 수 있다.
2. 현대사회에서의 평생교육 동향에 대해 이해하고 설명할 수 있다.
3. 평생교육을 위한 지식경영과 학습조직을 이해하고 설명할 수 있다.

사전학습

1. 현대사회의 특징은 지식정보사회, 제4차 산업혁명, 데이터과학, 집단지성, 후기산업사회, 융합과학기술, 세계화, 고령화, 인문학융합, 지속가능성 등으로 제시될 수 있다.
2. 평생교육경영은 현대사회의 특징과 변화 양상을 고려한 평생교육기관 및 프로그램 운영의 유연화, 효율화 및 적합성을 강구하는 활동이다.
3. 지식경영은 기업 가치 향상을 위한 경영전략으로서 조직 내에 존재하는 다양한 조직의 총체적 지식 자본을 정보 기술을 활용해 추출하고, 조직 내에서 공유하고, 공유한 지식을 활용해서 기업이 봉착한 문제를 해결하는 경영전략이다. 지식경영이 효율적으로 이루어지기 위해서는 동일한 주제에 대하여 관심 있는 학습자들이 자발적으로 모임을 구성하고, 정기적으로 만나서 학습과 토론을 통하여 공동의 관심사를 함께 생각하고 실천하는 모임인 학습조직이 활성화될 필요가 있다.

1. 현대사회의 특징

1) 지식정보사회

지식정보사회는 지식과 정보가 정치, 경제, 사회, 교육 등에 걸쳐 영향을 미치는 사회라고 할 수 있다. 백욱인(2013)은 지식정보사회를 지식과 정보 산업이 경제의 주축을 담당하는 사회로, 선진 자본주의 나라에서 대량생산-대량소비의 포디즘적 축적 체계를 완성한 뒤 지식과 정보가 산업화되고, 그것이 생산의 중심이 되는 사회로 보았다. 지식기반사회는 새로운 생산수단이나 부의 창출이 지식을 기반으로 하는 사회인데, 이때 지식은 결과에 초점을 맞춘 수행성, 실행성, 효율성을 갖춘 정보이다.

◆◆ 지식정보사회

지식정보사회는 토플러의 '제3의 물결'에서 주창되었다. 1차 물결은 농업혁명인데, 인류가 농경을 시작해 먹을 것을 풍부하게 생산해 낸 사회로서, 2차 물결은 산업혁명을 통해 도래했고, 증기기관과 기계를 통한 대량 생산해 내는 사회로서, 3차 물결은 정보혁명으로 정보와 지식을 대량생산하고, 대량생산된 지식과 정보가 대량으로 유통, 전달, 소비되는 사회로서 제시되었다.

출처: 백욱인(2013). 정보자본주의. 서울: 커뮤니케이션북스.

◆◆ 포디즘 사회와 맥도널드화

포디즘 사회는 포드 자동차 조립 생산 라인을 빗댄 것으로, 수직적 위계를 통한 관료제적 통제, 생산의 표준화와 획일화, 규율화된 감시와 통제를 강조하는 사회를 말한다. 반면, 맥도날드화는 맥도날드 작업 방식을 비유한 것으로 컴퓨터, 인터넷 등으로 일의 자동화와 표준화가 되면서 일하는 인간은 단지 기계나 컴퓨터 및 서버만을 가동하는 역할을 수행하여 노동의 탈숙련화를 촉진한다는 것을 의미한다.

※ 탈숙련화: 기술도입, 특히 자동화로 인해 노동자에게 소속되던 숙련이 기계로 이전되고 노동자는 단순한 보조 작업을 하게 된다는 것

출처: 이항우 외(2011).

지식정보사회는 정보네트워크 기술이 중심되는 사회를 말한다. 즉 텍스트, 이미지, 멀티미디어 데이터 등의 정보를 종합적으로 제공하는 IT기기와 서비스를 중심으로 발달하는 사회를 말한다(김성국, 2004). 카스텔(Castell, 2003)은 네트워크사회를 주창하였다. 그는 정보사회의 핵심은 바로 네트워크의 확산이라고 하였다. 그에 의하면 네트워크는 상호 연관된 결절의 집합이고, 네트워크는 동일한 커뮤니케이션 프로토콜 혹은 코드를 공유하는 한, 새로운 결절을 통합하여 무한히 뻗어갈 수 있다. 이명진(2012)은 네트워크 사회를 각종 디지털 기술에 기반을 둔 네트워크에 기반하여 개방성, 다양성, 독립성, 탈중심성, 실시간 조정과 통합 등의 특징을 보이는 사회로 보았다. 최근 인터넷, 스마트폰, 소셜네트워크 등의 일상화로 개인들의 물리적·자연적 시·공간 활동을 넘어서 사이버 공간에서의 시·공간 활동으로 그 영역이 확장되고 있다(김규태 외, 2013).

◆◆ 네트워크 사회

정보와 상품, 자본과 사람과 지식이 컴퓨터 네트워크를 통해 서로 연결되고 이동하는 사회이다. 정보와 지식이 인터넷망과 소셜네트워크서비스 등을 통해 전지구적으로 흘러 다니는 사회이며, 수평적인 연결과 소통을 통해 통제와 감독의 규율을 벗어나 다양화와 자율성을 지향하는 사회이다.

출처: 백욱인(2013). 정보자본주의. 서울: 커뮤니케이션북스.

네트워크사회는 소셜네트워크 서비스(social network service, SNS)를 통해 실현되고 있다. 소셜네트워크는 온라인상에서 사람과 사람, 지식과 지식을 연결, 정보를 공유하는 온라인 그룹을 말한다. 다시 말해, 온라인에서의 사회적 관계망으로 사회적 관계를 형성하고 유지하며, 정보를 교환하는 사이버 공동체로 연결되는 것이라 할 수 있다. 예를 들면 블로그, 트윗터, 페이스북 등을 들 수 있다. 소셜네트워크는 사람과 사람간의 연결을 기초로 형성되며, 연결성은 하나의 집단으로 볼 수 있다. 네트워크에서 개인과 개인의 연결로 형성된 집단은 지식생산, 지식전달, 지식공유 같은 활동을 할 수 있다(윤호성 · 이기동, 2011).

| 표 2-1 | SNS의 열 가지 측면

구분	특징
1) 마케팅 도구	소셜미디어 마케팅. SNS를 통해 웹사이트 트래픽이나 소비자의 주의를 끌고자 하는 마케팅 방식, 과정, 전략
2) 컴퓨터 매개 커뮤니케이션	네크워크, 커뮤니케이션, 미디어 공유 등을 통한 소통 과정
3) 사회관계망	개인, 조직 등 행위자 간 응집성, 유대감, 상호작용
4) 권력 행사의 장	권력 있는, 영향력 있는 파워 트위터러 등 SNS상 권력 작용
5) 연산 가능한 사회현상	대규모 데이터를 컴퓨터로 연산함으로써 규칙성이나 패턴 탐색
6) 재매개	하나의 미디어가 다른 미디어의 인터페이스, 표현양식 등을 차용하고 모방하거나, 이를 다른 요소들로 개조하거나 개선하는 것(예: 구술 방식의 전달이 텍스트 형태로의 전달로 전환되면서, SNS가 게시판이나 블로그 같은 인터넷 기반 전자적 글쓰기를 개조하여 활용; SNS가 대인망을 형성하거나 보도기능을 하는 기능을 수행하는 것)
7) 텍스트 확장과 환유	하이퍼텍스트를 통해 하이퍼링크 가능. 자신의 감정을 제시하고, 하이퍼링크한 사진, 동영상, 블로그 등과 연계 확장하는 것
8) 에크프라시스	여러 이미지, 사진, 동영상 등 시각적 표상물에 대한 언어적 설명
9) 비장소	전통적인 장소의 요건인 관계성, 역사성, 정체성을 갖지 못하는 곳으로 임시수용소, 인터체인지, 환승 등과 같음
10) 문화 소프트웨어	현대 문화에서 소프트웨어가 수행하는 역할을, 그리고 그것의 발전에 영향을 미치는 문화적 · 사회적 · 경제적 힘들을 규명

출처: 이재현(2013). SNS의 열 가지 얼굴. 서울: 커뮤니케이션북스.

또한 소셜네트워크를 통해 사람들은 서로 연결, 소통, 협력을 한다. 즉 사이버공간을 통해 사교, 지원, 정보, 소속감, 사회적 정체성을 제공하는 사람들 간에 동시적/비동시적으로 이루어지는 사회적 연결망을 형성하는 수단이 된다. 또한 소셜네트워크는 사이버 공동체를 형성하는 역할을 한다. 사이버공동체의 특징을 오프라인 공동체와 비교하면 〈표 2-2〉와 같다(이항우 외, 2011).

| 표 2-2 | 오프라인 공동체와 사이버 공동체

구분	오프라인 공동체	사이버 공동체
공통점	성원들 간의 경험과 감정, 가치를 공유하는 집단 성원의 지속성과 의례 행위가 있고, 일정한 통제가 존재 특정한 관계 속에서 도움을 주고받음	
속성	지역성을 띠는 경우가 많음 운명적, 귀속적, 자연적	시공간의 한계를 벗어남 자발적, 임의적 선택 가능
인간관계	직접적, 대면적, 전인격적	간접적, 비대면적, 익명성
규제	상대적으로 강한 규제	상대적으로 약한 규제
사회적 도움	이미 잘 알고 있는 지인들에게 특정 공동체의 성격과 관련이 있는 한정된 유형의 도움 제공	비교적 자유롭고 다양한 유형의 도움 제공 일반화(관례화)된 상호성에 따라 모르는 사람과 상호 도움 제공
성원 간 유대	대체로 강한 유대 사회적으로 유사한 사람들일 가능성이 높음	대체로 약한 유대 서로 상이한 성원들이 다양한 사회집단에 연결된 약한 유대를 통해 새로운 정보를 습득하는 데 용이

출처: 이항우 외(2011). 정보사회의 이해. 서울: 미래인.

정보통신사회로의 전환은 우리 시대의 인재상에도 변화를 주고 있다. 다니엘 핑크(Daniel Pink, 2011, pp. 93-97)는 우리 사회가 농부의 사회에서 공장근로자의 사회와 지식근로자의 사회를 거쳐 하이컨셉·하이터치 시대로 나아가고 있다고 하였다. 하이컨셉은 패턴과 기회를 감지하고, 예술적 미와 감정의 아름다움을 창조해내며, 훌륭한 이야기를 창출해내고, 언뜻 관계가 없어 보이는 아이디어를 결합해 무엇인가 새로운 것을 창조해내는 능력을 말한다. 하이터치란 다른 사람과 공감하고, 미묘한 인간관계를 잘 다루며, 자신과 다른 사람의 즐거움을 잘 유도해내고, 목적과 의미를 발견해 이를 추구하는 능력을 말한다. 또한 다니엘 핑크는 이러한 하이컨셉과 하이터치가 조화롭게 갖춘 인재가 갖추는 미래 인재 조건을 디자인, 스토리, 조화, 공감, 유희, 의미 등 여섯 가지로 제시하였다.

① 디자인(design): 단순히 기능을 갖는 제품, 서비스, 경험, 라이프 스타일을 넘어서 시각적으로 아름답거나 좋은 감정을 선사할 수 있는 가치를 만들 수 있는 능력을 지녀야 한다.

② 스토리(story): 정보와 데이터로 넘쳐나고 있는 시대에서 훌륭한 스토리를 만들어 사람들을 설득, 의사소통, 이해를 이끌 수 있는 능력을 갖추어야 한다.

③ 조화(symphony): 현 시대가 요구하는 것은 전문적 지식에 터한 '분석'일 뿐만 아니라 큰 그림을 볼 수 있고 새로운 전체를 구성하기 위해 이질적인 조각들을 연계, 통합, 융합할 수 있는 능력을 필요로 한다.

④ 공감(empathy): 복잡하고 가변적인 사회일수록 분석적·논리적 사고로는 부족하며, 다른 사람의 마음을 이해하고, 유대를 강화하며, 배려하는 마음을 지니는 능력이 요청된다.

⑤ 유희(play): 웃음, 명랑한 마음, 게임, 유머 등을 통해 개인적 여유와 재미를 향유할 수 있는 능력을 갖추어야 한다.

◆ **하이컨셉, 하이터치 시대**

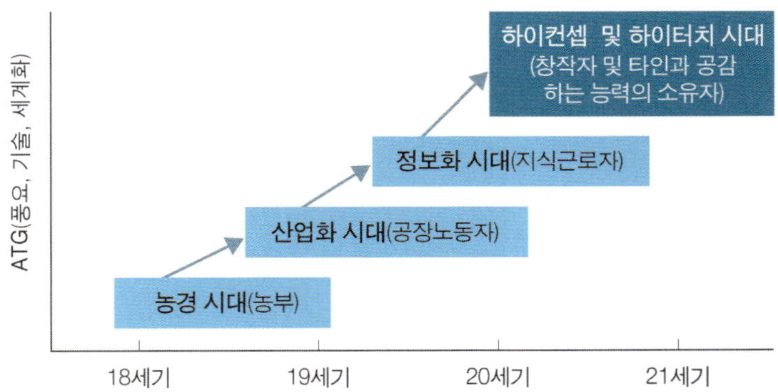

출처: 다니엘 핑크(2011). 새로운 미래가 온다. 한국경제신문, p. 76.

| 그림 2-1 | 미래사회의 변화

⑥ 의미(meaning): 풍요, 생존 경쟁을 강조하는 시대에는 물질적 풍요보다는 목적 의식, 초월적인 가치, 그리고 정신적 만족감을 줄 수 있도록 의미를 부여하는 능력을 갖추어야 한다.

2) 제4차 산업혁명 시대

클라우스 슈밥(2016)은 우리는 제4차 산업혁명 시대에 살고 있다고 하였다. 제4차 산업혁명은 제1차 산업혁명(철도 및 증기기관 발명), 제2차 산업혁명(전기와 생산 조립 라인 등으로 대량생산), 제3차 산업혁명(컴퓨터, 디지털 활용)을 넘어서 유비쿼터스 모바일 인터넷, 더 저렴하면서 작고 강력해진 센서, 인공지능과 기계학습 등을 활용하는 산업을 말한다. 또한 제4차 산업혁명은 모든 정보와 지식, 그리고 컴퓨터 지능의 데이터와 정보가 서로 연결되고 융합을 통해 새로운 산업과 가치를 추구하는 '초연결사회'라고 할 수 있다(하원규 · 최남희, 2015). 즉, 디지털 기술을 통해 실물과 인간의 연결이 가능한 사회, 즉 상호연결된 기술과 다양한 플랫폼을 기반으로 한 사물(제품, 서비스, 장소 등)과 인간을 연결하는 사회라고 할 수 있다.

클라우스 슈밥이 이끄는 세계경제포럼에서는 2025년에 발생할 가능성이 있는 디지털 초연결사회를 구축하는 21가지 티핑포인트를 제시하였다(Schwab, 2016). 몇 가지 예를 들면 다음과 같다. 첫째, 2025년에는 인구의 90% 이상은 광고료로 운영되는 무한 용량의 무료 저장소를 보유한다. 둘째, 1조 개의 센서가 인터넷에 연결된다. 셋째, 인구의 80%가 인터넷상의 디지털 정체성을 갖게 된다. 넷째, 인구의 90%가 스마트폰을 사용한다. 다섯째, 인구의 90%가 언제 어디서나 인터넷 접속이 가능하다.

제1차 정보 폭발: 1990년대
인터넷과 브로드밴드의 발전으로 소비형 미디어 정보 유통량 증대

▼

제2차 정보 폭발: 2000년대
스마트 혁명과 SNS 보급으로 정보 접근과 활용 가능성의 급속한 증가

▼

제3차 정보 폭발: 2010년대(빅데이터 1단계)
스마트 기기와 사물인터넷, 빅데이터, CPS 등 정보 해석과 처리 증가

▼

제4차 정보 폭발: 2020년대(빅데이터 2단계)
- 만물인터넷, 인공지능, CPS 시스템 등으로 산업구조 재편
- 스마트 그리드, 스마트 교통 시스템 등 새로운 사회 인프라의 정착

출처: 하원규 · 최남희(2015). 제4차 산업혁명. 서울: 콘텐츠하다. p. 56.

| 그림 2-2 | 정보 대폭발의 4단계

3) 데이터기반사회

데이터기반사회는 데이터에 대한 지식과 분석 기법을 바탕으로 기업 및 국가의 과학적 의사결정과 생산성을 증진하는 사회이다. 이것은 현대사회의 복잡성, 네트워크, 가상현실 속에서 다양한 데이터를 활용하여 메타분석, 내용 및 언어분석, 정서분석, 추이 및 동향 분석, 예측 시나리오 작성 등을 통해 사람과 집단의 행동과 마음의 패턴 및 인과관계에 대한 통찰과 성찰을 하는 것을 강조한다. 데이터기반사회는 SNS, 인터넷, 공공기관 통계 등을 활용한 데이터마이닝과 분석 등을 강조한다. 즉, 자연현실과 가상현실 속에서 이루어지는 사람들의 사고와 마음 및 행동에 대한 패턴, 영향요인과 인과관계를 분석하여 그것을 경영, 교육, 금융, 공공관리 등에 활용하는 것을 강조한다. 예를 들면 SNS, 인터넷, 스마트폰 등 가상공간에서 발생되는 데이터의 분석과 활용은 청소년이 일상 속에서 갖는 우울한 감정, 스트레스, 고민,

자살생각, 비행을 저지르는 시간과 이유, 성문제와 폭력 시간과 장소 등에 대한 총체적 · 과학적 · 역학적 분석이 가능하고, 그것을 활용하여 교육실제의 개선을 가질 수 있다.

◆◆ 디지털 아카이브와 빅데이터

- 인터넷은 정보와 지식의 디지털 저장고(아카이브, archive)이다. 디지털로 이루어진 거대한 문서 저장고이자 콘텐츠 아카이브다. 인터넷에서는 실시간으로 정보가 생산되는 동시에 저장된다(p. 27). 디지털 문서 저장고는 하이퍼텍스트를 통한 연결과 얽힘을 만들어 놓으며, 하이퍼텍스트의 연결을 통해 시작도 끝도 없는 과정으로 얽히면서 수많은 정보와 지식의 저장고인 아카이브 집합체로 확대된다. 디지털 아카이브는 정보의 생산과 전달, 공유 속도를 극대화하고 지식에 대한 접근성을 향상시킨다. 그것은 지구화된 차원에서 실시간으로 내용물이 축적되는 동시에 사용되는 시공간 압축의 저장고다. 디지털로 전환된 사물의 반영물은 디지털 복제로 수많은 사람의 용도에 맞게 사용될 수 있다. 그러나 디지털 콘텐츠의 무한 복제 가능성은 희소성에 바탕을 둔 배타적 소유라는 지적재산권을 무너뜨림과 동시에 정보의 분배 방식의 커다란 변화를 가져왔다.
- 빅데이터는 실시간으로 내용물이 축적되는 동시에 사용되는 시공간 압축의 저장고이다. 그것은 인터넷 이용자들이 여러 가지 형태로 올린 말과 생각, 의견과 감정이 쌓이는 실시간 저장고이다. 이용자가 올려 놓은 디지털 콘텐츠는 그것이 저장되는 물리적 장소에 상관없이 네트워크 안에서 사이버스페이스라는 동일한 가상공간 안에 축적된다. 빅데이터는 이용자 대중의 데이터 생산과 관련된 클라우드 소싱(crowd sourcing)이 데이터의 대량 보관을 담당하는 클라우드 컴퓨팅(cloud computing)과 결합되면서 만들어진다. 빅데이터는 크라우드 소싱이나 P2P 협력 생산을 통해 만들어진 이용자 생산 콘텐츠가 클라우드 컴퓨팅을 통해 실시간으로 서비스 제공업체의 데이터 센터에 집적된 결과물이다.

출처: 백욱인(2013). 디지털 데이터 · 정보 · 지식. 서울: 커뮤니케이션북스.

4) 집단지성사회

집단지성은 정보기술을 활용하여 다양한 주체들이 서로의 경험, 정보, 지식을 공유하면서 새로운 지식을 생산해내는 것을 그 특징으로 한다(최항섭, 2009). 집단지성은 컴퓨터만 있으면 무엇이든 자유롭게 만들어내고 다양한 주체 간의 협업과 참여가 일상화되는 세계이다. 레비(Levy, 2002)는 가상세계 내 집단지성을 어디에나

분포하며 지속적으로 가치부여와 실시간 정보를 조정할 수 있는 지성사회라고 한다. 예를 들면, 위키피디아나 지식iN 같은 집단 창작활동이라고 할 수 있다.

레비(2002)는 사이버 공간에서의 집단지성의 대표적 특징을 다음과 같이 제시했다. 첫째, 지성의 편재성이다. 지성은 성별과 직업, 나이와 직업에 상관없이 누구나 갖고 있으며 시대를 초월하여 존재한다. 둘째, 지성은 그 유용성에 따라 소멸되는 것이 아니라 끊임없이 재활용되어 가치를 지속적으로 인정받는 것이다. 셋째, 시공간에 제약을 받지 않고 원하는 시간과 장소에서 지성을 활용할 수 있어야 한다. 넷째, 집단지성을 통한 지식생산은 공동체 구성원들의 참여와 협업을 통해 완성된다.

◆◆ 집단지성의 유형과 예시

- 공유형(sharing): 특정 주제에 대한 자료나 정보를 공유하여 누구나 열람 활용할 수 있게 하는 게시판 같은 것임
- 기여형(contributing): 상호 질문을 주고받는 형식을 통해서 특정 문제에 대한 해결책을 찾는 토론방이나 지식iN 같은 것임. 이것은 각자의 의견이 독립적으로 존재할 뿐, 이에 대한 평가나 추천은 가능하지만 의견의 차이나 모순을 조율하지 않음
- 공동창조형: 위키피디아나 오픈소스 등 같이 많은 사람이 참여하여 지속적으로 중립적이고 체계적인 지식을 축적해가는 과정을 말함. 이것은 내용을 보완하거나 수정하는 자율적인 상호 조율을 통해 새로운 지식을 창출이 가능함
- S/W 개발자들이 자신이 보유한 소스 코드를 서로 공개하고 협업을 통해 S/W를 공동 개발하는 것은 집단지성의 예임. 운영 체제로는 Linux, 응용 프로그램으로는 웹 서버인 Apache, 오피스 도구인 Open office 등이 있음

출처: 이항우 외(2011). 정보사회의 이해. 서울: 미래인.

5) 후기산업사회

일반적으로 산업사회는 테일러리즘, 포디즘으로 불린다. 9-to-5 생활라이프, 예측가능성, 대중화, 분업, 표준화, 저숙련화, 조립라인, 기계화, 소품종 대량생산, 경영중심의 감독 및 통제, 노동집약산업, 노동의 안정성 등을 특징으로 하는 사회이다.

반면, 후기산업사회는 아이디어, 정보와 지식의 표현 양식이 혁신과 경제성장을 가져오는 사회라고 할 수 있다. 그래서 디지털경제, 지식경제, 정보사회, 포스트포디즘 등으로 불린다. 그 특징은 24/7 생활라이프, 불확실성, 개인화, 지식/정보산업, 재택근무, 자동화, 다품종 소량생산, 주문생산, 고숙련화, 자기관리팀(self-managing team), 성과관리, 노동의 유연화, 다국적기업 등에 해당된다(Gidden & Sutton, 2013).

다니엘 벨은 후기산업사회의 특징을 다섯 가지로 제시했다(이영찬 · 임영규 · 정혜숙, 2010). 첫째, 상품생산에서 서비스 경제로 전환한다. 둘째, 직업분포에서 고급인력인 전문직 및 전문기술직 계층이 증가한다. 셋째, 각 사회의 주요 조직부문의 개발과 혁신 과정에서 지식과 정보를 주로 의존한다. 넷째, 끊임없는 신기술 개발과 그에 대한 질관리 및 통제를 강조한다. 다섯째, 데이터 및 컴퓨터 기반 의사결정이 활성화된다.

엘빈 토플러도 '제3의 물결'에서 후기산업사회의 특징을 제시했다(이영찬 · 임영규 · 정혜숙, 2010). 첫째, 규격화에서 탈규격화로 이행되어 소품종 대량생산에서 다품종 소량생산으로 전환된다. 둘째, 전문화에서 탈전문화로 나아간다. 특정 직무의 전문성에서 다양한 직무에서의 직무수행 가능한 전문성을 요구한다. 셋째, 동시화에서 탈동시화로 진행된다. 동일한 정보와 보편화를 지향하는 데서 특성화와 차별화로 나아간다. 넷째, 집중화에서 탈집중화로 진행된다. 대기업 및 대중매체 중심에서 중소기업이나 지역(개인) 매체 중심으로 나아간다. 다섯째, 중앙집권화에서 분권화, 지역화로 나아간다.

후기산업사회는 첫째, 대량 노동 집약적 생산보다는 상품의 디자인, 개발, 기술, 마케팅, 판매 및 서비스를 강조한다. 둘째, 하이테크, 높은 교육 수준과 훈련, 연구와 개발, 소프트웨어 등을 강조한다. 셋째, 특정 과업의 분업을 넘어서 집단생산과 팀워크가 보다 넓은 책임을 수행하는 다기능(multi-skilled) 노동을 강조한다. 넷째, 지식과 서비스 제공을 하는 일과 직무로 인하여 컴퓨터 및 인터넷 등으로 집단적으로 협업하거나 언제, 어디서나 일과 직무를 수행할 수 있는 재택근무나 스마트워크를 강조한다. 다섯째, 빠른 경영 및 기술 환경 변화에 적합한 인력을 상시적으로 채용하고 교체할 수 있도록 시간제, 계약직 등 고용 유연화를 강조한다. 여섯째, 숙련 포트폴리오(다수의 서로 다른 직업 숙련과 자격)를 보유하고 있고, 어떤 직무나 일에서도 필요한 핵심역량을 강조한다. 즉 변화와 불확실성 속에서 그 패턴과 규칙성을 읽고 그것에 대한 신속한 지식 및 기술 습득과 적용 및 창조력, 협업, 자기주도성, 도전, 창조력 등 핵심역량을 강조한다. 그러나 고용 유연화는 근로자의 경력개발과 자기실현을 보장하는 측면도 있지만 고용불안정성과 그로 인한 이직과 스트레스, 실업 및 빈곤 등을 초래할 수 있다.

6) 과학기술사회

과학기술사회는 과학기술을 통한 창조적 경제 실현과 개인 및 사회 행복 증진을 강조하는 사회를 말한다. 최근 학자들은 미래과학기술로 융합과학기술에 관심을 갖고 있다. 융합과학기술은 IT, BT, NT, ET, ST, CT 등 지식과 이론들이 상호 융·복합적으로 결합된 새로운 지식과 기술을 말한다(Roco & Bainbridge, 2003).

- IT(정보기술, Information Technology) → 정보통신 분야
- BT(생명공학기술, Bio Technology) → 생명 공학 분야
- NT(나노기술, Nano Technology) → 초정밀 원자세계 분야
- ET(환경공학기술, Environmental Technology) → 환경공학 분야
- ST(우주항공기술, Space Technology) → 우주항공 분야
- CT(문화콘텐츠기술, Cultural Technology) → 문화관광 콘텐츠 분야

6T로 대표되는 융합과학기술은 다음과 같다.[1] 정보기술은 컴퓨터, 미디어, 영상기기 등과 같은 정보기기를 운영·관리하는 데 필요한 소프트웨어 기술과 이들 기술을 이용하여 정보를 수집·생산·가공·보존·전달·활용하는 모든 방법을 말한

1) 네이버 지식백과 인용

다. 생명공학기술은 생물이 가지고 있는 고유한 기능을 높이거나 개량하여 필요한 물질을 대량으로 생산해 내거나 유용한 물질을 만들어내는 기술을 말한다. 나노기술은 나노미터 크기의 범주에서 조작·분석하고 이를 제어함으로써 새롭거나 개선된 물리적·화학적·생물학적 특성을 나타내는 소재·소자 또는 시스템을 만들어 내는 과학기술을 말한다. 환경공학기술은 환경에 영향을 미치는 인자를 환경학적으로 건전하고 지속가능한 발전 수준으로 제어하는 기술을 말한다. 우주항공기술은 위성체 분야, 발사체 분야, 위성 이용 및 우주 과학 분야로 나뉘는 미래 산업을 이끌고 갈 첨단기술의 집합체를 말한다. 문화기술은 디지털 문화콘텐츠를 창조·개발·제작·가공·유통하는 지적 노하우 및 물리적 기술을 말한다.

장성원 등(2013)은 미래 산업을 바꿀 3가지 키워드와 7가지 혁신기술을 제시하였다. 먼저 3가지 키워드는 사용자의 명령을 수행하는 데서 나아가 개인별 요구사항과 의도를 먼저 분석하여 최적의 서비스를 제시하는 능동형 맞춤, 통념상 절감하기 어렵다고 생각했던 분야에서 시간, 에너지, 원재료 등을 절감하는 스마트 세이빙, 시간, 공간, 사용층 등의 불균형 해소이다. 이러한 키워드를 기반으로 7대 혁신기술이 등장하고 미래 산업에 커다란 변화를 가져올 것으로 예상하였다. 그 7대 혁신기술은 에워러블 컴퓨터, 3D 프린팅, 상황인식기술, 자동주행차, 초경량 소재, 유전자 치료제, 포스트 배터리 등이다.

① **웨어러블 컴퓨터**: 다양한 정보를 수집·분석하는 컴퓨터기기를 신체나 의복에 착용하는 것으로, 최근 스마트폰과 연계한 제품이 증가하고 있다. 이것이 확산되면 헬스케어산업이 확대되고, 헤드셋 기기에 증강현실을 구현한 광고가 출현할 것이다.

② **3D 프린팅**: 3차원 설계도에 따라 한 층씩 소재를 쌓아올려 입체 형태의 제품을 만드는 기술로서 맞춤형 제조가 가능하다. 고분자화합물에 우주선 유지보수에 필요한 부품을 우주공간에서 직접 출력할 수 있게 되면서 나노, 우주항공 등의 기술혁신을 촉진할 것이다.

③ 상황인식기술: 사용자의 행위, 생체신호, 과거 생활이력, 주변환경 등을 분석하여 상황에 맞게 적절한 기능을 자동 수행하는 소프트웨어 기술로서 여행업, 소매유통업, 소매금융업 등에서 타깃 고객층을 세분화하여 구매할 상품을 추천할 수 있는 데 활용될 수 있다.

④ 자동주행차: 스스로 위치와 상황을 감지해 속도와 조향을 제어하는 자동차로 안전하고 편안한 운전을 가능하게 한다.

⑤ 초경량 소재: 깃털보다 가벼우면서 전도성, 탄성, 에너지 흡수 등의 특성도 겸비한 소재로서 배터리 전극, 구조물, 충격흡수제 등에 적용할 수 있다. 우주항공에서 발사체 무게를 줄임으로써 발사비용과 비행시간을 절감할 수 있고, 자동차 무게의 70%에 달하는 외장·프레임 대체 시 연비 향상도 기대된다.

⑥ 유전자 치료제: 손상된 유전자를 정상 유전자로 대체함으로써 발병원인을 제거하는 근원 치료제이다.

⑦ 포스트 배터리: 구부릴 수 있고 용량과 가격이 획기적으로 개선된 배터리로 안경, 시계, 신발, 의복 등에 IT를 접목한 다양한 디자인이 가능하고, 전기차 및 신재생에너지의 저변이 확대될 수 있다.

분야	혁신기술	내용	예상 변화
전자통신	웨어러블 컴퓨터	신체나 의복에 착용하여 자유롭게 사용할 수 있게 한 컴퓨터 기기	섬유산업의 하이테크화 기기의존형 헬스케어 확대
	3D 프린팅	3차원 설계도에 따라 한 층씩 소재를 쌓아올려 입체 형태로 만드는 기술	개인 맞춤형 제조 확대 나노, 생명, 우주항공분야 활용
소프트웨어/서비스	상황인식기술	사용자 상황(행위/생체신호/이력/환경)에 맞게 적절한 기능을 자동 수행	타깃마케팅 정교화, 세분화 사전에 예측 대응하는 패러다임 변화 가속화

자동차	자동주행차	운전자 조작 없이 차 스스로 위치와 상황을 감지해 속도, 조향 제어	효율적 도로인프라 구축 사고 감소로 보험·병원 변화 렌털서비스 성행
소재	초경량 소재	마이크로래티스 등 가벼우면서도 강한 소재	항공우주분야에서 운송수단으로 응용분야 확대 에너지절감
바이오/의료	유전자 치료제	질병의 원인인 비정상 유전자를 정상 유전자로 대체하여 질병을 완치	의료비 지불기준의 변화 예방형 건강보험 출시 미용 항노화산업 부상
에너지	포스트 배터리	구부림, 고밀도, 저가격 전지	웨어러블 기기 성장 전기차, 전력저장시스템 저변 확대

출처: 장성원 외(2013). 미래산업을 바꿀 7대 파괴적 혁신기술. 서울: 삼성경제연구소, p. 2.

7) 세계화 사회

세계화 사회는 글로벌 사회, 지구촌 사회 등으로 불리기도 한다. 세계화 사회는 국가 간 교류와 협력을 통하여 정치, 경제, 문화 등에서 상호성이 증대되는 사회를 말한다. 세계화 사회는 경제적으로 교역·투자·통신 등이 확대되어 국가 간 상호 의존이 증대하고 다국적기업의 활동이 활성화된다(이영찬·임영규·정혜숙, 2010). 또한 뉴스, 영화, 텔레비전 프로그램, 대중음악, 전신 및 통신 프로그램 등 현대적 문화와 생활양식을 전 세계로 확산·공유되는 경향이 높다(Giddens & Sutton, 2013). 이와 동시에 세계 속에서 지역의 특수성과 우수성을 추구하는 글로컬화(glocalization)도 이루어지고 있다.

세계화로 인하여 다원화 사회도 주목받고 있다. 그것은 다양한 인종, 언어, 역사, 문화적 배경을 가진 사람들이 각자의 고유한 생활세계, 문화, 언어 및 가치를 존중받으면서 세계 또는 지역의 사람들이 함께 공존하는 사회를 말한다. 다원화 사회는 모자이크 사회(mosaic society) 또는 샐러드 볼(salad bowl) 사회라고도 불린다. 그러나 다원화 사회는 하나의 문화로 동화·융합을 강조하는 멜팅팟 사회(melting pot)

는 구분된다. 우리나라도 외국 근로자와 배우자 등의 영향으로 다문화 사회로 접어들고 있고, 이에 따른 교육의 요구도 증가하고 있다(김규태 외, 2013).

8) 고령화 사회

우리나라는 고령화 사회를 빠른 속도로 맞이하였다. 일반적으로 전체 인구에서 65세 이상 인구가 차지하는 비중에 따라 고령화 사회(7%), 고령 사회(14%), 초고령 사회(20%)로 구분된다. 통계청 통계서비스(KOSIS)에 의하면 우리나라는 전체인구 대비 65세 이상 인구가 2015년 현재 13.1%에 달하고 있고, 2020년에는 15.7%, 2030년에는 24.3%로 추청하였다. 즉, 우리나라는 현재 고령사회에 진입을 하고 있고 15년 후에는 초고령사회가 된다는 것이다. 또한 인구고령화로 가구주의 연령이 65세 이상인 고령가구 수가 점차 증가하고 있다. 이는 2000년 173만 가구에서 2010년 298만 가구로 증가하였다. 또한 고령가구 중 노인 1인 가구의 비중은 2000년 31.4%에서 2010년 34.2%로 2.8%p 상승하였다(김정근, 2011).

고령화 사회로 인해 노인을 대상으로 하는 실버산업도 계속 증가하고 있다. 노인복지를 제공하는 복지국가의 위기와 함께 민간 서비스산업으로서 실버산업은 필수불가결한 서비스를 제공한다. 각종 양로원 시설과 함께, 건강하고 물질적으로 여유가 있는 노인계층을 대상으로 관광, 교육, 소비, 스포츠산업이 등장하고 있다.

급격한 고령화는 노동시장에서 노동력 부족(shortage), 생산성 저하(shrinkage), 세대 간 일자리 경합(struggle) 등을 초래할 수 있다(이찬영 외, 2011). 고령화로 생산성에 참여할 수 있는 노동력이 부족해지면서 경제성장률은 지속적으로 하락한다. 노동력 구성에서 고령층이 증가하면 새로운 지식과 기술 습득 속도가 저하되어 노동생산성이 저하된다. 단기적으로는 고용구조가 중고령층 위주로 급격히 재편되면서 세대 간 일자리 경합 문제가 발생한다.

9) 인문학융합사회

최근 인문학이 경영 및 교육에서 열풍이 불고 있다. 박찬욱(2013)은 이를 인문학 융합 현상이라고 하였다. 그에 따르면 인문학은 인간의 존엄, 삶의 성찰 등과 관계된 문학, 역사, 철학 등 분야이고, 융합은 서로 다른 기술이나 산업 분야 간에 효율과 성능 개선 등을 목적으로 결합됨으로써 존재하지 않았던 새로운 기능이나 서비스를 창출하는 현상이다. 그는 '인문학 융합'이란 인문학과 기술 간, 인문학과 생활환경 간의 창의적인 결합과 복합화를 통하여 미래 사회·문화의 변화를 주도하는 활동으로 보았다. 그는 또한 인문학 융합을 두 가지 유형으로 구분하였다. 첫 번째 유형은 인문학+기술·산업으로 이것은 인문학과 기술·산업 영역 간의 융합으로, 문화콘텐츠나 문화기술 개발 등이 예가 될 수 있는데, 기술을 굳이 신기술(NT, BT, IT 등)로 국한하지 않은 것은 기존의 기술을 인문학적 시각에서 접근하는 것을 말한다. 두 번째 유형은 인문학+생활환경으로 인문학과 사회영역 간의 융합을 의미하는데 사회영역은 주로 우리 주변의 생활환경과 관련된 것이며, 인문학을 통한 사회문제 해결을 예로 들 수 있다.

복잡성 및 불확실성 및 위기 등으로 예측불가능성이 높아진 경영환경에서 기업은 기술 및 가격 차별화만으로는 경쟁우위를 보일 수 없는 현실에 봉착하고 있다. 이러한 맥락과 시점에서 복잡성과 불확실성 속에서 사람들의 행태와 성향에 대한 본질적 통찰과 현상 간의 관계와 규칙성을 파악할 수 있는 안목을 통해 현재와 미래의 트랜드를 예측하는 데 인문학을 접목하고 응용하는 경향이 높아지고 있다. 한일영 등(2011)은 인문학이 경영을 바꿀 수 있다고 주장한다. 그 이유로서 인문학이 조직의 창의성 제고, 미래 경영환경 예측, 제품 개발 및 디자인 등에 접목되어 혁신적 발상과 생산성을 도모할 수 있다고 주장한다. 다음에서는 이들이 주장한 내용을 제시할 것이다.

우선, 인문학은 조직의 창의성 제고에 기여할 수 있다. 이는 페이스북 창시자 마크 저커버그가 20세의 젊은 나이에 '지구상의 모든 사람을 연결'한다는 상상력으로

페이스북을 개발하는 배경이라고 했고, 이는 어린 시절부터 탐독한 고대 역사와 문학으로부터 나왔다는 언급한 것에서 엿볼 수 있다. 그래서 사내교육기관인 픽사 대학을 운영하여 인문학 과정을 운영하여 CEO와 임직원의 인문학적 소양을 증진하거나, 구글이 인문학 전공자를 대거 충원한다거나, 종교학적 방법론을 활용하여 매장 직원의 자긍심을 고취한 아모레퍼시픽 등의 사례를 들 수 있다.

둘째, 인문학은 인간의 본성을 탐구하고 역사적인 안목을 중시하여 현재의 사람들의 사고와 행태를 통찰하고 미래 경영환경의 방향을 예측하는 데 활용될 수 있다. 예를 들면, 중세역사를 전공한 HP의 전 CEO 칼리 파오리나는 르네상스의 출현과 디지털 신기술의 등장을 동일한 관점으로 파악하고 선제적으로 대응하였다. 한편, IBM, 지멘스, 인텔 등은 인문학자를 포함한 전담조직을 구성하여 미래를 전망하고 이를 기업의 중장기 전략과 비전 수립에 활용하고 있다.

셋째, 인문학은 제품개발 및 디자인 등을 창조하고 혁신할 수 있다. 이는 스티브 잡스가 애플의 혁신적인 제품을 기술과 인문학을 접목한 결과라고 언급한 것에 주목받은 것이다. 이는 인간의 본질적인 행태와 감성 등에 대한 인문학적 통찰과 이해를 제품 및 디자인에 반영하여 단순하고 편하고 재미있다는 등의 인간 본연의 욕구를 충족시켜야 한다는 점을 시사하는 것이다. 삼성전자도 디자인경영센터에 여러 인문학 관련 전공자를 채용하여 커뮤니케이션 매개 역할이나 창의적인 아이디어 생성과 융합 역할을 담당하게 한다.

10) 지속가능한 사회

근대성은 합리화, 과학기술의 고도화, 민주주의의 확장 등과 함께 인간의 삶에 문화적 · 경제적 · 정치적 풍요와 성숙을 가져다 줄 것으로 기대되었다. 그렇지만 대중사회, 도시화, 빈곤, 산업화로 인하여 각종 산업재해, 자연재해, 환경문제, 실업과 질병 등의 위험들이 확산 · 심화되기 시작하였다. 이재열 등(2004)은 현대사회가 위험사회이므로 생태적 · 사회적 안전을 추구하는 지속가능성 추구는 필수불가결하다고 주장한다. 이들은 현대사회가 안고 있는 위험을 다음과 같이 분류하였다.

① **지구적 생태 위험**: 한 국가를 넘어 지구적으로 당면한 생태 위험으로 오존층 파괴, 산성비, 삼림 파괴, 생태계 균형의 파괴, 사막화, 지구 온난화, 엘니뇨현상, 생물 멸종 등에 해당된다.

② **자연적 재해 위험**: 다양한 형태의 자연적 재해로 태풍, 지진, 가뭄, 폭우 등을 말한다.

③ **기술적 재난 위험**: 기술적 결함으로 인한 대형 사고 위험으로 1986년의 체르노빌 원전 사고, 1993년 캐나다와 미국의 동부에서 벌어진 정전 사태 등을 예로 들 수 있다.

④ **경제적 생계 위험**: 의식주의 기초적인 생계가 위협받는 상황을 말하며, 장기 경기침체와 경제 파국, 그리고 높은 실업률에 사회안전망까지 부실할 경우 경제적 생계 위험은 개인적 차원의 문제를 넘은 사회적 차원의 위험을 말한다.

⑤ **사회적 해체의 위험**: 구성원들 사이의 유기적 의존 관계가 심각하게 해체되거나 구성원 간의 적대적 관계가 증폭되는 상황을 말하는 것으로 이혼과 자살, 폭력과 강력범죄 등이 이에 속한다.

이러한 위험과 함께 최근 정보 및 네트워크 시대에 따라 정보위험도 심각해지고 있다. 홍성태(2005)는 정보위험을 개인적 위험, 구조적 위험, 체계적 위험, 생태적 위험으로 나누어 제시하였다.

첫째, 개인적 위험은 프라이버시 침해와 정보기술 질환을 말한다. 정보화에 따라 가장 크게 늘어난 위험은 물론 프라이버시 침해이다.

둘째, 구조적 위험은 정보기술을 통한 감시와 통제 능력의 발달로 이어져서 국가권력을 더욱 강화한다는 것이다. 즉, 총체적 감시의 보편화가 사실상 이루어진 빅브라더 편재 현상을 초래할 수 있다는 것이다.

셋째, 체계적 위험은 마이크로소프트라는 기업이 거의 모든 개인용 컴퓨터의 운영체계를 지배하고 있다는 기술체계의 위험이나, 잘못된 정보가 흘러서 불필요한 비용을 초래하거나, 사회체계의 원활한 운영을 저해하는 사회체계의 위험을 말한다.

넷째, 생태적 위험은 정보통신기기의 생산, 이용, 폐기의 모든 과정에서 야기할 수 있는 생태계 오염이나 파괴 위험이다.

이러한 위험사회에서 지속가능한 기술(sustainable technology)도 대두되고 있다. 즉, 전기자동차, 태양력 및 풍력 발전 등 화학 원료를 사용하지 않으면서도 환경오염의 우려가 적은 기술이 각광받고 있다(박동오 · 송위진, 2008). 또한 개인정보보호 및 보안시스템 제도 및 시스템 구축, 스팸, 보이스피싱, 악성바이러스 등 차단 기제 마련 등을 강조하고 있다.

2. 현대사회와 평생교육경영

평생교육경영은 현대사회의 특징과 변화 양상을 고려한 평생교육기관 및 프로그램 운영의 유연화, 효율화 및 적합성을 강구하는 활동이라고 할 수 있다. 특히 현대사회의 맥락과 변화 양상에 따라 평생교육에 대한 요구에 부응하는 평생교육기관 및 프로그램 변화를 도모하는 적극적 · 공격적 경영활동이 요구된다.

첫째, 현대사회가 지식정보사회와 네트워크사회로 진행됨에 따라 평생교육기관은 교실이나 강의실 위주 오프라인 교육 위주에서 지식정보 및 네트워크 사회에 따른 온라인 및 스마트 학습이 도입 운영되는 것을 그 예로 들 수 있다. 또한 사이버 학점은행제를 통해서 학사학위나 한국어교사자격증을 취득하거나 평생교육기관에서 자체 또는 위탁을 통해 제공되는 자기계발을 위한 사이버직무연수 등을 수강하는 것도 그 예로 들 수 있다.

둘째, 세계화 및 다문화 사회에 접어들면서 평생교육기관은 어학교육, 한국어교사양성, 다문화 이해 및 지원을 위한 프로그램 등 여러 프로그램이 개발 운영되고 있다. 그 예를 들면, 각종 어학원에서의 외국어 학습, 학점은행제를 통한 한국어교사자격증 취득, 대학 또는 교육청 등에서의 다문화 평생교육 프로그램 등을 예로 들 수 있다.

셋째, 고령화 사회를 지향함에 따라 노인을 위한 평생교육기관 및 프로그램에 대한 관심도 증가하고 있다. 노인을 위한 평생교육은 노인복지관, 대학평생교육원, 평생학습관, 종교기관 등에서 여러 형태로 실시되고 있다. 그 내용은 교양, 취미, 사회참여, 웰빙 및 웰다잉 등에 걸쳐 다양하다.

넷째, 인문학이 각광받고 있는 시대에서 평생교육도 도서관, 대학, 관광서, 기업 등 여러 공공 및 민간 기관에서 다양한 인문학 강좌나 아카데미를 개설하여 운영하고 있다.

다섯째, 현대사회는 자연 및 재난, 환경오염 등 다양한 위험을 극복하고 지속가능한 사회를 지향하고 있다. 이를 위하여 유네스코는 지속가능발전을 위한 교육의 핵심적인 역할을 강조하기 위해 국제연합(UN)에 의해 '지속가능발전교육 10년(DESD, UN Decade of Education for Sustainable Development, 2005~2014)' 선도기관으로 지정 운영하고 있다. 지속가능발전교육은 지역사회와 세계가 직면하고 있는 빈곤, 물, 에너지, 기후변화, 재해, 생물다양성, 문화다양성, 식량, 보건, 사회적 취약성 등 다부문적이고 다층적인 문제를 지속가능한 미래를 위해 해결하고자 실시하고 있다. 이에 대한 예를 들면, 경기도와 경기관광공사는 'DMZ생태문화교실'과 'DMZ청소년리더과정' 프로그램을 들 수 있다. 'DMZ생태문화교실'은 습지, 철새 등 DMZ의 독특한 생태환경을 체험강사가 학교로 직접 찾아가 교육하는 프로그램이다. 'DMZ청소년리더과정'은 DMZ 일원의 생태, 환경, 역사에 대한 모둠별 프로젝트, 현장 답사, 환경캠프 등의 다양한 체험교육 과정이다.

여섯째, 현대사회는 인터넷, SNS, 스마트폰 등에서 만들어지는 빅데이터를 경영, 교육, 금융, 공공관리 등에 적용하여 효과적이고 적시적인 문제 진단과 의사결정을 강조하고 있다. 이에 따라 평생교육도 데이터 처리와 분석을 담당하는 빅데이터 전문인력 양성이나 그것을 증명하는 자격증 취득 등을 강조하는 프로그램이 개발 운영

중에 있다. 예를 들면, 한국데이터베이스진흥원(http://www.dbguide.net/index.db), 경기도(http://www.dbguide.net/bigfi.db)에서 실시하는 빅데이터 전문인력 양성과정과 한국경제신문이 실시하는 경영빅데이터 분석사 자격증 시험과 그와 관련된 전문교육 과정 등을 예로 들 수 있다.

3. 평생교육을 위한 지식경영

지식정보사회를 지향하면서 경영에서 지식경영과 관리를 강조하고 있다. 지식경영은 조직에서 구성원들이 갖고 있는 지식과 정보를 공유하고, 새로운 지식을 창조하도록 장을 만들어주는 것을 말한다. 다시 말해, 지식경영은 기업 가치 향상을 위한 경영전략으로서 조직 내에 존재하는 다양한 조직의 총체적 지식 자본을 정보 기술을 활용해 추출하고, 조직 내에서 공유하고, 공유한 지식을 활용해서 기업이 봉착한 문제를 해결하고, 기업 경쟁력을 제고하며, 이를 통해 기업의 가치를 향상시키는 경영전략을 말한다(노규성, 2014).

◆◆ 지식경영의 구성요소

- 전략: 어떤 회사가 어떤 제품에 대해 시장에서 경쟁우위를 가지고 어떻게 승부할 것인가를 결정하는 지식과 실행 방안(사명, 비전, 수행목표, 지식의 획득, 조직화, 재구축, 저장과 분배를 위한 시스템과 실행방법 등)
- 사람: 지식과 정보의 원천, 지식 및 정보 창출 및 공유 주체. 이를 위해 인적 자원 개발 및 훈련 필요
- 조직문화: 지식과 정보를 창출, 공유할 수 있 문화가 전제될 때 지식경영 가능
- 조직구조, 프로세스와 기술적 인프라: 고객 관점에서 지식과 정보를 창출, 공유, 활용이 가능하도록 조직구조와 프로세스 구축. 팀/태스크포스 장려. 휴먼네트워크, 학습조직 장려

출처: 노규성(2014). 비즈니스 혁신의 10대 경영도구. 서울: 커뮤니케이션북스.

한편, 지식관리와 지식경영을 구체적으로 구현하는 방법으로, 데이터와 정보를 저장, 처리하는 것만 아닌, 개인에게 내재화해 있는 자산인 지식을 인식하고 이를 조직 구성원이 의사결정 등에 이용할 수 있도록 자산화하는 것을 말한다(노규성, 2014). 즉 데이터베이스, 문서, 정책과 절차, 그리고 조직 개개인이 보유하고 있는 전문지식과 경험을 포함한 정보 자산의 파악, 획득, 검색, 공유와 평가를 수행하는 통합적인 접근이다. 또한 조직 내에 존재하는 명시적 지식과 구성원들이 체득하고 있는 암묵적 지식, 기업의 최상의 실행 방안, 주요 비즈니스 프로세스, 작업 환경 등을 분류, 통합해 기업이 신속하고 정확하게 의사결정을 할 수 있도록 지원하는 일종의 지식 저장과 흐름 관리를 말한다.

◆◆ 스펜더(Spender)의 지식 분류

스펜더는 습관화된 지식(automatic knowledge)은 개인이 활용하고 있는 지식이지만, 스스로도 잘 인식하지 못하고 사용하는 지식을 말하며, 의식하고 있는 지식(conscious knowledge)은 개인이 의식하면서 활용하는 지식을 의미한다. 또한 집단화된 지식(collective knowledge)은 집단적으로 활용되고 있는 지식이지만 명시적으로 표출되지 않는 지식이며, 객관화된 지식(objectified knowledge)은 많은 사람이 활용하면서도 언어적·체계적으로 잘 기술된 지식이다. 그는 암묵적 지식을 형식적 지식으로, 개인적 활용을 사회적 활용으로 변화시키는 것이 관건이라고 하였다.

스펜더의 지식 분류

구분	개인적 활용	사회적 활용
형식적 지식	의식하고 있는 지식	객관화된 지식
암묵적 지식	습관화된 지식	집단화된 지식

출처: 이항우 외(2011). 정보사회의 이해. 서울: 미래인.

지식경영과 지식관리를 위한 조직 특성은 무엇인가? 이에 대해 피터 드러커는 지식 및 정보 기반 조직의 특성을 다음과 같이 제시하였다(한국경제연구원, 2011). 첫째, 구체적인 공동의 목적을 가지면서 그 목적을 위한 여러 전문 업무를 담당하는 전문가의 역할이 강조될 것이다. 즉, 정보기반 조직은 지휘·통제 식의 조직에 비해 실무 및 특정 분야에서 활동하는 전문가를 필요로 한다. 왜냐하면 해당 분야에 지식과 정보가 넘쳐나서 새로 습득해야 할 것이 많기 때문이다. 둘째, 정보기반 조직에서 다루는 지식은 계층의 하층부, 즉 서로 다른 업무를 담당하며 독자적으로 행동하는 전문가 계층이 소유하고 있기 때문에 수직적이기보다는 수평적이다. 셋째, 서로 다른 업무를 전문가가 수행하기 때문에 각자의 업무에 대한 성과와 책임을 강조하며, 이에 기반한 동기기제가 마련될 것이다. 넷째, 정보기반 조직에서는 실무와 특정 분야 업무를 담당하기 위해서 주로 태스크포스 팀을 구성 운영할 것이다. 다섯째, 교향악단에서 많은 단원들이 한 명의 지휘자의 지휘 아래 연주하듯이 중간관리자 없이 최고경영진과 직접적인 의사소통을 하며 작업을 수행하는 경우도 많아질 것이다.

조직에서의 지식경영과 관리가 효율적으로 이루어지기 위해서는 학습조직의 활성화가 필요하다. 왜냐하면, 조직이 지식과 정보를 생성, 공유, 활용하기 위해서는 다양한 학습조직이 필요하기 때문이다. 즉 기업 운영 관련 자료 수집, 운영 절차나 서비스에서의 시행착오, 고객과 외부의 피드백 등을 공유하고 함께 학습하는 것이 필요하기 때문이다. 조직은 학습조직을 통해 조직이 수행하는 일과 사업에 적절히 적용함으로서 조직개발, 조직문화개선, 전략적 사업 수행과 고객 서비스의 질 향상 등을 도모할 수 있다.

학습조직은 조직의 여러 문제가 발생할 때 그것을 해결하기 위한 과제를 수행하기 위해 이루어진다. 이때 조직에서 주어진 과제는 개인이 해결할 수도 있고, 팀으로 해결할 수도 있다. 개인이 해결할 수 있는 것은 개인 능력에 좌우되지만, 그렇지 못한 과제는 팀을 구성해 해결한다. 즉 소집단, 태스크포스, 액션러닝 등을 조직하여 해결한다. 학습팀은 과제의 성격에 따라 여러 기법이나 해결도구를 활용하여 과제를 수행하며, 그 과정에서 이루어진 정보나 방식은 다른 조직 구성원에게도 제공되어 조직 전체의 학습을 촉진하기도 한다. 이를 통해 조직의 핵심역량이 강화된다(박주희·임문규·하정수, 2013).

◆◆ 학습조직(community of practice)

① 동일한 주제에 대하여 관심 있는 학습자들이 자발적으로 모임을 구성하고, 정기적으로 만나서 학습과 토론을 통하여 공동의 관심사를 함께 생각하고 실천하는 모임이다.

② 학습조직이 활성화되는 조직 특성

- 지식의 창출, 공유, 활용이 뛰어난 조직
- 창조적인 변화능력을 촉진하는 조직
- 탈관료제를 지향하는 조직
- 현실을 이해하고 변화를 탐색하는 조직
- 구성원의 자기주도성과 참여를 강조하는 조직
- 지속적이고 연속적으로 지식 및 정보를 학습할 수 있는 조직
- 조직, 직원, 고객 지향적이며 만족을 극대화하는 조직

출처: 박주희 · 임문규 · 하정수(2013), pp. 24, 35-38.

학습정리

1. 현대사회는 지식정보사회, 제4차 산업혁명, 데이터과학, 집단지성, 후기산업사회, 융합과학기술, 세계화, 고령화, 인문학융합, 지속가능성 등을 특징으로 한다.

1) 지식정보사회는 새로운 생산수단이나 부의 창출이 지식과 정보가 되는 사회이며, 정보와 상품, 자본과 사람과 지식이 컴퓨터 네트워크를 통해 서로 연결되고 이동하는 네트워크사회, 소셜네트워크를 중심으로 서로 연결, 소통, 협력을 하는 사이버공동체를 이루는 사회라고 할 수 있다. 지식정보사회에서는 다니엘 핑크가 제시한 디자인, 스토리, 조화, 공감, 유희, 의미 등을 구현하는 하이컨셉과 하이터치가 조화롭게 갖춘 인재가 필요하다.

2) 제4차 산업혁명사회는 다양한 플랫폼을 기반으로 한 사물(제품, 서비스, 장소 등)과 인간이 초연결되며, 모든 데이터와 정보가 인공지능으로 처리되는 초연결사회, 초지능사회이다.

3) 데이터기반사회는 SNS, 인터넷, 공공기관 통계 등 빅데이터에 대한 지식과 분석 기법을 바탕으로 기업 및 국가의 과학적 의사결정과 생산성을 증진하는 사회이다.

4) 집단지성사회는 정보기술을 활용하여 다양한 주체가 서로의 경험, 정보, 지식을 공유하면서 새로운 지식을 생산해내는 사회이다.

5) 후기산업사회는 아이디어, 정보와 지식의 표현 양식이 혁신과 경제성장을 가져오는 사회로 24/7 생활라이프, 불확실성, 개인화, 지식/정보산업, 재택근무, 자동화, 다품종 소량생산, 주문생산, 고숙련화, 자기관리팀, 성과관리, 노동의 유연화, 다국적기업 등을 특징으로 하는 사회이다.

6) 과학기술사회는 IT(정보기술, Information Technology), BT(생명공학기술, Bio Technology), NT(나노기술, Nano Technology), ET(환경공학기술, Environmental Technology), ST(우주항공기술, Space Technology), CT(문화콘텐츠기술, Cultural Technology) 등 분야의 지식과 이론들이 상호 융·복합적으로 결합되어 새로운 지식 및 기술이 창출되는 사회를 말한다. 또한, 에워러블 컴퓨터, 3D 프린팅, 상황인식 기술, 자동주행차, 초경량 소재, 유전자 치료제, 포스트 배터리 등 미래혁신기술이 미래산업을 주도하는 사회라고 할 수 있다.

7) 세계화 사회는 글로벌 사회, 지구촌 사회 등으로 불리기도 한다. 세계화 사회는 국가간 교류와 협력을 통하여 정치, 경제, 문화 등에서 상호성이 증대되는 사회이다.

8) 일반적으로 전체 인구에서 65세 이상 인구가 차지하는 비중에 따라 고령화사회(7%), 고령사회(14%), 초고령사회(20%)로 구분되는데, 우리나라는 전체인구 대비 65세 이상 인구가 2015년 현재 13.1%에 달하고 있고, 2020년에는 15.7%, 2030년

에는 24.3%로 추정되고 있는데, 현재 고령사회에 진입하고 있고, 15년 후에는 초고령사회가 될 전망이다.

9) 인문학은 인간의 존엄, 삶의 성찰 등과 관계된 문학, 역사, 철학 등 분야이고, 융합은 서로 다른 기술이나 산업 분야 간에 효율과 성능 개선 등을 목적으로 결합됨으로써 존재하지 않았던 새로운 기능이나 서비스를 창출하는 현상이다. 인문학 융합사회란 인문학과 기술 간, 인문학과 생활환경 간 창의적인 결합과 복합화를 통하여 미래 사회·문화의 변화를 주도하는 사회이다.

10) 지속가능한 사회는 대중사회, 도시화, 빈곤, 산업화로 인하여 각종 산업재해, 자연재해, 환경문제, 실업과 질병 등의 위험과 최근 정보 및 네트워크 시대에 따라 정보위험 등이 확산·심화되는 위험사회를 극복하고 지속적인 발전을 도모하는 사회이다.

2. 현대사회의 맥락과 변화 양상에 따라 평생교육에 대한 요구에 따른 평생교육기관 및 프로그램 변화를 도모하는 적극적·공격적 경영활동이 요구된다. 예를 들면, 현대사회가 지식정보사회와 네트워크사회에 따른 온라인 및 스마트학습 프로그램 운영, 그리고 세계화 및 다문화 사회에 접어들면서 평생교육기관은 어학교육, 한국어교사양성, 다문화 이해 및 지원을 위한 프로그램 등을 들 수 있다.

3. 지식경영은 조직에서 구성원들이 갖고 있는 지식과 정보를 공유하고, 새로운 지식을 창조하도록 장을 만들어주는 것을 말한다. 지식경영을 위한 조직은 구체적인 공동의 목적을 가지면서 그 목적을 위한 여러 전문 업무를 담당하는 전문가의 역할을 강조하며, 서로 다른 업무를 담당하며 독자적으로 행동하는 전문가 계층이 소유하고 있기 때문에 수평적이며, 각자의 업무에 대한 성과와 책임을 강조하며, 주로 태스크포스 팀을 구성 운영하며, 중간관리자 없이 최고경영진과 직접적인 의사소통을 하며 작업을 강조하는 경향이 높다.

평가하기

1. 다음의 보기에서 현대사회의 특징에 해당되는 것을 고르시오.

(ㄱ) 지식정보사회, (ㄴ) 제4차 산업혁명 (ㄷ) 융합과학기술, (ㄹ) 후기산업사회, (ㅁ) 세계화, (ㅂ) 지속가능한 사회

1) 새로운 생산수단이나 부의 창출이 지식과 정보가 되는 사회 (   )
2) 다양한 플랫폼을 기반으로 한 사물(제품, 서비스, 장소 등)과 인간이 초연결되며, 모든 데이터와 정보가 인공지능으로 처리되는 초연결사회, 초지능사회 (   )
3) 아이디어, 정보와 지식의 표현 양식이 혁신과 경제성장을 가져오는 사회로 24/7 생활라이프, 불확실성, 개인화, 지식/정보산업, 재택근무, 자동화, 다품종 소량생산, 주문생산, 고숙련화, 자기관리팀, 성과관리, 노동의 유연화, 다국적기업 등을 특징으로 하는 사회 (   )
4) 대중사회, 도시화, 빈곤, 산업화로 인하여 각종 산업재해, 자연재해, 환경문제, 실업과 질병 등의 위험과 최근 정보 및 네트워크 시대에 따라 정보위험 등이 확산·심화되는 위험사회를 극복하고 지속적인 발전을 도모하는 사회 (   )

2. 다니엘 핑크는 현대사회에서는 디자인, 스토리, 조화, 공감, 유희, 의미 등을 구현하는 (   )과 (   )가 조화롭게 갖춘 인재가 필요하다고 주장하였다.

3. (   )은 정보기술을 활용하여 다양한 주체들이 서로의 경험, 정보, 지식을 공유하면서 새로운 지식을 생산해내는 것을 말한다.

4. 과학기술사회는 IT, BT, NT, ET, ST, CT 등 분야의 지식과 이론들이 상호 융·복합적으로 결합되어 새로운 지식 및 기술이 창출되는 사회를 말한다. IT, BT, NT, ET, ST, CT은 무엇을 말하는지 설명하시오.

5. 지식경영을 위한 조직의 특성에 대한 설명하시오.

정답: 1. 지식정보사회, 제4차 산업혁명사회, 후기산업사회, 지속가능한 사회 2. 하이컨셉, 하이터치 3. 집단지성 4. IT(정보기술, Information Technology), BT(생명공학기술, Bio Technology), NT(나노기술, Nano Technology), ET(환경공학기술, Environmental Technology), ST(우주항공기술, Space Technology), CT(문화콘텐츠기술, Cultural Technology)

Chapter

3

평생교육정책과 제도

학습목표

1. 평생교육정책의 의미와 모형 및 과정을 이해하고 설명할 수 있다.
2. 주요 평생교육정책들을 나열하고 그 특징을 제시할 수 있다.
3. 평생교육제도의 근간인 「헌법」, 「교육기본법」, 「평생교육법」 등 관련 법령을 이해하고 설명할 수 있다.
4. 평생교육사의 역할과 자격에 대해 이해하고 제시할 수 있다.

사전학습

1. 평생교육정책은 정치적 과정을 통해 형성된 하나의 의사결정으로서 평생교육에 중대한 영향을 미치는 정부의 통치행위이자 기본방침이라고 할 수 있다. 평생교육정책은 합리모형, 만족모형, 점증모형, 혼합모형, 최적모형, 쓰레기통모형 등으로 접근될 수 있다. 평생교육정책의 결정 과정은 일반적으로 정책의제설정, 정책결정, 정책집행, 정책평가로 이루어진다.
2. 주요 평생교육정책에는 평생학습도시, 평생교육대학, 평생학습계좌제, 학점은행제, K-MOOC, 성인문해교육 등이 있다.
3. 평생교육제도의 근간은 「헌법」, 「교육기본법」, 「평생교육법」, 「평생교육법시행령」 및 「동법 시행규칙」 등이다.
4. 평생교육사는 「평생교육법」에 따라 자격을 부여받은 평생교육전문인력으로 평생교육의 기획, 진행, 분석, 평가 및 교수 등의 직무를 수행하는 자이며, 평생교육사를 양성하는 대학 등에서 총 30학점을 이수해야 자격을 취득할 수 있다.

1. 교육정책의 이해

1) 교육정책의 개념과 모형

(1) 교육정책의 개념

평생교육정책을 이해하려면 우선 정책이 무엇인가를 알 필요가 있다. 정정길 등(2012)은 정책을 바람직한 사회상태를 이룩하려는 정책목표와 이를 달성하기 위해 필요한 정책수단에 대하여 권위 있는 정부기관이 공식적으로 결정하는 기본방침으로 정의하였다. 여기서 정책목표는 최선의 정책수단 선정기준, 정책집행에 대한 지침이며, 정책 수단은 정책의 실질적 내용이다. 이러한 개념 속에 내재된 정책의 특성을 정리하면, 첫째, 목적지향적 활동이다. 둘째, 정부에 의해 이루어지는 체계적인 활동이다. 셋째, 공공성을 지향한다. 넷째, 공익을 위하여 국민의 동의하에 국가의 정치권력을 동원하여 강제적으로 집행한다. 이러한 점에서 평생교육정책은 정치적 과정을 통해 형성된 하나의 의사결정으로서 평생교육에 중대한 영향을 미치는 정부의 통치행위이자 기본방침이라고 할 수 있다.

(2) 교육정책 결정 모형

평생교육정책 결정 모형은 정책목표달성을 여러 대안 중 최선으로 여겨지는 대안을 선택하고 결정하는 접근 관점과 절차 및 방식을 제시한다. 그것은 학자들마다 여러 가지로 제시되고 있지만, 여기서는 합리적 모형, 만족화 모형, 점증모형, 혼합관조모형, 최적모형, 쓰레기통 모형 등을 개괄적으로 소개할 것이다(김규태 · 강유정 · 강성복, 2014).

① **합리적 모형**: 이 모형은 의사결정이 합리적이어야 한다고 가정하는 고전적 모형이다. 정책목표달성을 극대화시키기 위한 최선의 대안을 추구함으로써 최적

화 전략을 탐색하고자 하는 접근이다. 이 모형에서 제시한 정책결정 과정은 문제확인, 목적과 세부목표 설정, 모든 가능한 대안 마련, 각 대안의 결과 고려, 최선의 대안 선택, 정책결정, 집행 및 평가 등으로 본다.

② **만족화 모형**: 이 모형은 제한적 합리적 모형이라고도 한다. 즉, 인간의 비합리성, 한계성, 상황의 제약 등으로 최적의 대안을 선택할 수 없으므로 일단 만족할 수 있는 정도의 일정 수준을 정해 두고 대안을 탐색해 가면서 결정한다는 입장이다.

③ **점증모형**: 이 모형은 각각 상황에 알맞게 정책결정을 하는 것이 중요하다고 보는 입장이다. 이것은 문제가 복잡하고 불확실하며 갈등이 많을 때 효과적이다. 또한 현재의 상황과 유사한 매우 제한된 몇 가지 대안에 대하여 의사결정자가 상당한 수준까지 동의를 하게 될 때까지 그 결과를 계속적으로 비교함으로써 결정하는 입장이다.

④ **혼합관조모형**: 이 모형은 합리모형과 점증모형을 혼합한 절충 모형이다. 이것은 기본적인 방향설정과 같은 것은 합리성 모형에 의해, 기본방향이 설정된 후의 특정문제는 점증모형에 의해 결정하는 것을 강조한다.

⑤ **최적모형**: 이 모형은 정책결정이 합리적인 고려만으로 이루어지지 않고 초합리적인 것, 말하자면 직관, 판단, 창의와 같은 감재의식이 개입되어 결정된다는 입장이다. 여기서 '최적'이란 '모든 것이 고려되어 있다'는 뜻으로 어떤 주어진 목표에 도움이 되는 가장 적절한 상태를 뜻한다. 그래서 이 모형은 정책결정의 방법, 결정 후의 평가, 피드백 등에 의한 결정능력의 향상을 위하여 계속 노력하면 최적의 수준에 이를 수 있다고 본다.

⑥ **쓰레기통 모형**: 이 모형은 문제, 해결책, 참여자, 선택기회가 독립적으로 서로 다른 시간에 통 안으로 흘러들어와서 하나의 산물로 될 때 결정된다는 입장이다. 즉, 문제와 해결책이 섞여 있다가 우연히 하나의 해결책이 선택되어 결정이 이루어지는 것을 강조하는 입장이다.

2) 교육정책 결정의 과정

평생교육정책의 결정 과정은 일반적으로 정책의제설정, 정책결정, 정책집행, 정책평가 등으로 이루어진다(정정길 외, 2012). 첫째는 정책의제 설정단계이다. 이 단계는 정부가 사회문제를 공식적으로 해결하기 위해 정책문제로 전환하는 공식적 의사결정 활동이다. 이때 정책 당사자 간의 쟁점과 해결책을 둘러싸고 치열한 정치적 갈등과 논쟁이 일어나며 정치적 참여가 많아진다.

둘째는 정책결정단계이다. 이 단계는 정책목표달성을 위해서 여러 대안 중 최선의 대안을 선택하고 결정한다. 이 단계는 어떠한 관점에서 보는가에 따라 합리적 모형, 만족화 모형, 점증적 모형, 쓰레기통 모형 등으로 구분된다.

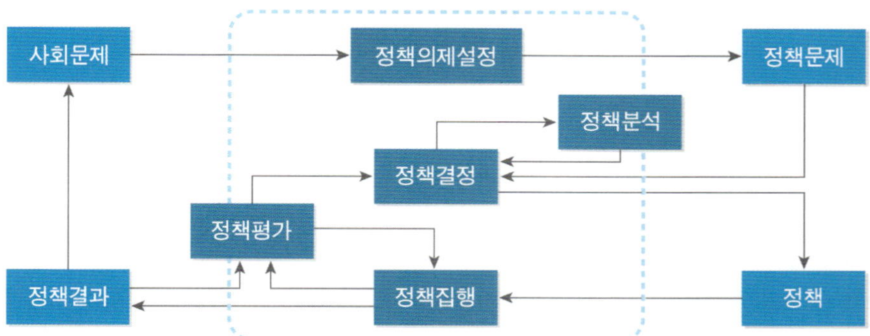

출처: 정정길 외(2012). p. 14.

| 그림 3-1 | 정책과정

셋째는 정책집행단계이다. 이 단계는 정책수단을 실현하는 과정으로서 정책의도의 실현, 정책수단의 구체화 및 실질화, 정책 내용의 수정·보완 등을 강조한다. 그리고 정책집행의 성공과 실패에 대한 판단은 정책수단의 명확성과 일관성, 정책 내용의 적합성과 타당성, 능률성, 실현가능성, 정책집행 수단 및 자원의 확보, 대중 및

매스컴의 지지 등에 따라 달라진다. 또한 정책집행 과정에서 정책당사자들은 정책을 순응하거나 불응하기도 한다.

넷째는 정책평가단계이다. 정책평가는 총괄평가와 과정평가로 이루어진다. 총괄평가는 정책집행이 끝난 후 정책효과와 정책성패를 판단하고 그 결과를 피드백하는 것이다. 반면에 과정(형성)평가는 정책집행의 도중에 정책과정에서의 투입계획, 투입자원, 집행활동, 정책수단 등 정책과정 전반에 대한 검토 · 피드백을 하는 것이다.

2. 주요 평생교육정책[1)]

1) 평생학습도시

평생학습도시는 개인의 자아실현, 사회적 통합증진, 경제적 경쟁력을 제고하여 궁극적으로 개인의 삶의 질 제고와 도시 전체의 경쟁력을 향상시킬 수 있도록 언제, 어디서, 누구나 원하는 학습을 즐길 수 있는 학습공동체 건설을 도모하는 총체적 도시 재구조화(restructuring) 운동이라 할 수 있다. 동시에 지역사회의 모든 교육자원을 기관 간 연계, 지역사회 간 연계, 국가 간 연계시킴으로써 네트워킹 학습공동체를 형성하려는 지역 시민에 의한, 지역시민을 위한, 시민의 지역사회교육운동이라 할 수 있다.

2) 평생교육 단과대학

평생교육 단과대학은 고등학교를 졸업하고 바로 취업을 하더라도, 원하는 시기에 언제든지 학업기회를 가질 수 있도록 성인전담 단과대학을 신설하여 맞춤형 교육과정을 말한다.

1) 본 내용은 국가평생교육진흥원 홈페이지에 제시된 정책사업들을 발췌 · 요약한 것임.

학위 과정	지역 및 학교의 특성에 맞는 성인 특화형 학과 운영
학점 과정	학점은행제 평가인정을 받은 과정 운영, 전담교원 확보 및 전임교원 강의비율 확대
비학위 · 비학점 과정	평생학습계좌제의 평가인정을 받은 과정 또는 자격과정 운영, 전담교원 확보 및 전임교원 강의비율 확대

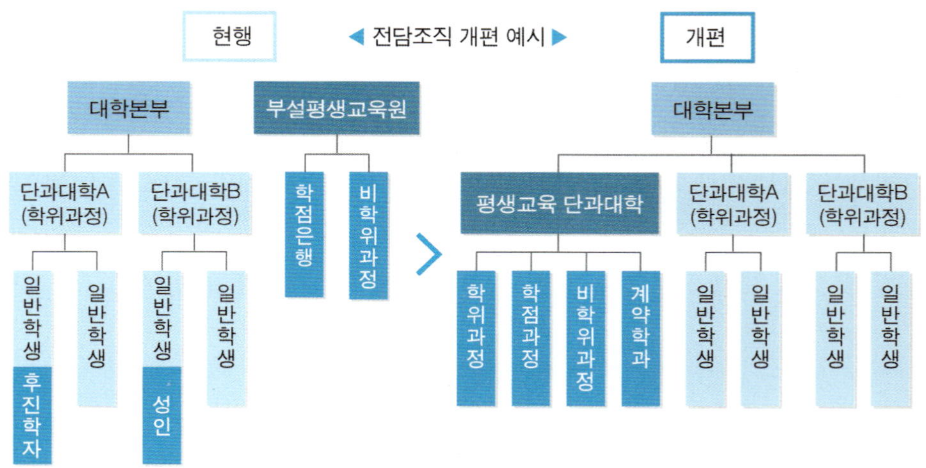

출처: 국가평생교육진흥원 홈페이지.

| 그림 3-2 | **평생학습자 대상 전담조직 선별 또는 기존 조직 전환**

3) 평생학습 중심대학 지원

평생학습 중심대학은 인생 100세 시대, 베이비붐세대의 창업 및 재취업, 노동시장 유연화 등 변화에 따라 대학이 지속적인 교육을 희망하는 평생학습자를 위해 맞춤형 평생교육을 제공하는 사업이다. 또한 인생 100세 시대, 평생학습자들이 인생 재도약 · 재설계를 할 수 있도록 학령기 중심의 대학 학사시스템을 평생학습자 친화적으로 개편하여 다양한 후진학 지원체제 확충하고 생애단계별 맞춤형 교육서비스 제공하는 사업이다.

대학 스스로가 자율적으로 학교 여건, 지역사회 수요 등의 특성을 고려한 다양한 시도를 통해 대학의 평생학습 운영 모델을 창출한다. 대학의 특성을 반영하여 평생학습자 친화적 교육체제를 마련 및 지역의 산업수요를 반영한 평생학습자 맞춤형 학습 과정 운영을 지원한다.

- Ⅰ, Ⅲ유형(학위 · 비학위과정): 평생학습자 친화적 대학 체제 개편을 통해 다양한 후진학 · 후학습 기반 및 생애단계별 맞춤형 교육서비스, 평생경력개발 경로 지원
- Ⅱ유형(전문 · 희소분야과정): 전국에 흩어져 있는 소수 · 희소 계열(농업, 해양수산 분야 등) 및 지역의 뿌리 산업(금형, 영접, 표면 처리 분야 등) 수요를 기반으로 대학의 특성화 분야와 연계하여 대학 간 컨소시엄 형태 운영 활성화
- Ⅳ유형(재직자특별전형과정): 재직자특별전형 시행 대학의 맞춤형 교육과정 개발 및 학업 보완 프로그램 운영 등 재직자를 위한 후진학 교육 여건 조성 · 지원

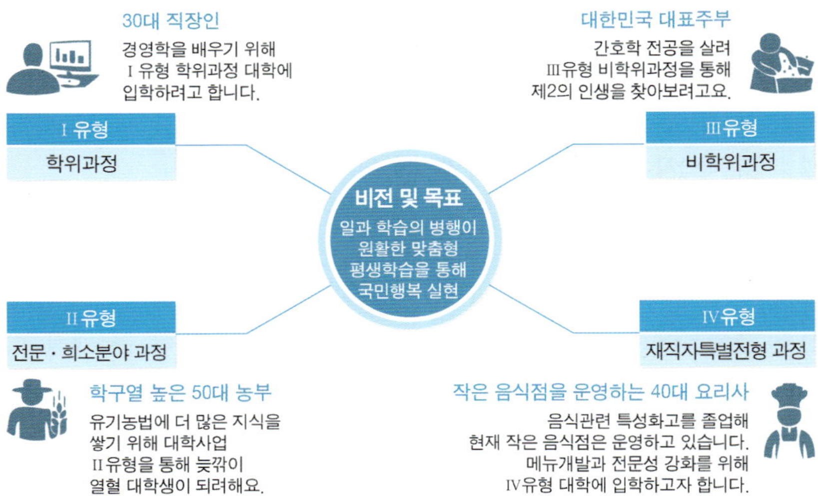

출처: 국가평생교육진흥원 홈페이지.

| 그림 3-3 | 미래사회의 변화

4) 평생학습계좌제 운영

평생학습계좌제는 「평생교육법」 제23조에 따라 국민의 다양한 학습경험을 온라인 학습계좌에 누적·관리하고, 이를 학력·자격인정과 연계하거나 고용정보로 활용함으로써 학습이수 결과에 대한 사회적 인정 및 활용 기반을 확대하기 위한 제도이다.

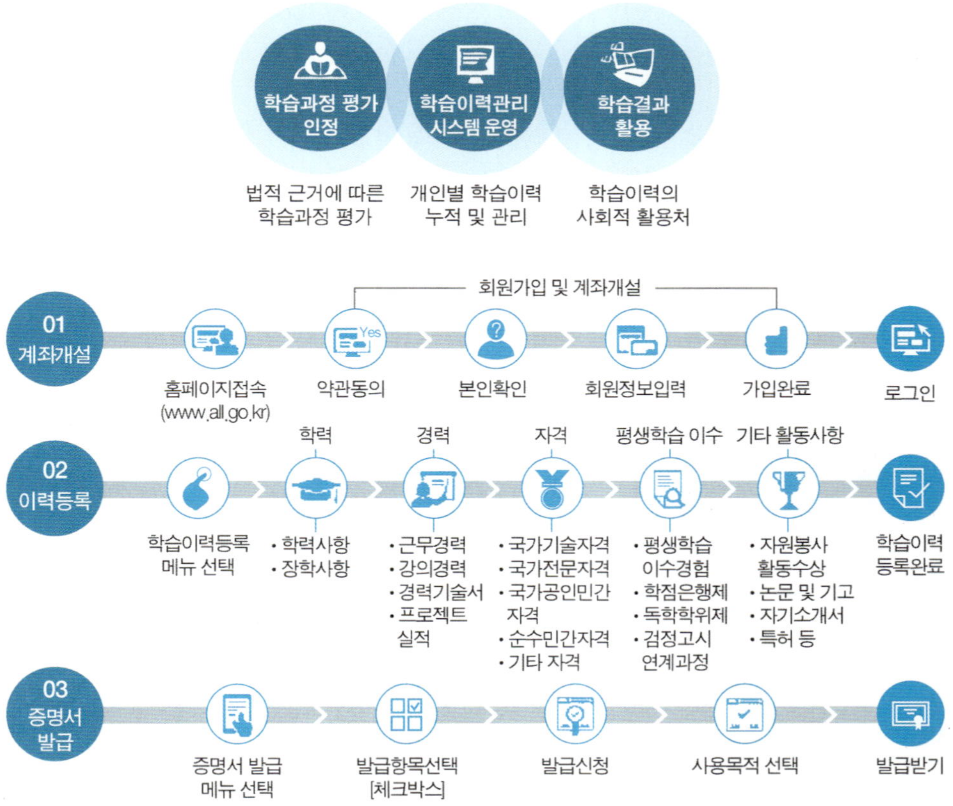

출처: 국가평생교육진흥원 홈페이지.

| 그림 3-4 | 평생학습계좌제 이용방법

5) 학점은행제 운영

학점은행제는 「학점인정 등에 관한 법률」에 의거하여 학교에서 뿐만 아니라 학교 밖에서 이루어지는 다양한 형태의 학습 및 자격을 학점으로 인정받고, 학점이 누적되어 일정 기준을 충족하면 학위취득이 가능한 제도이다.

출처: 국가평생교육진흥원 홈페이지.

학습자등록	학점인정 및 학위 취득을 위해 학점은행제 학습자로 등록한다.
학점신청 및 인정	다양한 학점원에 대한 이수경험, 학습결과에 따라 학점신청 및 인정이 가능하다.
학위수여	학사학위는 전공 및 교양학점을 포함하여 140학점 이상, 전문학사는 전공 및 교양학점을 포함하여 80학점 이상(3년제는 120학점 이상)의 학점을 인정받고 법적요건을 충족할 경우 학위를 취득할 수 있다.

출처: 국가평생교육진흥원 홈페이지.

학점은행제 학점은 평가인정 학습과정 이수, 학점인정 대상학교 학습과목 이수, 시간제 등록 학습과목 이수, 자격 취득, 독학학위제 시험합격 및 시험면제과정 이수, 국가무형문화재 보유 및 전수교육 이수를 통해 취득할 수 있다.

평가인정 학습과정	대학 또는 전문대학 부설 평생교육원, 직업전문학교, 학원, 기타 평생교육시설 등에서 개설하는 교육부장관으로부터 평가인정 받은 학습과정
학점인정대상학교 학습과목	4년제 대학 중퇴자 또는 전문대학 중퇴·졸업자, 학력인정 각종 학교 중퇴·졸업자가 이수한 해당 대학 학점
시간제등록 학습과목	대학(전문대학 및 사이버대학 포함)의 시간제 등록제도를 통해 각 대학 학칙에 의거하여 시행하는 과목 이수 학점
자격취득	국가평생교육진흥원장이 고시한 자격(국가기술자격, 국가전문자격, 국가공인 민간자격) 학점
독학학위제	독학학위제 과정별 시험 합격 및 시험, 면제과정 이수 학점
국가무형문화재	[무형문화재 보전 및 진흥에 관한 법률]에 의한 국가무형문화재 보유자와 그 전수자의 전수교육 이수 학점

출처: 국가평생교육진흥원 홈페이지.

6) 독학학위제 운영

독학학위제는 「독학에 의한 학위취득에 관한 법률」에 의거하여 국가에서 실시하는 학위취득시험에 합격한 독학자(獨學者)에게 학사학위를 수여함으로써 평생교육의 이념을 구현하고 개인의 자아실현과 국가사회의 발전에 이바지하는 것을 목적으로 하는 제도이다.

| 표 3-1 | 전공분야(11개 전공)

독학학위제 전공분야	국어국문학	영어영문학	심리학	경영학
	법학	행정학	가정학	유아교육학
	컴퓨터과학	정보통신학	간호학	(3, 4과정 응시가능)
		(3, 4과정 응시가능)	(4과정만 응시가능)	

※ 폐지전공예: 중어중문학, 농학, 수학(기존 학적자만 응시 가능)

평가영역		학사학위 취득		응시자격
학위취득자가 갖추어야 할 소양과 전문지식 및 기술을 종합평가	4과정	학위 취득 종합시험	6과목	1~3과정 합격 또는 면제한 자, 대학의 3년 수료자 및 105학점 이상 취득자, 3년제 전문대학 졸업자, 학점은행제 105학점 이상 취득자 등
전공영역에 관하여 보다 심화된 전문적인 지식 및 기술을 평가	3과정	전공심화과정 인정시험	6과목	고등학교 졸업 이상 학력 소지자
전공영역 학문연구에 필요한 공통적인 지식 및 기술을 평가	2과정	전공기초과정 인정시험	6과목	고등학교 졸업 이상 학력 소지자
대학의 교양과정 수료자가 갖추어야 할 일반적인 교양을 평가	1과정	교양과정 인정시험	5과목	고등학교 졸업 이상 학력 소지자

출처: 국가평생교육진흥원 홈페이지.

| 그림 3-5 | 시험과정 및 응시자격

7) 한국형 온라인 공개강좌(K-MOOC): http://www.kmooc.kr

K-MOOC은 남녀노소 누구에게나 열려 있는 고등교육 기반 공개강좌 운영서비스로서 우리 국민의 평생학습 기회 확대를 통해 다양한 학습 요구에 부응하는 것은 물론 고등교육의 혁신에 기여하고 있다.

◆◆ 온라인 공개강좌(MOOC)

① K-MOOC(Korea Massive Open On-line Course): 한국형 온라인 공개강좌
② 개념: 수강 인원의 제한 없이(Massive), 모든 사람이 수강 가능하며(Open), 웹 기반으로(On-line) 미리 정의된 학습목표를 위해 구성된 강좌(Course)
③ 특징: 교수-학생 간 질의·응답, 토론, 퀴즈, 과제 피드백 등의 학습관리, 학습커뮤니티 운영 등 교수-학습자 간, 학습자-학습자 간 양방향 학습 가능

◆◆ 한국형 온라인 공개강좌(K-MOOC) 추진 로드맵

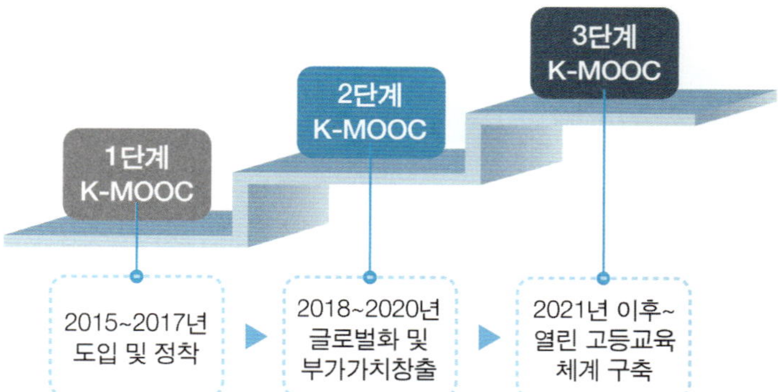

구분	2015년	2016년	2017년	2018년~
추진방향	브랜드 구축 인식 확산	서비스 표준 개발	서비스 활성화	글로벌화 (개방, 자율참여)
강좌 수	27개 강좌 (10개 대학)	100개 강좌	300개 강좌	500개 강좌
콘텐츠 개발	콘텐츠 다양화	콘텐츠 명품화	콘텐츠 표준화	콘텐츠 국제화

출처: 국가평생교육진흥원 홈페이지.

8) 성인문해교육 지원

성인문해교육 지원사업은 「평생교육법」 제39조에 따라 비문해·저학력 성인 대상 성인문해교육 프로그램 지원, 초·중학 학력인정제도 구축 등을 통해 국민행복 실현을 위한 교육기회를 제공하고 있다.

기초지자체 참여 확대 전국 기초지자체의 약 70% 참여	문해교육기관 지원 확대 연평균 300여개 문해교육기관 지원	학습자 증가 문해교육 연평균 참여 학습자 2만여 명
2006 61 지자체	2006 178 개	2006 14,668 명
2016 162 지자체	2016 384 개	2016 261,703 명

출처: 국가평생교육진흥원 홈페이지.

◆◆ 문해교육 프로그램을 통한 초·중학 학력인정제도 구축

- 「평생교육법」 제40조에 따라 성인학습자가 문해교육 프로그램 이수를 통해 의무교육에 해당하는 초등학교와 중학교 학력을 인정받을 수 있는 제도 구축 및 지원
  ※ (2016년도 지원 현황) 학력인정 누적 이수자 총 6,329명
- 성인문해교과서·워크북·교사용 지도서(38종) 개발 및 성인문해교과서 무상 보급
- 문해학습자의 기초생활능력 함양을 위한 생활문해 보조교과서(금융문해교육, 교통안전문해) 등 개발

◆◆ **성인문해능력 조사**

- 효율적이고 합리적인 정책 추진을 위한 문해교육 잠재수요자 조사

〈20114년 성인문해능력 조사 결과〉

- 만 18세 이상 성인 중 일상생활에 필요한 읽고, 쓰고, 셈하기가 불가능한 수준 1에 해당자는 약 264만 명으로 전체 성인 인구의 6.4% 해당

9) 다문화교육 활성화 지원

다문화교육 활성화 지원 사업은 「교육기본법」 제4조, 「다문화가족지원법 제10조, 「초·중등교육법 시행령」 제19조에 따라 다문화학생 중심의 맞춤형 교육지원과 다문화 사회에 대한 인식을 제고하기 위한 사업을 말한다.

124 개교 (2016년) / 160 학급 (2017년)

다문화 예비학교
- 중도입국학생 등 한국어·한국문화 집중교육이 필요한 학생을 위해 지정 운영

180 개교 (2016년) / 200 개교 (2017년)

다문화 중점학교
- 일반학생의 다문화 이해 교육 및 다문화 수용도를 높이기 위해 지정 운영

39 개교 (2016년) / 24 개교 (2017년)

다문화 연구학교
- 다문화학생의 기초학력 제고 등 맞춤형 교육 지원 체제 구축을 위해 지정 운영

60 개원 (2016년(12개 지역)) / 90 개원 (2017년(17개 지역))

다문화 유치원
- 다문화 유아에게 동등한 출발점 보장 및 실질적인 교육기회 평등을 제공하기 위해 지정 운영

통계수집 · 분석 및 다문화교육 인식제고를 위한 홍보
- 다문화교육 정책 수립 및 지원을 위한 다문화교육 통계 수집·분석과 성과 평가
- 다문화 인식제고를 위한 다문화교육 우수사례 공모전, 다문화교육 포럼 등 개최

교육자료 개발 및 교원 연수를 지원
- 다문화학생의 교육을 담당하고 있는 교사의 전문성 및 역량강화를 위해 직무연수 실시
- 다문화교육 정책학교의 현장 교육에 필요한 안내자료, 교육 프로그램 및 자료 개발·보급

출처: 국가평생교육진흥원 홈페이지.

| 그림 3-6 | 다문화교육 정책학교 운영지원

3. 평생교육제도

평생교육기관 경영을 이해하고 이를 효율적으로 운영하기 위해서는 먼저 평생교육과 관련된 법령의 위계에 따른 구조를 이해할 필요가 있다. 평생교육과 관련된 법령으로는 대표적으로 모든 법의 기본을 이루는 「헌법」과 교육과 관련하여 모법의 기능을 가진 「교육기본법」, 평생교육에 관하여 모법의 기능을 가진 「평생교육법」, 「평생교육법 시행령」, 「평생교육법 시행규칙」 등이 있다. 이외에도 평생교육과 관련된 교육관련 조항을 담고 있는 관련 법들이 주무 부처인 교육부 외에도 노동고용부, 산업통상자원부, 보건복지부 등 여러 부처에 분산되어 시행되고 있다.

본 장에서는 관련된 많은 법령 가운데 평생교육의 근간을 이루는 주요 법적 제도에 대해 제한적으로 살펴보고자 한다.

1) 헌법

「헌법」은 국가의 근본적인 조직과 작용을 규정하는 기본법으로서 국민이 되는 요건과 기본적인 권리, 국가의 통치조직 및 작용 등 국가의 기본적인 것들을 규정하고 있는 위계상 우리나라의 최상위 법으로 법의 법이라고 불리고 있다. 이러한 「헌법」에는 교육과 관련하여 국가가 교육에 대해 담당해야 할 의무와 국민이 교육에 대해 누려야 할 권리에 대해 명백히 하고 있는데, 평생교육과 관련하여 「헌법」에 명시된 것은 「헌법」이 1948년 7월 17일에 제정된 이후 8차에 걸쳐 개정된 1980년 10월 27일에 이르러서야 이루어진 것이다.

제5공화국의 기초가 되었던 이 당시의 「헌법」에는 그동안 국민의 기본권의 하나였던 교육권에 더하여 평생교육권리가 추가된 것으로 당시의 「헌법」 제29조 제5항에 "국가는 평생교육을 진흥하여야 한다."라고 명시하고, 이어서 제6항에서는 "학교교육 및 평생교육을 포함한 교육제도와 그 운영, 교육재정 및 교원의 지위에 관한 기본적인 사항은 법률로 정한다."라고 명시하여 학교교육 및 평생교육을 포함한 교육제도 법률주의를 규정하고 있다.

제6공화국에 이르러 1981년 10월 29일에 개정된 「헌법」에서는 평생교육관련 조항이 제31조로 이동되어 평생교육에 대한 국가의 의무와 국민의 권리가 그대로 계승되었다. 현행 「헌법」 제 31조에서는 국민의 권리이자 국가의 의무로서 교육에 관해 직접적으로 명시하고 있는데, 현행 「헌법」 제31조에서는 교육에 대해 국민이 마땅히 받을 의무로서 그리고 부모와 국가가 일정한 수준의 교육에 대해 마땅히 교육할 책무로 규정하고 있다. 또한 평생교육진흥을 국가의 의무로 규정하여 국민의 학습권을 평생동안 보장해야 함을 명시함으로써 평생교육에 대한 국가의 책임규정을 두고 있다. 따라서 국가는 헌법정신에 맞는 평생교육 관련 법적 제도를 체계적으로 마련하고 종합적인 지원체제를 조직하여 국민 평생교육을 진흥시켜야 할 당면과제를 지니고 있는 것이다.

<헌법 제31조>

① 모든 국민은 능력에 따라 균등하게 교육을 받을 권리를 가진다.
② 모든 국민은 그 보호하는 자녀에게 적어도 초등교육과 법률이 정하는 교육을 받게 할 의무를 진다.
③ 의무교육은 무상으로 한다.
④ 교육의 자주성 · 전문성 · 정치적 중립성 및 대학의 자율성은 법률이 정하는 바에 의하여 보장된다.
⑤ 국가는 평생교육을 진흥하여야 한다.
⑥ 학교교육 및 평생교육을 포함한 교육제도와 그 운영, 교육재정 및 교원의 지위에 관한 기본적인 사항은 법률로 정한다.

2) 교육기본법

「교육기본법」은 「헌법」에서 규정하고 있는 모든 국민의 교육받을 권리를 보장하고 이를 수행하기 위해서 학교교육 및 평생교육을 포함한 교육제도와 그 운영에 관한 기본적인 방향을 설정하고 국가를 포함한 모든 교육 당사자의 권리와 의무를 규정하고 있는 교육에 관한 기본법이다. 「교육기본법」은 「헌법」에서 명시하고 있는 기본정신과 이념을 바탕으로 법률주의의 원칙에 근거하여 국민교육의 기본사항과 국가가 실시하는 모든 교육에 관한 법령의 근본을 밝히는 법률로서 우리나라 교육의 기본적인 틀을 규정하고 있다.

현행 「교육기본법」은 1997년 12월 13일에 제정된 것으로 당시 문민정부의 대통령 직속기관으로 1994년 설치된 교육개혁위원회가 다가오는 21세기에 대비하기 위해 우리 교육체제의 새로운 틀을 마련하고자 하는 개혁 작업의 일환으로 1995년 5월 31일 교육개혁 방안에서 「교육기본법」의 제정과 관련된 초안이 이루어진 것이다. 이어 1996년 2월에 이르러 교육개혁위원회는 기존의 교육법을 「교육기본법」, 「초・중등교육법」, 「고등교육법」으로 분리하고 제정하고, 「사회교육법」의 체제를 대폭 개편하는 내용을 골자로 하는 신교육체제 수립을 위한 교육 관계법령 체제 개편안을 제시하였다.

당시 교육법은 1949년 12월 31일 제정・공포된 이후 38회에 걸친 개정으로 체계와 내용의 일관성이 부족하고 현재의 교육여건에 부응하지 못하는 등의 문제점이 있으며, 그동안 지속적으로 추진해 온 교육개혁을 법제적으로 뒷받침하는 차원에서 교육법을 「교육기본법」, 「초・중등교육법」, 「고등교육법」 등 3개 법률로 구분하여 새롭게 제정하는 일환으로 제안된 것으로서, 「교육기본법」은 자유민주주의 교육체제를 지향하는 헌법정신을 구현하여 학교교육과 사회교육을 포괄하는 교육에 관한 기본적인 사항을 규정하여 모든 교육관계법의 기본법으로 제정하고자 하는 것이었다.

이러한 노력의 결과로 1997년 12월에 「교육기본법」, 「초・중등교육법」 그리고 「고등교육법」이 제정・공포되었으며, 「평생교육법」은 2년이 지난 1999년 8월에 「사회교육법」을 전면 개정하여 제정・공포하였다.

현행 교육에 관한 법규의 구조는 [그림 3-7]과 같이 「교육기본법」을 상위법으로 하고 그 아래 「초・중등교육법」, 「고등교육법」, 「평생교육법」을 두는 3법체제를 이루고 있다. 이러한 구조는 법적으로는 학교교육과 학교 외 평생교육을 대등한 위치에 둔다는 것을 의미한다. [그림 3-7]에서 보는 바와 같이, 교육 및 평생교육에 관한 사항은 헌법을 토대로 모두 「교육기본법」을 비롯한 교육관계 법령에 규정되어 있다.

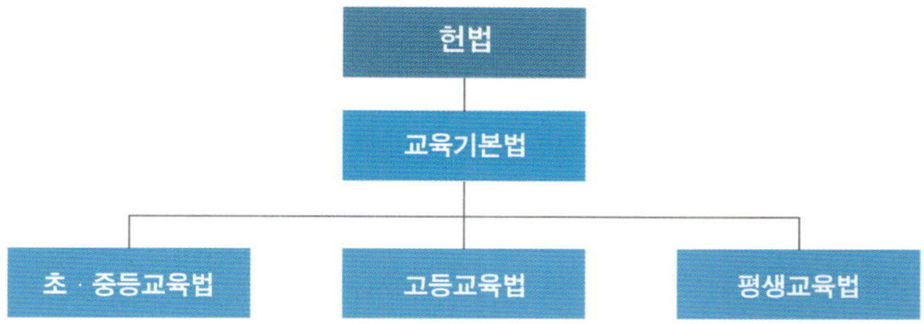

| 그림 3-7 | 교육에 관한 법규의 구조

특히, 교육법에서 「교육기본법」으로의 변경 주요 내용에 첫째, 모든 국민은 평생에 걸쳐 학습하고 능력과 적성에 따라 교육을 받을 권리가 있음을 정한다(법 제3조). 둘째, 학교운영의 자율성은 존중되며, 교직원 · 학생 · 학부모 및 지역주민 등은 법령이 정하는 바에 의하여 학교운영에 참여할 수 있도록 한다(법 제5조 제2항). 셋째, 평생교육을 위한 모든 형태의 사회교육은 장려되며, 사회교육의 이수는 법령이 정하는 바에 의하여 그에 상응하는 학교교육의 이수로 인정될 수 있도록 한다(법 제10조). 넷째, 부모 등 보호자는 자녀 또는 아동을 교육할 권리와 책임이 있으며, 자녀 또는 아동의 교육에 관하여 학교에 의견을 제시할 수 있도록 한다(법 제13조). 다섯째, 학교 및 사회교육시설을 설립 · 경영하는 자는 교육을 위한 시설 및 교원 등을 확보하도록 하며, 학교의 장은 법령이 정하는 바에 의하여 학습자를 선정 · 교육할 수 있도록 한다(법 제16조). 여섯째, 국가는 국민의 학습성과 등이 공정하게 평가되어 통용될 수 있도록 학력평가 및 능력인증제도를 수립 · 실시하도록 한다(법 제26조 제1항). 「교육기본법」에서의 평생교육에 관한 규정은 학습권, 학교의 평생교육의무, 사회교육 실시, 사회교육시설의 설립 및 경영 등을 다루고 있어 평생교육의 중요성이 어느 때보다 강조된 것임을 알 수 있다.

다시 말해서 현행 「교육기본법」은 기존의 교육법이 학교교육 위주로 규정되어 있었던 것에 반해 사회교육에 관한 규정을 보완하여 그동안의 사회교육이 학교교육의 하위 개념에서 벗어나 평생교육의 정신아래 학교교육과 사회교육이 상호 보완적 관계를 가지게 함으로써 교육에 관한 실체적인 기본법이 되도록 하였다.

특히, 「교육기본법」 제3조(학습권)에서 명시한 모든 국민의 평생학습과 교육받을 권리에 대한 규정과 제9조(학교교육), 제10조(사회교육) 등은 「헌법」 제31조의 국민의 교육에 대한 권리와 평생교육진흥의 의무에 대해 보다 구체화한 것이다.

<교육기본법 제3조, 제4조, 제9조, 제10조>

제3조 (학습권)
모든 국민은 평생에 걸쳐 학습하고, 능력과 적성에 따라 교육 받을 권리를 가진다.

제4조 (교육의 기회균등)
① 모든 국민은 성별, 종교, 신념, 인종, 사회적 신분, 경제적 지위 또는 신체적 조건 등을 이유로 교육에서 차별을 받지 아니한다.
② 국가와 지방자치단체는 학습자가 평등하게 교육을 받을 수 있도록 지역 간의 교원 수급 등 교육여건 격차를 최소화하는 시책을 마련하여 시행하여야 한다.

제9조 (학교교육)
② 학교는 공공성을 가지며, 학생의 교육 외에 학술 및 문화적 전통의 유지・발전과 주민의 평생교육을 위하여 노력하여야 한다.

제10조 (사회교육)
① 국민의 평생교육을 위한 모든 형태의 사회교육은 장려되어야 한다.
② 사회교육의 이수(履修)는 법령으로 정하는 바에 따라 그에 상응하는 학교교육의 이수로 인정될 수 있다.
③ 사회교육시설의 종류와 설립・경영 등 사회교육에 관한 기본적인 사항은 따로 법률로 정한다.

3) 평생교육법

(1) 평생교육법의 변천 및 제정 배경

「평생교육법」은 「헌법」과 「교육기본법」에서 규정하고 있는 국가의 평생교육진흥의 의무를 다하고 그 이념을 구현하기 위한 기본 사항을 규정하고 있는 평생교육에 관한 기본법이라고 할 수 있다. 「평생교육법」은 1982년 12월 31일 제정・공포된 사회교육법을 평생교육의 진흥을 국가의 의무로 규정하고 있는 「헌법」 및 「교육기본법」의 규정에 따라 1999년 8월 31일 「평생교육법」으로 그 제명을 변경하고 법 내용을 전부 개정하였으며 2000년 3월에 공포·시행하게 되었다.

1999년 제정·공포된 「평생교육법」은 「교육기본법」 아래 「초·중등교육법」, 「고등교육법」과 함께 3법 정립체제를 이루고 있다. 기존의 교육법은 주로 학교교육만을 관장하였으므로, 교육모법으로서의 기능에는 한계가 있었고, 「사회교육법」은 학교중심 교육법의 하위법과 같은 위상에 머물렀고, 법의 적용범위가 극도로 한정되는 등의 문제점을 안고 있었다.

이 당시 「평생교육법」의 구성에 대해 살펴보면 이전의 「사회교육법」이 모두 6장 30조로 구성되어 있었던 것에 비해 「평생교육법」은 5장 32조로 구성되어 있었다. 그 구성내용을 간략히 요약하면 제1장 총칙, 제2장 국가 및 지방자치단체의 임무, 제3장 평생교육사, 제4장 평생교육시설, 제5장 보칙으로 이루어져 있었다. 하지만, 1999년 전문개정 이후 시간이 경과하고 사회와 환경의 급속한 변화에 따라 「평생교육법」에서 다루고 있는 범위와 체계가 제한적이어서 지식기반사회, 창조사회, 고령사회의 시대적 상황을 충분히 대비할 수 없는 한계가 지적됨에 따라 2007년 12월 14일 또 한 차례 전면개정되어 2008년 2월 15일 시행하는 등 지금의 「평생교육법」에 이르기까지 일부개정 또는 전부개정이 수차례 이루어져 왔다. 그동안의 「평생교육법」의 주요 개정 변천 과정 및 내용을 살펴보면 〈표 3-2〉와 같다.

| 표 3-2 | 평생교육법 주요 개정 변천과정

법률 제13228호 일부개정 2015. 03. 27.
법률 제12339호 일부개정 2014. 01. 28.
법률 제12130호 일부개정 2013. 12. 30.
법률 제11770호 일부개정 2013. 05. 22.
법률 제11690호(정부조직법) 일부개정 2013. 03. 23.
법률 제10915호 일부개정 2011. 07. 25.
법률 제9641호 일부개정 2009. 05. 08.

법률 제8852호(정부조직법) 일부개정 2008. 02. 29.
법률 제8676호 전면개정 2007. 12. 14.
법률 제8640호 일부개정 2007. 10. 17.
법률 제6400호(정부조직법) 일부개정 2001. 01. 29.
전문개정 1999.8.31 법률 제6003호
일부개정 1997.12.13 법률 제5454호
일부개정 1995.8.4 법률 제4964호
일부개정 1990.12.27 법률 제4268호
제정 1982.12.31 법률 제3648호

법률 개정일	주요 내용	관련 법령 조항
2015. 03. 27.	• 학력인정평생교육시설의 지원과 공공성과 투명성을 제고하기 위하여 지도 · 감독	제31조, 제42조, 제45조
2014. 01. 28.	• "문자해득교육"을 "문해교육"으로 약칭과 그 정의	제2조 제3호
	• 시장 · 군수 · 구청장 평생학습센터를 설치 · 운영	제21조의2 신설
	• 국가 및 지방자치단체의 문해교육 프로그램 우선 지원	제39조 제3항
2013. 12. 30.	• 평생교육진흥원의 명칭을 국가평생교육진흥원으로 변경	제19조 제1항
	• 평생교육기관 학습과정 평가인정 취소 시 법률적 근거	제23조 제5항
	• 사내대학형태의 평생교육시설의 입학 대상을 확대	제32조 제2항
	• 학력미인정 원격대학형태의 평생교육시설 신고 관련	제33조 제2항
	• 평생교육시설 변경인가 · 변경등록 · 변경신고 절차	제38조의2 제42조 제5호
2013. 05. 22.	• 평생교육사 자격증 교부 · 재교부 업무	제44조
2011. 07. 25.	• 원격교육방식 학교교과학습 학원 관련	제33조 제2항
2009. 05. 08.	• 평생학습 프로그램에 대한 평가인정 외 사후관리 방안	제23조
	• 평생교육사 자격제도 개선	제24조
	• 사내대학 설립조건 완화 및 입학대상 확대	제32조

(2) 「평생교육법」의 구성 체계 및 주요 내용

가장 최근에 개정·공포된 「평생교육법」은 평생교육의 진흥을 위하여 지방자치단체가 학교형태의 평생교육시설에 「초·중등교육법」상 학교에 준하여 지원하도록 함과 동시에 이에 따른 소외계층 교육의 공공성과 투명성을 제고하기 위하여 지도·감독 등을 강화할 수 있는 규정을 마련하려는 것을 목적으로 2015년 3월 27일 개정·공포되어 2016년 3월 26일 시행을 앞두고 있다. 현행의 「평생교육법」은 2014년 1월 28일 개정·공포된 것으로 이전 「평생교육법」과 비교했을 때 국가 및 지방자치단체의 임무와 역할을 현행 「평생교육법」에서 규정하면서 관련 조항이 확대된 결과로 전체 8장 46개조와 부칙으로 구성되어 있다. 그 구체적인 구성 체계 및 주요 내용은 〈표 3-3〉과 같다.

| 표 3-3 | 「평생교육법」의 구성 체계 및 주요 내용

구성	주요 내용
제1장 총칙	• 「평생교육법」의 목적, 평생교육 관련 개념의 정의 • 다른 법률과의 관계 • 평생교육의 이념 • 국가 및 지방자치단체의 임무, 교육과정 등 • 공공시설의 이용규정, 학습휴가 및 학습비 지원
제2장 평생교육진흥기본계획 등	• 평생교육진흥기본계획의 수립, 평생교육진흥위원회 설치(장관, 5년마다) • 연도별 평생교육진흥시행계획의 수립·시행(시·도지사) • 시·도 평생교육협의회 • 시·군·자치기구 평생교육협의회, 평생학습도시 • 경비보조 및 지원, 지도 및 지원, 평생교육 통계조사
제3장 국가평생교육진흥원 등	• 국가평생교육진흥원, 시·도 평생교육진흥원의 운영 • 시·군·구 평생학습관 등의 설치·운영 등 • 읍·면·동 평생학습센터의 운영 • 정보화 관련 평생교육의 진흥, 학습계좌
제4장 평생교육사	• 평생교육사 자격 및 업무, 양성기관, 배치 및 채용, 경비보조

구성	주요 내용
제5장 평생교육기관	• 설치자, 학교의 평생교육 • 학교부설, 학교형태, 사내대학 형태, 원격대학 형태, 사업장 부설, 시민사회단체 부설, 언론기관 부설, 지식 · 인력개발 관련 평생교육시설 • 평생교육시설의 변경인가 · 변경등록 등
제6장 문해교육	• 문해교육의 실시 등, 문해교육 프로그램의 교육과정 등
제7장 평생학습 결과의 관리 · 인정	• 학점 · 학력 등의 인정
제8장 보칙	• 행정처분, 지도 · 감독, 청문, 권한의 위임, 유사 명칭의 사용 금지, 과태료

현행 「평생교육법」은 〈표 3-3〉과 같이 8장 46개조로 편성되어 있다. 이는 구 「평생교육법」이 5장 32개로 되어 있었던데 비하여, 국가 및 지방자치단체의 임무와 역할을 새롭게 규정하게 되면서 관련 조항이 확대된 결과이다.

2015년 3월 27일 개정된 「평생교육법」의 주요 내용을 간단하게 제시하면 다음과 같다.

첫째, 「평생교육법」의 법적 근거를 마련하고 평생교육의 개념을 명확히 하였다. 이를 위해 「평생교육법」의 법적 체계를 「헌법」 제31조 제1항 및 제5항, 「교육기본법」 제3조 및 제10조에 근거하여 학습자의 학습권과 평생학습의 원리에 맞추어 평생교육의 진흥에 대한 국가 및 지방자치단체의 책임을 강조하고, 평생교육제도와 그 운영에 관한 기본적인 사항을 명시하는 등 학습자 중심의 새로운 법적 체계를 마련하였다. 또한 평생교육의 개념을 「평생교육법」 제2조 제1항에서 "학교의 정규교육과정을 제외한 학력보완교육, 성인 문자해득교육, 직업능력 향상교육, 인문교양교육, 문화예술교육, 시민참여교육 등을 포함하는 모든 형태의 조직적인 교육활동"으로 정의하였다.

둘째, 평생교육진흥기본계획의 수립과 이를 심의하기 위한 평생교육진흥위원회의 설치이다. 교육부장관은 5년마다 평생교육진흥기본계획을 수립하고, 시 · 도지사는 기본계획에 따라 연도별 평생교육진흥시행계획을 시·도교육감과 협의하여 수립·시행해야 한다. 그리고 교육부장관과 시·도지사는 기본계획을 수립하거나, 시행계획을 수립하기 위하여 관계 행정기관이나 그 밖의 기관 또는 단체의 장에게 관련 자료를 요청할 수 있다.

이를 위해 국가는 교육부장관 소속으로 위원장을 포함한 20인 이내의 위원으로 구성된 평생교육진흥위원회를 설치하여 평생교육진흥기본계획에 관한 사항, 평생교육진흥정책의 평가 및 제도개선에 관한 사항, 평생교육지원 업무의 협력과 조정에 관한 사항 등을 심의하게 한다. 또한 시·도지사는 시·도지사 소속으로 의장과 부의장을 포함하여 20인 이내의 위원회로 구성된 시·도 평생교육협의회를 두며, 시·군·자치구의 경우는 의장 1인과 부의장 1인을 포함하여 12인 이내의 위원으로 구성된 시·군·자치구평생교육협의회를 설치하도록 하였다.

셋째, 평생학습도시 지정 및 지원과 평생교육진흥사업을 위한 경비보조 및 지원에 관한 것이다. 국가는 지역사회의 평생교육 활성화를 위하여 시·군 및 자치구를 대상으로 평생학습도시를 지정 및 지원할 수 있도록 하였다. 뿐만 아니라 평생학습도시 간의 연계·협력 및 정보교류의 증진을 위하여 전국평생학습도시협의회를 설치할 수 있도록 하였다.

그 외에도 국가 및 지방자치단체는 평생교육기관의 설치·운영, 평생교육사의 양성 및 배치, 평생교육 프로그램의 개발, 그 밖의 국민의 평생교육 참여를 촉진하기 위하여 수행하는 사업 등의 평생교육진흥사업을 실시하거나 지원하고 평생교육기관의 요청이 있을 경우 지도나 종사자 연수 등을 실시할 수 있게 하였다.

넷째, 평생교육진흥과 관련된 업무를 지원하기 위한 3대 전담지원기구의 설립 및 운영이다. 국가는 평생교육진흥과 관련된 업무를 지원하기 위하여 국가평생교육진흥원을 설립하여 평생교육진흥을 위한 지원 및 조사업무, 평생교육진흥기본계획 수립지원, 평생교육 프로그램 개발지원, 평생교육종사자의 양성·연수, 평생교육종합정보시스템 구축·운영, 평생학습결과에 따른 학점 또는 학력인정, 학습계좌의 통합관리·운영 등 평생교육관련 주요 업무를 수행하도록 하였다.

또한 시·도지사는 해당 지역의 평생교육기회 및 정보를 제공하고, 평생교육상담, 평생교육 프로그램 운영, 평생교육기관 간 연계체제 구축 등의 업무를 수행하도록 하기 위해 시·도 평생교육진흥원을 설치 또는 지정·운영할 수 있도록 하였다. 시·도교육감은 관할 구역 안의 주민을 대상으로 평생교육 프로그램 운영과 평생교육 기회를 제공하기 위하여 평생학습관을 설치 또는 지정·운영하도록 명시하였으며, 시장·군수·자치구의 구청장은 평생학습관의 설치 또는 재정적 지원 등 해당 지방자치단체의 평생교육진흥을 위한 사업을 실시할 수 있도록 하였다.

다섯째, 학습계좌제의 도입이다. 교육부장관은 국민의 평생교육을 촉진하고, 인적자원의 개발·관리를 위하여 학습계좌를 도입·운영할 수 있도록 노력해야 한다고 명시하였다. 학습계좌는 국민의 개인적 학습경험을 종합적으로 집중 관리하는 제도를 말한다.

여섯째, 평생교육사의 양성과 배치 및 채용 그리고 채용에 따른 경비보조에 관한 것이다. 교육부장관은 평생교육 전문 인력을 양성하기 위하여 대학 등의 기관에서 교육부령으로 정하는 평생교육관련 교과목을 일정 학점 이상 이수하고 학위를 취득한 자 등에 대해서 평생교육사의 자격을 부여하도록 하였으며, 평생교육기관에 평생교육사를 배치 또는 채용하여 평생교육의 기획·진행·분석·평가 및 교수 업무를 수행하게 하였다. 또한 국가 및 지방자치단체는 평생교육 프로그램 운영 및 평생교육사 채용에 사용되는 경비 등을 보조할 수 있도록 하였다.

일곱째, 평생교육시설 설치자의 요건 강화와 평생교육시설의 확대이다. 평생교육기관의 설치자는 다양한 평생교육 프로그램을 실시하여 지역사회 주민을 위한 평생교육에 기여하도록 명시함과 동시에 평생교육시설 설치자의 요건을 보다 엄격하게 강화하였다. 또한 지역사회 평생교육을 활성화하기 위해 다양한 평생교육시설을 법제화하였다. 이는 학교의 평생교육, 학교부설, 학교형태, 사내대학형태, 원격대학형태, 사업장부설, 시민사회단체부설, 언론기관 부설, 지역·인력개발 관련 평생교육시설 등이다. 특히, 2015년 3월 27일 개정 「평생교육법」에서는 학교형태의 평생교육시설에 대해 지방자치단체가 해당 지방자치단체의 예산의 범위 내에서 「초·중등교육법」 제2조의 학교에 준하여 필요한 보조금을 교부하거나 그 밖의 지원을 할 수 있도록 함과 동시에 재산관리, 회계 및 교원들의 신규채용에 관한 사항은 각각 「사립학교법」을 준용하고, 장학지도 및 학생의 학교생활기록부 관리는 「초·중등교육법」을 준용하는 등 지원과 관리·감독을 보다 강화하는 규정을 담고 있다.

여덟째, 문해교육과 평생학습 결과의 관리 및 인정에 관한 사항이다. 현행 「평생교육법」에서는 문해교육의 실시 등에 대해서 국가 및 지방자치단체는 성인의 사회생활에 필요한 문자해득능력 등 기초능력을 높이기 위하여 노력해야 한다고 명시하고, 교육감은 초·중학교에 성인 문해교육 프로그램을 설치·운영하거나 지방자치단체·법인 등이 운영하는 문해교육 프로그램을 지정할 수 있도록 하고, 국가 및 지방자치단체는 문해교육 프로그램에 대하여 우선적으로 재정적 지원을 할 수 있도록 하였다.

또한 평생교육과정을 이수한 자에 대해 「학점인정 등에 관한 법률」로 정하는 바에 따라 학점 또는 학력을 인정받을 수 있게 하는 등 평생학습결과의 관리 및 인정 방안을 명시하였다.

아홉째, 평생교육기관에 대한 행정처분, 지도·감독, 청문, 권한의 위임 및 위탁, 유사명칭의 사용금지, 벌칙, 과태료 등에 대해 명시하고 있다.

4) 평생교육법 시행령

「평생교육법 시행령」은 「평생교육법」에서 위임된 사항과 그 시행에 필요한 사항을 규정하기 위해 제정된 것으로 현재의 법명과는 달리 「사회교육법 시행령」이라는 법명으로 1983년 9월 10일에 처음으로 제정·시행되었다. 당시 「사회교육법 시행령」의 제정의 사유로는 1982년 12월 31일 「사회교육법」이 제정됨에 따라 동법에서 위임된 사항과 그 시행에 관하여 필요한 사항을 정리하려는 것이었다. 그 이후 「사회교육법 시행령」은 「사회교육법」이 개정될 때마다 수차례 개정되어 오늘에 이르고 있는데, 현행 「평생교육법 시행령」에 이르기까지의 변천과정을 요약하면 〈표 3-4〉

와 같다.

| 표 3-4 | 평생교육법 시행령 주요 개정 변천과정

대통령령	제25902호	일부개정	2014.12.30.	
대통령령	제25409호	일부개정	2014.6.30.	
대통령령	제24845호	일부개정	2013.11.20.	
대통령령	제22749호	일부개정	2011.3.29.	
대통령령	제22530호	일부개정	2010.12.20.	
대통령령	제21677호	일부개정	2009. 8.11.	
대통령령	제20799호	일부개정	2008.6.5.	
대통령령	제20607호	전부개정	2008.2.14.	
대통령령	제18245호	일부개정	2004.1.29.	
대통령령	제17603호	일부개정	2002.5.13.	
대통령령	제16750호	전부개정	2000.3.13.	평생교육법 시행령(법명 변경)
대통령령	제12633호	일부개정	1989.2.28.	
대통령령	제11230호	제정	1983.9.10.	사회교육법 시행령

「사회교육법 시행령」은 1989년 2월 28일에 이르러 학교형태사회교육시설에 대해 중·고등학교에 상응하는 학력을 인정하도록 하고 사회교육시설의 전문요원의 자격기준을 강화함으로써 사회교육을 내실 있게 발전시키는 것을 목적으로 일부개정 시행하였다.

2000년 3월 13일에는 드디어 「사회교육법」이 「평생교육법」으로 전부개정됨에 따라 「사회교육법 시행령」도 「평생교육법 시행령」으로 그 법명이 변경되었다. 이 당시 시행령의 개정 이유로는 1999년 8월 31일 「사회교육법」이 「평생교육법」으로 전부개정됨에 따라 대학 또는 전문대학과 동등한 학력과 학위가 인정되는 원격대학 및 사내대학형태의 평생교육시설 등이 신설되면서 평생교육시설의 시설·설비기준 및 인가절차 등 동법에서 위임된 사항을 정하고, 기타 현행제도의 운영상 나타난 일부 미비점을 개선·보완하려는 것이었다.

2002년 5월 13일 일부 개정·시행된 「평생교육법 시행령」에서는 직장인의 평생교육을 활성화시키기 위하여 원격대학형태의 평생교육시설의 설치기준을 일부 완화하며, 그 밖에 현행제도의 운영과정에서 나타난 일부 미비점을 개선·보완하려는 것이 주요 개정의 이유였다.

2004년 1월 29일 일부 개정·시행된 「평생교육법 시행령」에서는 주요 개정 이유 및 주요 내용으로 종전에는 학교형태의 평생교육시설에 중학교과정과 고등학교과정에 대한 학력인정시설의 지정기준만 두었으나, 초등교육을 받지 못하고 취학연령을 초과한 자에게 국민생활에 필요한 기초적인 교육을 받을 수 있도록 하기 위하여 초등학교과정에 대한 학력인정시설의 지정기준을 추가적으로 마련하려는 것이었다.

2008년 2월 14일에 전부 개정되고 동년 2월 15일에 시행된 「평생교육법 시행령」은 평생교육진흥위원회의 설치, 평생교육진흥원의 설립 및 전국평생학습도시협의회 구성 등을 통하여 평생교육진흥체제를 마련하는 내용이 그 개정의 이유였다. 또한 개정 주요 내용으로는 평생교육진흥기본계획 수립절차 마련, 평생교육진흥위원회 구성 및 운영, 평생교육진흥원에 대한 출연금의 지급 및 관리, 평생교육사의 등급조정 및 직무범위, 전문대학 학력인정 평생교육시설 인가기준·절차 등, 문자해득교육 프로그램 설치·운영 등이다.

2008년 6월 5일 일부 개정된 「평생교육법 시행령」은 고등교육기관으로서의 원격대학과 평생교육기관으로서의 원격대학 형태의 평생교육시설을 명확히 구분하고, 원격대학 형태의 평생교육시설의 재산관리 및 회계에 관해서는 사립학교와 같은 기준을 적용하는 내용으로 「평생교육법」이 개정됨에 따라 현행의 '원격대학'이라는 용어를 '원격대학 형태의 평생교육시설'로 정비하고, 법률에서 위임한 사항과 그 시행에 필요한 사항을 정리하고자 하였다.

2009년 8월 11일 일부 개정된 「평생교육법 시행령」은 학습계좌에서 관리할 학습과정에 대하여 교육부장관의 평가인정의 절차, 평가인정을 받은 사항을 위반할 경우 시정명령의 절차, 사내대학 설치 사업장의 범위 등 법률에서 위임된 사항을 정하고, 그 밖에 현행제도의 운영상 나타난 일부 미비점을 개선·보완하고자 하였다.

2010년 12월 20일 일부개정된 시행령에서는 개인의 학습경험을 종합적으로 집중

관리함으로써 각종 학력이나 자격 인정의 근거로 활용하기 위하여 도입된 학습계좌 제도의 원활한 운영을 위하여 학습계좌에 수록되는 학습과정의 수준을 평가하여 인정하는 평가인정의 기준과 절차를 정비하는 한편, 현행 제도의 운영상 나타난 일부 미비점을 개선·보완하고자 하였다.

2011년 3월 29일 일부개정된 시행령에서는 사업장 부설 평생교육시설을 설치·신고할 수 있는 사업장의 규모를 100명 이상으로 완화하여 중소기업이 지역사회의 평생교육에 참여할 수 있는 여건을 개선하고, 과태료 부과의 합리성을 높이기 위하여 법령 위반횟수 및 해태기간에 따라 과태료 부과금액을 차등화하고 위반행위의 정도, 동기 및 그 결과 등을 고려하여 과태료 부과금액을 감경할 수 있는 사유를 구체적으로 정하려는 것이었다.

2013년 11월 20일 일부개정된 시행령에서는 평생교육사 자격증의 교부권한이 정규학교의 경우에는 대학기관의 장에게, 학점은행기관의 경우에는 교육부장관에게로 이원화되어 있던 것을 교육부장관으로 일원화하는 등의 내용으로 「평생교육법」이 개정됨에 따라, 평생교육사 자격증 교부와 관련된 규정을 정비하고 평생교육사 자격증의 교부와 평생교육사 양성기관의 지정신청 접수 등 교육부장관이 수행하던 업무를 평생교육진흥원에 위탁하려는 것이었다.

2014년 6월 30일 일부개정된 시행령에서는 평생교육시설이 변경인가를 받거나 변경등록·변경신고를 하여야 하는 대상 등 법률에서 위임된 사항을 정하는 한편, 부설 평생교육시설을 설치할 수 있는 시민사회단체나 언론기관의 요건을 강화하는 등 현행 제도의 운영상 나타난 일부 미비점을 개선·보완하려는 것이었다.

2014년 12월 30일 일부개정된 시행령에서는 사내대학의 학칙 개정 시 교육부장관에게 보고하도록 하는 의무 규정을 삭제하여 학칙 개정 보고 의무가 폐지된 사립대학과의 형평성 및 사내대학의 자율성을 제고하는 한편, 사내대학의 학생이 교육과정과 관련된 산업체 근무경력을 가진 경우 그 근무경력을 졸업에 필요한 학점 중 5분의 1 범위에서 해당 사내대학의 학점으로 인정할 수 있는 근거를 마련하려는 것이었다.

「평생교육법 시행령」의 주요 내용은 제1장 총칙, 제2장 평생교육진흥계획 등, 제3장 평생교육진흥원 등, 제4장 평생교육사, 제5장 평생교육기관, 제6장 문자해득교육, 부칙 등이며, 구체적인 내용은 다음과 같다.

첫째, 총칙은 목적과 공공시설의 이용에 관하여 규정하고 있다. 둘째, 평생교육진흥계획은 기본계획 및 연도별 시행계획의 수립·시행, 진흥위원회의 심의사항, 진흥위원회의 구성·운영, 진흥위원회의 간사 및 수당 등, 전국평생학습도시협의회 등의 내용을 규정하고 있다. 셋째, 평생교육진흥원 등에 관한 내용은 출연금의 요구 및 지급, 출연금의 관리, 결산서의 제출, 잉여금의 처리, 시·도 평생교육진흥원의 운영, 전문인력정보은행제의 운영, 학습계좌제의 운영 등이다. 넷째, 평생교육사에 관한 내용은 평생교육사의 자격요건, 평생교육사의 등급, 직무범위, 이수과정, 연수, 평생교육사의 자격증 교부절차 등, 평생교육사 양성기관의 지정, 평생교육사의 배치대상기관 및 배치기준 등을 규정하고 있다. 다섯째, 평생교육기관에 대한 내용은 학습비의 반환, 학교 부설평생교육시설에 관한 사항, 학교형태 평생교육시설에 관한 사항, 학력인정시설에 관한 사항, 전문대학 학력인정 평생교육시설에 관한 사항, 사내대학에 관산 사항, 원격교육 형태의 평생교육시설에 관한 사항, 원격대학 형태의 평생교육시설에 관한 사항, 사업장 부설 평생교육시설의 설치신고, 시민사회단체 부설 평생교육시설의 설치신고, 언론기관 부설 평생교육시설의 설치신고, 지식·인력개발사업 관련 평생교육시설의 설치신고 등이다. 여섯째, 문자해득교육에 관련한 내용은 문자해득교육 프로그램의 설치·운영 및 지정, 문자해득교육의 지원, 문자해득교육 프로그램 이수자의 학력인정절차, 문자해득교육 프로그램 이수자의 학력인정기준, 문자해득교육심의위원회 구성 등의 내용을 규정하고 있다.

5) 평생교육법 시행규칙

「평생교육법 시행규칙」은 「평생교육법」과 「평생교육법 시행령」에서 위임된 사항과 그 시행에 필요한 사항을 규정함을 목적으로 2000년 3월 31일 처음으로 제정·

시행되었다. 이후 7차례의 일부 및 전부 개정을 통해 현행의 「평생교육법 시행규칙」에 이르고 있다. 현행의 「평생교육법 시행규칙」의 구체적인 내용을 살펴보면 목적, 평생교육실무조정위원회, 전문인력정보은행제의 운영, 학습계좌 관련 사항, 평생교육 관련 과목, 평생교육사 자격증의 수여 등, 평생교육사 자격증의 재발급, 평생교육사 양성기관 지정의 신청, 학교부설 평생교육시설의 설치보고, 학교형태 평생교육시설의 시설·설비기준, 학교형태의 평생교육시설의 등록신청, 학교형태의 평생교육시설의 변경등록 신청 등, 학력인정시설의 지정 신청 등, 전문대학 학력인정 평생교육시설 설치계획서, 전문대학 학력인정 평생교육시설의 변경인가 신청 등, 사내대학 설치인가 신청 관련 사항, 계열별 학생정원의 환산방법 등, 겸임교원의 산정기준, 원격평생교육시설의 신고 관련 사항, 원격대학형태의 평생교육시설의 설치인가 신청서류, 원격대학형태의 평생교육시설의 수업료 등의 징수 및 반환 등, 원격대학형태의 평생교육시설의 재무·회계, 언론기관 부설 평생교육시설 등의 변경신고, 문자해득교육 프로그램의 지정·교원의 배치·이수자의 학력인정 절차, 문해교육 관련 학습과정 이수자의 인정절차, 직인의 관리, 규제의 재검토 등을 포함하고 있다. 현행 「평생교육법 시행규칙」에 이르기까지의 변천과정을 요약하면 〈표 3-5〉와 같다.

| 표 3-5 | 평생교육법 시행규칙 주요 개정 변천과정

교육부령 제42호 일부개정 2014.7.28.
교육부령 제13호 일부개정 2013.11.22.
교육과학기술부령 제91호 일부개정 2011.1.27.
교육과학기술부령 제67호 일부개정 2010.8.19.
교육과학기술부령 제15호 일부개정 2008.9.29.
교육인적자원부령 제927호 전부개정 2008.2.18.
교육인적자원부령 제805호 일부개정 2002.5.23.
교육부령 제765호 제정 2000.3.31.

4. 평생교육사

평생교육사는 「평생교육법」에 따라 자격을 부여받은 평생교육전문인력으로 평생교육의 기획, 진행, 분석, 평가 및 교수 등의 직무를 수행하는 자이다. 평생교육사는 「평생교육법」 제24조에 따라 ① 대학에서 평생교육 관련 교과목을 일정 학점 이상 이수하고 학위를 취득한 자, ② 학점은행 등에 관한 법률에 따라 평가인정을 받은 학습과정을 운영하는 기관에서 평생교육 관련 교과목과 학점이수하고 학위 취득한 자가 될 수 있다. 평생교육사가 되려면 총 30학점을 이수해야 하는데, 그 이수 과목은 필수과목 5개(15학점), 선택과목 5개(15학점)를 이수해야 하며, 평생교육 교과목의 평점이 80점 이상이고 4주 현장실습을 마쳐야 한다.

그림 3-8 평생교육사의 직무

◆◆ 평생교육사 이수 과목

- 필수과목: 평생교육론, 평생교육방법론, 평생교육경영론, 평생교육 프로그램 개발론, 평생교육 실습
- 선택과목
  - 실천영역(1과목 이상 선택): 아동교육론, 청소년교육론, 여성교육론, 노인교육론, 시민교육론, 특수교육론, 성인학습 및 상담
  - 방법영역(1과목 이상 선택): 교육사회학, 교육공학, 교육복지론, 지역사회교육론, 인적자원개발론, 원격교육론, 기업교육론, 교수설계, 교육조사방법론, 상담심리학 등

※ 실습: 문자해득 프로그램 지정기관, 국가 지방자치단체에서 운영하는 평생교육시설, 평생교육진흥원, 평생학습관, 학원 중 평생교육을 실시하는 학원, 「평생교육법」에 따라 인가 등록 신고된 평생교육시설 등

학습정리

1. 평생교육정책은 교육정책은 정치적 과정을 통해 형성된 하나의 의사결정으로서 평생교육에 중대한 영향을 미치는 정부의 기본방침이라고 할 수 있다. 평생교육정책은 합리모형, 만족모형, 점증모형, 혼합모형, 최적모형, 쓰레기통 모형 등을 통해 접근될 수 있다. 평생교육정책의 결정 과정은 일반적으로 정책의제설정, 정책결정, 정책집행, 정책평가로 이루어진다.

2. 주요 평생교육정책에는 평생학습도시, 평생교육대학, 평생학습계좌제, 학점은행제, K-MOOC, 성인문해교육 등이 있다.

3. 평생교육기관 경영을 이해하고 이를 효율적으로 운영하기 위해서는 먼저 평생교육과 관련된 법령의 위계에 따른 구조를 이해할 필요가 있다. 평생교육과 관련된 법령으로는 대표적으로 모든 법의 기본을 이루는 「헌법」과 교육과 관련하여 모법의 기능을 가진 「교육기본법」, 평생교육에 관하여 모법의 기능을 가진 「평생교육법」, 「평생교육법 시행령」, 「평생교육법 시행규칙」 등이 있다.

4. 평생교육사는 「평생교육법」에 따라 자격을 부여받은 평생교육전문인력으로 평생교육의 기획, 진행, 분석, 평가 및 교수 등의 직무를 수행하는 자이며, 「평생교육법」 제24조에 따라 대학이나 학점은행제 관련 기관 등에서 총 30학점을 이수해야 하며, 그 이수 과목은 필수과목 5개(평생교육론, 평생교육방법론, 평생교육경영론, 평생교육 프로그램 개발론, 평생교육실습, 15학점), 선택과목 5개(15학점)을 이수해야 하며, 평생교육 교과목의 평점이 80점 이상이고 4주 현장실습을 마쳐야 그 자격을 취득할 수 있다.

평가하기

1. (　　　　　　)은 정치적 과정을 통해 형성된 하나의 의사결정으로서 평생교육에 중대한 영향을 미치는 정부의 기본방침이라고 할 수 있다.

2. 평생교육정책의 결정 과정은 (　　　　　　) → 정책결정 → (　　　　　　) → 정책평가로 이루어진다.

3. 주요 평생교육정책으로서 평생학습도시, 평생교육대학, 평생학습계좌제, 학점은행제, K-MOOC, 성인문해교육 등이 있다. 이에 대해 간략하게 설명하시오.

4. 평생교육기관 경영을 이해하고 이를 효율적으로 운영하기 위해서는 먼저 평생교육과 관련된 법령의 위계는 다음과 같다. (　　) 안에 알맞은 법령 이름을 제시하시오.

(　　　　　) → 교육기본법 → (　　　　　　) → (　　　　　) → 평생교육법 시행규칙

5. 평생교육사가 되려면 총 (　　　　) 학점을 이수해야 한다. 그 이수 과목 수는 필수과목이 (　　)개, 선택과목은 (　　)이며, 필수과목 5과목은 (　　　), (　　　), (　　　), (　　　), (　　　)이다.

정답: 1. 평생교육정책　2. 정책의제설정, 정책집행　4. 헌법, 평생교육법, 평생교육법 시행령　5. 30학점, 5개, 5개, 평생교육론, 평생교육방법론, 평생교육경영론, 평생교육 프로그램 개발론, 평생교육실습

Chapter 4

평생교육기관의 성격과 유형

학습목표

1. 우리나라 평생교육 추진체제에 대해 이해하고 제시할 수 있다.
2. 평생교육기관의 개념과 성격에 대해 이해하고 설명할 수 있다.
3. 평생교육기관의 유형에 대해 이해하고 그 예를 열거할 수 있다.

사전학습

1. 우리나라 평생교육 추진체제는 행정조직, 전담기구, 심의 및 협의 기구로 구성되어 있다.
2. 평생교육기관은 평생교육을 목적으로 설립된 법인 또는 단체로서 평생교육의 프로그램이나 사업을 수행하는 법인이나 단체를 말한다.
3. 「평생교육법」에 따라 평생교육기관은 학교의 평생교육, 학교부설 평생교육시설, 학교 형태의 평생교육시설, 사내대학 형태의 평생교육시설, 원격대학 형태의 평생교육시설, 사업장 부설 평생교육시설, 시민사회단체 부설 평생교육시설, 언론기관 부설 평생교육시설, 지식/인력개발 관련 평생교육시설 등이 있다.

1. 평생교육 추진체제

우리나라 평생교육 추진체제는 행정조직, 전담기구, 심의 및 협의 기구로 구성되어 있다. 행정조직은 평생교육 정책을 지원하는 조직으로서 중앙수준의 교육부와 광역단체 수준의 시・도 자치단체와 시・도 교육청, 지역수준의 기초자치단체와 지역교육지원청으로 체계화되어 있다. 그리고 평생교육정책을 실행하는 전담기구로는 2015년 개정된 「평생교육법」에 따르면, 중앙 수준의 국가평생교육진흥원과 시・도 수준의 시・도 평생교육진흥원, 시・군・구 지역에 설치・운영되는 평생학습관과 읍・면・동에 설치・운영되고 있는 평생학습센터 등으로 체계화되어 있다. 또한 심의 및 협의 기구로는 중앙 수준의 평생교육진흥위원회와 시・도 평생교육협의회, 시・군・구 평생교육협의회로 체계화되어 있다.

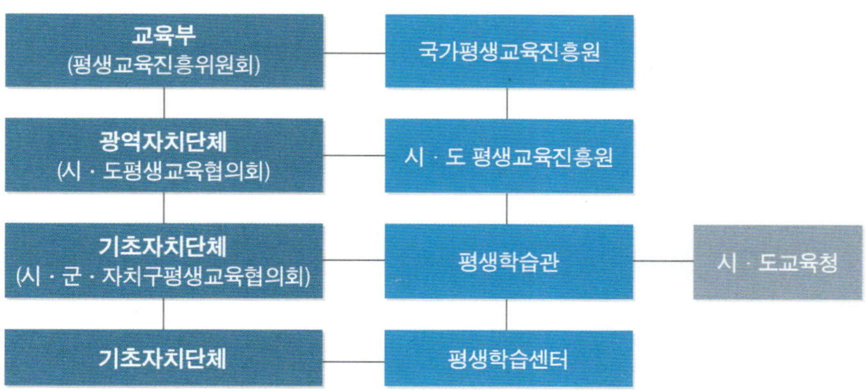

| 그림 4-1 | 한국의 평생교육 추진체제

1) 평생교육 전담기구

현재 우리나라에서 평생교육을 체계적으로 제공하고 지원하기 위한 전담기구로는 국가평생교육진흥원, 시・도 평생교육진흥원, 그리고 평생학습관, 평생학습센터 등이 있다. 이들 전담기구들은 평생교육에 관한 연구, 평생교육 종사자에 대한 연수, 평생교육에 관한 정보의 수집・제공 기능을 수행하는 것을 기본적인 임무로 하고 있다. 각각의 평생교육 전담기구에 대해 보다 상세하게 살펴보면 다음과 같다.

(1) 국가평생교육진흥원

국가평생교육진흥원은 「헌법」 제31조 제5항과 「교육기본법」 제3조 및 「평생교육법」 제19조 제1항에 그 설립 근거를 두고 있다. 또한 국가평생교육진흥원의 설립목적은 「평생교육법」 제19조에 따른 평생교육진흥과 관련된 업무를 효율적으로 수행함으로써 국민의 평생교육 활성화에 기여함을 목적으로 하고 있다.

국가평생교육진흥원은 2007년 11월 22일 「평생교육법」 전부개정안이 국회에서 의결되고 동년 12월 14일 개정 공포되어 2008년 2월 15일부터 시행됨에 따라 그 법에 의거하여 2008년 1월 2일 설립하고 같은 해 2월 15일에 개원되었다. 국가평생교육진흥원은 학력보완교육, 성인기초문자해득교육, 직업능력향상교육, 인문교양교육, 문화예술교육, 시민참여교육 등의 6대 영역과 평생교육정책 수립을 위한 연구 및 조사, 평생교육정책의 기본계획 수립, 평생교육 프로그램 개발・지원, 평생교육사 등 평생교육종사자의 양성 및 연수, 평생교육기관 간 네트워킹, 시・도 평생교육진흥원 지원, 평생교육종합정보시스템 구축, 학점은행제・독학학위제 운영, 평생학습계좌제의 운영 등 9대 기능을 수행하고 있다.

또한 국가평생교육진흥원은 2014년 기준으로 15개의 시・도 평생교육진흥원과 129개의 평생학습도시, 198개의 행복학습센터로 구성된 지역평생교육 추진체제를 구축・지원하고, 45개 평생학습 중심대학을 육성하고, 평생교육사 양성 및 역량강화, 학점은행제 및 독학학위제, 평생학습계좌제 운영 지원, 평생학습포털 및 K-MOOC

구축, 성인문해교육 지원, 학부모 자녀교육 역량 강화, 다문화가정 평생교육 지원 등의 업무를 수행하고 있다.

2012년 4월 20일에 '평생교육진흥원'을 '국가평생교육진흥원'으로 명칭을 변경하였으며, 현재 1처, 4본부, 1센터, 1감사실, 16실로 체제를 재정비하였다. 국가 평생교육 전담기구인 국가평생교육진흥원의 조직과 기능은 [그림 4-2]와 같다.

| 그림 4-2 | 국가평생교육진흥원 조직 및 기능

(2) 시 · 도 평생교육진흥원

시 · 도 평생교육진흥원의 운영과 관련하여서는 시 · 도지사가 대통령령으로 정하는 바에 따라 시 · 도 평생교육진흥원을 설치 또는 지정 · 운영할 수 있다고 「평생교육법」 제20조에 명시되어 있다. 시 · 도 평생교육진흥원은 시 · 도 평생교육의 중추기관으로 2011년부터 시 · 도의 평생교육 실천역량강화 사업이라는 이름으로 광역단위에 시 · 도 평생교육진흥원 설립 또는 지정을 시작하여 2015년 현재 15개 시 · 도가 평생교육진흥원을 운영 중에 있다. 이들 시 · 도 평생교육진흥원의 역할은 평생교육에 대한 주민 요구조사 및 정책연구, 지역 평생교육 정책개발, 평생학습정보망 운영, 평생학습도시를 비롯한 지역 교육기관 간 연계 · 협력, 그 밖의 평생교육진흥을 위하여 시 · 도지사가 필요하다고 인정하는 사항 등의 기능을 수행하고 있다. 이러한 「평생교육법」 규정에 따라 각 시 · 도 지방자치단체는 조례를 제정하여 시 · 도 평생교육진흥원을 설치 또는 운영하고 평생교육관련 진흥사업을 추진하고 있다. 전국 시 · 도 평생교육진흥원 설립 또는 위탁지정 현황을 연도별로 분류하면 〈표 4-1〉과 같다.

| 표 4-1 | 전국 시 · 도 평생교육진흥원 현황

설립연도	2011년	2012년	2013년	2014년	2015년	계
시 · 도명	대전, 경기	부산, 울산, 충북, 충남, 제주	인천, 경북 광주	대구, 전남, 강원, 서울	경남	15

(3) 평생학습관

평생학습관은 「평생교육법」 제21조에 그 설립의 근거를 두고 있으며, 말 그대로 연구 및 연수 기능보다는 지역 주민을 대상으로 평생교육 프로그램 운영과 평생교육 기회를 제공하는 학습관 기능을 수행하고 있다. 이를 위해서 「평생교육법」에서는 시장 · 군수 · 자치구의 구청장은 평생학습관의 설치 또는 재정적 지원 등 해당 지방자치단체의 평생교육을 진흥하기 위하여 필요한 사업을 할 수 있도록 규정하고 있으며, 이를 위해서는 조례를 제정하여 실시하도록 규정하고 있다. 평생학습관은 지역별로 기존의 도서관이나 학생문화원을 평생학습관으로 지정하여 명칭을 변경하거나, 기존의 명칭을 그대로 사용하면서 지역 평생학습관으로 지정되어 평생학습관으로서의 기능을 수행하는 곳도 있다. 뿐만 아니라 최근에는 지자체에 따라서는 평생학습관을 새롭게 설치하여 운영하고자 하는 움직임도 증대되고 있는 실정이다. 평생학습관은 2014년 교육통계분석자료집에 따르면 경기도 63개, 서울 56개 등 전체 393개의 기관이 운영 중에 있다. 「평생교육법」에서 규정하고 있는 평생학습관의 역할은 평생교육 프로그램의 개발·운영, 평생교육 상담, 평생교육 종사자에 대한 교육·훈련, 평생교육 관련 정보의 수집·제공, 읍·면·동 평생학습센터에 대한 운영 지원 및 관리, 그 밖에 평생교육진흥을 위하여 필요하다고 인정되는 사업 등이다.

(4) 평생학습센터

시장·군수·자치구의 구청장은 읍·면·동별로 주민을 대상으로 하여 평생교육 프로그램을 운영하고 상담을 제공하는 평생학습센터를 설치하거나 지정하여 운영할 수 있도록 되어 있다. 이를 위해 지방자치단체장은 평생학습센터의 설치 또는 지정 및 운영에 관한 사항을 해당 지방자치단체의 조례로 정하도록 되어 있다. 이는 2014년 「평생교육법」 개정 당시 신설된 사항으로 평생교육센터의 운영·지원 사업은 국민 누구나 집 근처에서 원하는 평생교육을 받을 수 있도록 하기 위해 읍·면·동 단위에 설치되어 있는 주민센터, 복지회관, 도서관, 아파트 복지시설 등 공공 유휴시설을 활용하여 평생학습 프로그램을 운영할 수 있도록 지원하는 사업이다. 평생학습센터는 1개 시·군·구당 거점센터 1개, 행복학습센터(읍·면·동) 3개가 설치·운영되고, 거점센터 및 행복학습센터에는 평생교육사, 행복학습매니저 등을 배치하여 주민의 학습수요 파악하고 필요한 학습정보를 제공하거나 학습상담을 지원한다. 2014년 현재 60개 시·군·구에 298개의 평생학습센터를 운영하고 있다.

2) 평생교육기관의 정의와 성격

평생교육기관은 평생교육을 목적으로 설립된 법인 또는 단체로서 평생교육의 프로그램이나 사업을 수행하는 법인이나 단체를 말한다. 「평생교육법」(법률 제14160호, 2016. 5. 29., 일부개정) 제2조 제2항에는 평생교육기관의 정의를 다음과 같이 제시하고 있다. 평생교육기관은 「평생교육법」에 따라 인가·등록·신고된 시설·법인 또는 단체나 학교교과교습학원을 제외한 평생직업교육을 실시하는 학원을 제외한 평생직업교육을 실시하는 학원이 포함된다.

<평생교육법 제2조 제2항>

> "평생교육기관"이란 다음에 해당하는 시설·법인 또는 단체를 말한다.
> 가. 이 법에 따라 인가·등록·신고된 시설·법인 또는 단체
> 나. 「학원의 설립·운영 및 과외교습에 관한 법률」에 따른 학원 중 학교교과교습학원을 제외한 평생직업교육을 실시하는 학원
> 다. 그 밖에 다른 법령에 따라 평생교육을 주된 목적으로 하는 시설·법인 또는 단체

평생교육기관은 학생들을 대상으로 하는 학교교육기관과는 그 성격에서 차이를 가지며, 그 특징은 평생교육의 특징과도 유사하다(최은수·배석영, 2008)

첫째, 학교교육기관은 적령기 학생들에 국한되지만, 평생교육은 모든 연령층에 개방되어 있다.

둘째, 학교교육기관은 법이 정한 교육과정과 교과서에 따라 그 편성 운영의 제약이 많지만, 평생교육기관의 교육과정과 내용, 방법, 시간 등은 비교적 자유롭게 편성 운영된다.

셋째, 학교교육기관은 배우는 내용이 실생활과 밀접하게 연관되어 있지 않은 이론과 원리를 강조하지만, 평생교육은 학습자의 일과 생활과 밀접하게 관련이 있는 내용을 중심으로 다룬다.

넷째, 학교교육기관은 이수기간이 고정되고, 비교적 장기간을 학습해야 하지만, 평생교육은 적시성과 유연성이 강해 학습자의 필요에 따라 그 기간을 유연하게 조

정할 수 있다.

다섯째, 학교교육기관은 학사관리나 학습과정 및 수업료 등이 법과 행정지침에 따라 결정되지만, 평생교육기관은 학습자의 프로그램의 등록이나 탈퇴 등이 학습자가 결정할 수 있고, 학사관리의 탄력적 운영이 가능하며, 학습 내용과 방법의 선정 및 수강료 책정 등도 비교적 자유롭다.

여섯째, 학교교육기관은 공공성과 공익성을 실현하는 경향이 높지만, 평생교육기관은 사익과 영리성을 추구하는 경향이 높다. 물론 국가 및 지방자치단체에 의해 운영되는 평생교육은 공공성과 공익성을 추구하지만, 많은 평생교육기관이 법인과 단체에 의해 운영되고 있다는 점에서는 사익과 수익을 강조한다고 볼 수 있다.

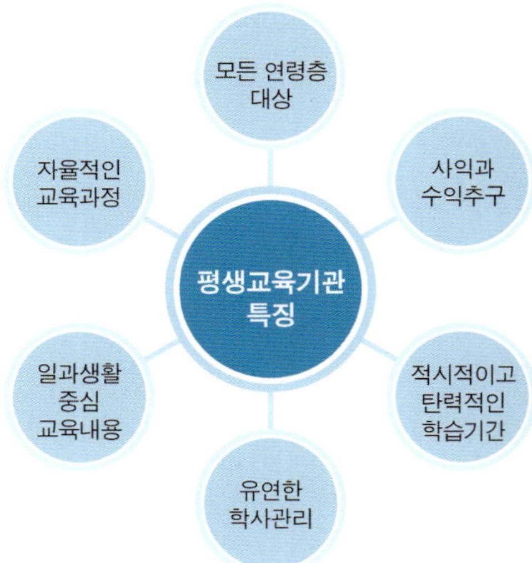

| 그림 4-3 | 평생교육기관의 특징

3) 평생교육기관의 유형

평생교육기관은 평생교육을 목적으로 설립된 법인 또는 기타 단체라고 할 수 있다. 여기서 법인과 단체에 의해 설립 운영되고 있다. 여기서 법인에는 공익법인, 비영리법인, 특수법인 등이, 단체에는 정부단체와 각종 시민·민간단체(Non-Government Organization, NGO) 등이 포함된다(권인탁·임영희, 2011). 또한 다른 법령에 의한 평생교육기관은 학원의 설립 운영 및 과외교습에 관한 법률에 의한 학원, 도서관 및 도서진흥법에 의한 도서관, 박물관 및 미술관 진흥법에 의한 박물관, 미술관, 근로자 직업 훈련 촉진법에 의한 직업훈련원 등이 있다.

평생교육기관은 「평생교육법」에 따라 인가·등록·신고를 한 법인이나 단체를 말한다. 인가(認可)는 허가라고도 하는데, 평생교육의 목적을 수행할 수 있는 법인이나 단체를 국가가 일정한 요건을 갖춘 자에게만 그 활동과 운영을 하도록 허용하는 것을 말한다. 등록(登錄)은 법인이나 단체가 일정한 조건을 갖추어서 법으로 정한 활동을 하는 존재를 법정의 공적 장부에 기재하는 공증행위를 말한다. 즉, 평생교육기관이 되려면 관련 행정기관에 비치된 평생교육기관 목록이나 문서에 기재되어 있어야 한다는 것을 말한다. 신고(申告)는 국민이 법령에 따라 행정청에 일정한 사실을 진술·보고하는 행위를 뜻한다.

「평생교육법」에 따라 평생교육기관은 다음과 같이 구분된다.

① 학교의 평생교육(제29조): 각급학교
② 학교부설 평생교육시설(제30조): 대학부설 평생교육원
③ 학교형태의 평생교육시설(제31조): 학력인정 중고등학교, 방송통신대학교
④ 사내대학 형태의 평생교육시설(제32조): 삼성전자 공과대학
⑤ 원격대학 형태의 평생교육시설(제33조): 원격대학
⑥ 사업장 부설 평생교육시설(제35조): 산업체 연수원, 백화점 문화센터
⑦ 시민사회단체 부설 평생교육시설(제36조): YMCA, 흥사단, 참여연대, 소비자연맹
⑧ 언론기관 부설 평생교육시설(제37조): MBC 문화센터
⑨ 지식/인력개발 관련 평생교육시설(제38조): 한국능률협회, 한국생산성본부

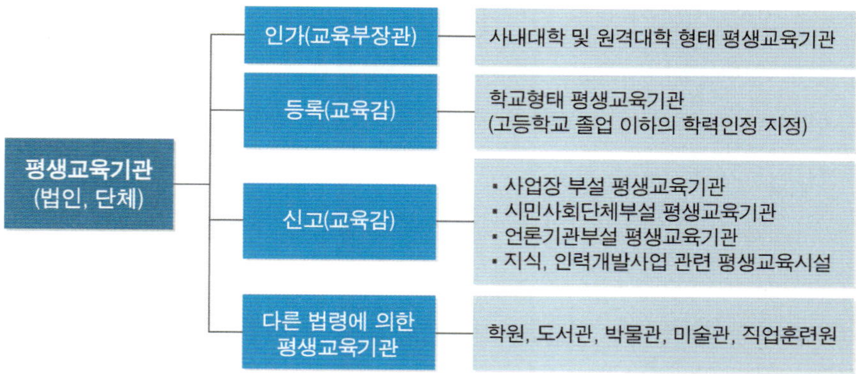

출처: 이길헌(2012). 평생교육경영론. 서울: 에듀존, p. 16-17 재인용.

| 그림 4-4 | 평생교육기관 분류

오혁진(2003, p.23)은 평생교육기관을 설립 주체에 따라 공공기관, 영리형 민간기관, 비영리형 민간기관으로 분류하였다. 공공기관은 정부와 지방자치단체에서 직접 운영하는 평생교육기관을 말한다. 예를 들어 정부출연 연수원, 주민자치센터, 각종 평생학습관 등이 포함된다. 영리형 민간기관은 영리를 목적으로 설립된 기업형 평생교육기관을 말한다. 각종 사설학원, 백화점, 언론기관, 문화센터, 기업형 연수시설 등을 들 수 있다. 비영리형 민간기관은 최근 시민사회의 성숙과 더불어 급증하고 있는 각종 비영리적 성격의 평생교육기관을 말한다. 예를 들어 가나안농군학교, 한국지역사회교육협의회, 흥사단 등이 운영하는 평생교육기관을 비롯하여 각종 사회단체의 공익적인 교육 프로그램 등이 있다.

김창엽(2012)은 평생교육기관을 경영유형에 따라 독립경영, 위탁경영, 하위조직경영으로 분류하였다. 첫째, 독립경영은 평생교육기관이 외부의 지휘와 통제 없이 독자적으로 프로그램 및 사업 기획과 의사결정 등의 경영을 하는 경우로 시·군·구 평생교육센터, 각종 사립학원, 민간 인력개발원 등을 포함한다. 둘째, 위탁경영은 평생교육기관이 정부나 사회단체 및 기업 등으로부터 시설 또는 재정의 위탁을 받아서 실시하는 경영을 의미한다. 위탁경영은 평생교육기관 경영자와 위탁의뢰기관의 목적과 이해관계가 일치될 때 실시되며, 경영활동이 위탁의뢰기관과의 협의를 통해 이루어진다. 기관 전체를 위탁경영하는 경우도 있고, 일부 프로그램의 경영을 위탁할 수도 있다. 일반적으로 경영실적과 사업결과의 보고, 예산집행에 대한 감사 활동 등이 수반된다. 셋째, 하위조직경영은 평생교육기관이 모기관의 하위부서로서 교육사업을 실시하는 조직 경영을 가리킨다. 하위조직의 경영은 모조직의 예산지원에 크게 의존한다. 평생교육기관의 자체의 자립경영을 추구하기보다는 모기관의 모적을 구현하기 위한 사업의 일환으로 운영되는 경우가 많다. 여기에는 정부소속 각종 평생교육기관, 대학부설 평생교육기관, 기업 부설 문화센터, 시민단체 부설 교육센터 등이 포함된다.

이상에서 살펴본 설립 주체와 경영유형을 연결하여 평생교육기관의 유형을 제시하면 다음과 같다. 공공기관은 독립경영, 위탁경영의 형태로, 영리형 민간기관은 독립경영이나 하위조직경영의 형태로, 비영리형 미간기관은 하위조직경영 형태로 이루어지는 평생교육기관으로 운영될 가능성이 높다고 할 것이다.

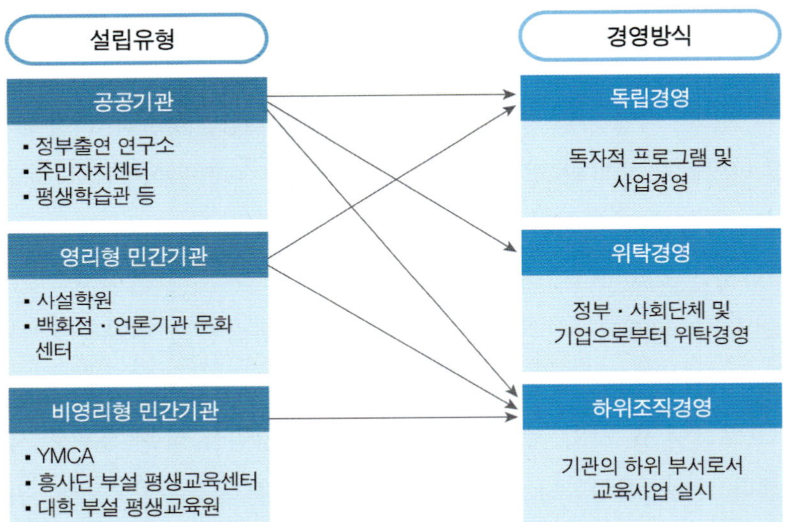

| 그림 4-5 | 설립유형 및 경영방식별 평생교육기관 유형

2. 평생교육기관 유형별 운영 특징과 사례

여기서는 앞에서 살펴본 「평생교육법」에 따른 8대 평생교육기관 유형에 대한 법령 근거와 특징을 살펴보고자 한다(권인탁 · 임영희, 2011; 「평생교육법」 제29조~제38조).

1) 각급학교

「평생교육법」 제29조에 따르면 각급 학교는 평생교육을 실시할 수 있다. 「초 · 중등교육법」 및 「고등교육법」에 따른 각급학교의 장은 평생교육을 실시함에 있어서 평생교육의 이념에 따라 교육과정과 방법을 수요자 관점으로 개발 · 시행하도록 하며, 학교를 중심으로 공동체 및 지역문화 개발에 노력해야 한다. 각급학교의 장은 해당 학교의 교육여건을 고려하여 학생 · 학부모와 지역 주민의 요구에 부합하는 평생교육을 직접 실시하거나 지방자치단체 또는 민간에 위탁하여 실시할 수 있다. 다만, 영리를 목적으로 하는 법인 및 단체는 제외한다. 제2항에 따른 학교의 평생교육을 실시하기 위하여 각급학교의 교실 · 도서관 · 체육관, 그 밖의 시설을 활용하여야 한다. 제2항 및 제3항에 따라 학교의 장이 학교를 개방할 경우 개방시간 동안의 해당 시설의 관리 · 운영에 필요한 사항은 해당 지방자치단체의 조례로 정한다.

2) 학교부설 평생교육기관

학교부설 평생교육기관은 학교의 인적 · 물적 자원을 지역사회에 개방하고 다양한 평생교육을 실시함으로써 각급학교의 평생교육을 촉진하고 열린교육 사회의 구현에 기여하기 위한 시설을 말한다. 「평생교육법」 제30조에 따르면 각급학교의 장은 학생 · 학부모와 지역 주민을 대상으로 교양의 증진 또는 직업교육을 위한 평생교육시설을 설치 · 운영할 수 있다. 평생교육시설을 설치하는 경우 각급학교의 장은 관할청에 보고해야 한다. 대학의 장은 대학생 또는 대학생 외의 자를 대상으로 자격취득을 위한 직업교육과정 등 다양한 평생교육과정을 운영할 수 있다. 각급학교의 시설은 다양한 평생교육을 실시하기에 편리한 형태의 구조와 설비를 갖추어야 한다.

3) 학교형태의 평생교육기관

학교형태의 평생교육기관은 교육과정 및 시설·설비 등이 중학교 또는 고등학교와 유사한 시설이다. 경제적 이유 등 개인 사정으로 중·고등학교 또는 대학에 진학하지 못한 근로청소년, 성인 등을 대상으로 하는 평생교육시설로, 중학교, 고등학교, 전문대학의 졸업자와 동등한 학력 및 학위가 인정된다.「평생교육법」 제31조는 학교형태의 평생교육시설을 규정하고 있다. 우선, 학교형태의 평생교육시설을 설치·운영하고자 하는 자는 대통령령으로 정하는 시설·설비를 갖추어 교육감에게 등록해야 한다. 교육감은 제1항에 따른 학교형태의 평생교육시설 중 일정 기준 이상의 요건을 갖춘 평생교육시설에 대하여는 이를 고등학교졸업 이하의 학력이 인정되는 시설로 지정할 수 있다. 그리고 학교교육을 담당하는 교원을 둘 수 있으며, 교원의 복무·국내연수와 재교육에 관하여는 국·공립학교의 교원에 관한 규정을 준용한다. 또한「초·중등교육법」 제54조 제4항에 따라 전공과를 설치·운영하는 고등기술학교는 교육부장관의 인가를 받아 전문대학졸업자와 동등한 학력·학위가 인정되는 평생교육시설로 전환·운영할 수 있다.

| 표 4-2 | 평생교육기관의 분류

구분	대분류	중분류	소분류
1	학교평생 교육기관	초·중등 부설 평생교육기관	
		대학 부설 평생교육기관	
		학력인정 평생교육기관	
		학력미인정 평생교육기관	
2	직업훈련기관	공공직업훈련기관	

구분	대분류	중분류	소분류
		인정직업훈련기관	
		사업 내 직업훈련기관	직업훈련원
			사내대학
3	학원	기술계학원	
		어학계학원	
		문리계학원	
4	원격 평생교육시설	일반원격교육기관	초·중등
			대학
			대학원
		사이버대학	
5	연수기관	공무원연수기관	일반행정연수기관
			교육공무원연수기관
			특수직무연수기관
		일반연수기관	공공연수기관
			종합연수기관
			특수직무연수기관
6	청소년평생교육 기관 및 단체	청소년 평생교육기관	
		청소년 단체	
7	여성평생교육 기관 및 단체	여성평생교육기관	
		여성단체	
8	노인평생교육 기관 및 단체	노인평생교육기관	
		노인단체	
9	사회복지기관 및 시설	사회복지기관	
		장애인복지기관	
		시·군·구민회관	
10	문화시설 중심 평생교육기관	도서관	
		박물관	
		문화원	
		기타	

구분	대분류	중분류	소분류
11	시민사회단체 부설 평생교육시설	시민단체 및 기관(NGO포함)	
		사회단체 및 기관	
12	언론사 부설 평생교육시설	신문사	
		방송국	
13	연구 · 상담기관	연구기관	
		상담기관	

출처: 권인탁 · 임영희(2011). pp. 92-93.

4) 사내대학 형태의 평생교육기관

사내대학 형태의 평생교육기관은 시간적 · 경제적 여유가 없어 대학에 가지 못한 근로자를 위해 학교법인을 설립하지 않고 일정 기간 동안 사내교육을 이수하면 학력 · 학위가 인정되는 평생교육 차원의 고등교육기관이다. 교육경비를 고용주가 부담하여 근로자의 면학 욕구를 수용할 수 있고 기업 입장에서는 전문 직무교육과 특화교육 효과를 거둘 수 있다. 대표적인 사내대학의 예로는 삼성전자의 사내대학, 제일기획의 디자인대학 등이 있다. 「평생교육법」 제32조는 사내대학 형태의 평생교육시설을 규정하고 있다. 대통령령으로 정하는 규모 이상의 사업장(공동으로 참여하는 사업장도 포함한다)의 경영자는 해당 사업장에 고용된 종업원, 해당 사업장에서 일하는 다른 업체의 종업원, 해당 사업장과 하도급 관계에 있는 업체 또는 부품 · 재료 공급 등을 통하여 해당 사업장과 협력관계에 있는 업체의 종업원을 대상으로 교육부장관의 인가를 받아 전문대학 또는 대학 졸업자와 동등한 학력 · 학위가 인정되는 평생교육시설을 설치 · 운영할 수 있다.

5) 원격대학 형태의 평생교육기관

원격 형태의 평생교육기관은 정보통신매체를 이용하여 특정 또는 불특정 다수인에게 원격교육을 실시하거나 다양한 정보를 제공하는 시설이다. 원격대학 형태의 평생교육시설은 정보통신기술, 멀티미디어 기술 및 관련 소프트웨어 기술 등을 이용하여 형성된 사이버 공간을 주 학습장으로 하여 시간과 공간의 제약 없이 주로 비대면 교육을 통하여 전문대 또는 대학 졸업자와 동등한 학력을 인정하고 학위를 주는 평생교육 차원의 고등교육기관을 말한다. 「평생교육법」 제33조는 원격대학 형태의 평생교육기관을 규정하고 있다. 전문대학 또는 대학졸업자와 동등한 학력·학위가 인정되는 원격대학 형태의 평생교육시설을 설치하고자 하는 경우에는 대통령령으로 정하는 바에 따라 교육부장관의 인가를 받아야 한다.

6) 사업장 부설 평생교육기관

사업장 부설 평생교육시설은 사업체, 백화점 문화센터 등 일정 규모(종사자 200명) 이상의 사업장에서 당해 사업장의 고객을 대상으로 하는 평생교육시설이다. 이는 「평생교육법」 제35조에 규정되어 있으며, 사업장 부설 평생교육시설을 설치하고자 하는 자는 대통령령령으로 정하는 바에 따라 교육감에게 신고해야 한다.

7) 시민사회단체 부설 평생교육기관

시민사회단체 부설 평생교육기관은 법인인 시민사회단체, 법령에 의하여 주무관청에 등록된 시민사회단체, 회원 수가 300명 이상인 시민사회단체가 소속 회원 외에 일반 시민을 대상으로 평생교육기관을 부설하는 경우이다. 이는 「평생교육법」 제36조에 규정되어 있다. 이 규정에 의하면, 시민사회단체는 전문인력(평생교육 프로그램 운영을 전담하는 인력을 말한다)을 5명 이상 확보하고 있는 법인인 시민사회단체, 법령에 따라 주무관청에 등록된 시민사회단체, 회원이 300명 이상인 시민사회단체를 말한다. 이들 시민사회단체는 상호 유기적인 협조체제를 구축하고 공공시설 및 민간시설 등 유휴시설을 활용하여 해당 시민사회단체의 목적에 부합하는 평생교육과정을 운영할 수 있으며, 시민사회단체 부설 평생교육시설을 설치하고자 하는 자는 대통령령으로 정하는 바에 따라 교육감에게 신고해야 한다.

8) 언론기관 부설 평생교육시설

언론기관 부설 평생교육시설은 신문 · 방송 등 언론기관을 경영하는 자는 해당 언론매체를 통하여 다양한 평생교육 프로그램을 방영하는 등 국민의 평생교육진흥에 기여하며, 일반 국민을 대상으로 교양의 증진과 능력향상을 위한 평생교육시설을 설치 · 운영할 수 있는 경우를 말한다. 언론기관 부설 평생교육시설을 설치할 수 있는 법인으로 일간신문 · 주간신문 · 인터넷신문 및 월간잡지를 발행하는 자, 방송을 하는 법인, 뉴스통신사업을 경영하는 법인 등으로 규정하고 있다(「평생교육법 시행령」 제66조). 또한 「평생교육법」 제37조에 따라 언론기관 부설 평생교육시설을 설치하고자 하는 자는 대통령령으로 정하는 바에 따라 교육감에게 신고해야 한다.

9) 지식 · 인력개발 관련 평생교육시설

지식 · 인력개발 관련 평생교육시설은 지식정보의 제공사업, 교육 · 훈련 및 연구용역 사업, 교육위탁사업, 교육훈련기관의 경영 진단 및 평가사업, 교육자문 및 상담 사업, 교수학습 프로그램 개발 및 공급 사업을 경영하는 곳으로, 자본금 또는 자산이 3억 원 이상이고 전문인력을 5명 이상 확보하고 있는 법인을 말한다(「평생교육법 시행령」 제67조). 「평생교육법」 제38조에 따르면 지식 · 인력개발사업과 관련하여 평생교육시설을 설치하고자 하는 자는 대통령령으로 정하는 바에 따라 교육감에게 신고해야 한다. 이를 폐쇄하고자 하는 경우에는 그 사실을 교육감에게 통보해야 한다.

10) 다른 법령에 의한 평생교육기관

다른 법령에 의한 평생교육기관은 우선, 「학원의 설립 · 운영 및 과외교습에 관한 법률」에 의거한 학원을 들 수 있다. 학원은 사인이 대통령령이 정하는 수 이상의 학습자에게 30일 이상의 교습과정에 따라 지식 · 기술 · 예능을 교습하거나, 30일 이상 학습 장소로 제공되는 시설을 말한다. 둘째, 「근로자직업훈련촉진법」에 의거한 직업훈련원을 들 수 있다. 이것은 근로자의 직업능력 개발을 위한 훈련 등을 통하여 근로자가 직업능력을 최대한 개발 · 발휘함으로써 근로자의 고용 증진 및 지위 향상과 기업의 생산성 향상을 도모하고 경제 · 사회발전에 이바지함을 목적으로 하는 직업능력 개발 훈련시설을 말한다. 셋째, 도서관 및 독서진흥법에 의거한 도서관을 들 수 있다. 도서관은 도서관 자료를 수집 · 정리 · 분석 · 보존 · 축적하여 공중 또는 특정인의 이용에 제공함으로써 정보 이용 · 조사 · 연구 · 학습 · 교양 등 문화발전 및 평생교육에 이바지하는 시설을 말한다. 이 밖에도 박물관 및 미술관진흥법에 의거한 박물관과 미술관, 지방문화원진흥법에 의한 지방문화원 등을 들 수 있다.

학습정리

1. 우리나라 평생교육 추진체제는 행정조직, 전담기구, 심의 및 협의기구로 구성되어 있다. 행정조직은 평생교육 정책을 지원하는 조직으로서 중앙수준의 교육부와 광역단체 수준의 시・도 자치단체와 시・도 교육청, 지역수준의 기초자치단체와 지역교육지원청으로 체계화되어 있다. 그리고 평생교육정책을 실행하는 전담기구로는 중앙 수준의 국가평생교육진흥원과 시・도 수준의 시・도 평생교육진흥원, 시・군・구 지역에 설치・운영되는 평생학습관과 읍・면・동에 설치・운영되고 있는 평생학습센터 등으로 체계화되어 있다. 또한 심의 및 협의 기구로는 중앙 수준의 평생교육진흥위원회와 시・도 평생교육협의회, 시・군・구 평생교육협의회로 체계화되어 있다.

2. 평생교육기관은 평생교육을 목적으로 설립된 법인 또는 단체로서 평생교육의 프로그램이나 사업을 수행하는 법인이나 단체를 말하며, 「평생교육법」에 따라 인가・등록・신고된 시설・법인 또는 단체나 학교교과 교습학원을 제외한 평생직업교육을 실시하는 학원이 포함된다.
평생교육기관은 모든 연령층에 개방되어 있고, 교육과정과 내용, 방법, 시간 등은 비교적 자유롭게 편성 운영되며, 학습자의 일과 생활과 밀접하게 관련이 있는 내용을 다루며, 적시성과 유연성이 강해 학습자의 필요에 따라 그 기간을 유연하게 조정할 수 있고, 학습자의 프로그램의 등록이나 탈퇴 등이 학습자가 결정할 수 있고, 학사관리의 탄력적 운영이 가능하며, 학습 내용과 방법의 선정 및 수강료 책정 등도 비교적 자유롭다는 특징이 있다.

3. 「평생교육법」에 따라 평생교육기관은 다음과 같이 구분된다.
① 학교의 평생교육(제29조): 각급학교
② 학교부설 평생교육시설(제30조): 대학부설 평생교육원
③ 학교형태의 평생교육시설(제31조): 학력인정 중고등학교, 방송통신대학교
④ 사내대학 형태의 평생교육시설(제32조): 삼성전자 공과대학
⑤ 원격대학 형태의 평생교육시설(제33조): 원격대학
⑥ 사업장 부설 평생교육시설(제35조): 산업체 연수원, 백화점 문화센터
⑦ 시민사회단체 부설 평생교육시설(제36조): YMCA, 흥사단, 참여연대, 소비자연맹
⑧ 언론기관 부설 평생교육시설(제37조): MBC 문화센터
⑨ 지식/인력개발 관련 평생교육시설(제38조): 한국능률협회, 한국생산성본부

평가하기

1. (   )은 평생교육을 목적으로 설립된 법인 또는 단체로서 평생교육의 프로그램이나 사업을 수행하는 법인이나 단체를 말하다.

2. 평생교육기관에 대한 특징을 제시한 것이다. 아래의 문장이 맞으면 ○, 틀리면 × 하시오.

1) 학교교과 교습학원은 평생교육기관에 포함된다. (   )
2) 평생교육기관은 모든 연령층에 개방되어 있다. (   )
3) 학습자의 일과 생활과 밀접한 프로그램으로 편성 운영한다. (   )
4) 학습자의 프로그램의 등록과 탈퇴 등에 대해 학습자가 자유롭게 결정할 수 없다. (   )

3. 「평생교육법」에 따라 평생교육기관은 다음과 같이 구분된다. 각 평생교육기관의 예를 하나만 제시하시오.

① 학교의 평생교육(제29조): 각급학교
② 학교부설 평생교육시설(제30조) (㈀   )
③ 학교형태의 평생교육시설(제31조): 학력인정 중고등학교, 방송통신대학교
④ 사내대학 형태의 평생교육시설(제32조): (㈁   )
⑤ 원격대학 형태의 평생교육시설(제33조): 원격대학
⑥ 사업장 부설 평생교육시설(제35조): (㈂   )
⑦ 시민사회단체 부설 평생교육시설(제36조): YMCA, 흥사단, 참여연대, 소비자연맹
⑧ 언론기관 부설 평생교육시설(제37조): MBC 문화센터
⑨ 지식/인력개발 관련 평생교육시설(제38조): (㈃   )

4. 일반 교육기관(학교)과 평생교육기관을 비교 · 설명하시오.

정답: 1. 평생교육기관 2. X, ○, ○, X 3. ㈀ 대학부설 평생교육원 ㈁ 삼성전자 공과대학 ㈂ 백화점 문화센터 ㈃ 한국능률협회

Chapter 5

평생교육을 위한 조직이론

학습목표

1. 평생교육조직의 개념을 이해하고 설명할 수 있다.
2. 조직유형론 관점에서 평생교육조직의 특성을 이해하고 설명할 수 있다.
3. 평생교육조직의 형태를 이해하고 설명할 수 있다.
4. 관료조직 및 전문조직으로서의 평생교육조직을 이해하고 설명할 수 있다.
5. 평생교육조직의 특성을 분류하는 원리를 이해하고 설명할 수 있다.
6. 팀으로서의 평생교육조직을 이해하고 설명할 수 있다.

사전학습

1. 평생교육조직은 변화하는 평생교육의 요구와 환경 속에서 평생교육 목표달성을 위하여 평생교육과 관련된 분업과 권한 위계를 토대로 평생교육 담당자 간의 협력 관계가 있는 사회적 집단이다.
2. 조직은 사회적 기능에 따라 생산, 유지, 적응, 관리 조직으로(Katz & Kahn), 수혜자 관점에 따라 호혜, 영리, 공익, 서비스 조직으로(Blau & Scott), 조직참여자 결정(Carlson)에 따른 조직 구분(Carlson), 복종에 따른 강제, 공리, 규범 조직으로(Etzioni) 분류된다.
3. 평생교육조직은 공식적/비공식적 조직, 계선/참모조직의 성격을 띤다.
4. 평생교육조직은 관료제적 성격과 전문가 조직의 성격을 동시에 지닌 이중구조를 지닌 조직이라고 할 수 있다. 관료적 측면은 공식화된 규범과 규칙, 중앙집권화된 방식, 절차와 규정 등 형식화 강조 등을 강조하고, 전문적 측면은 평생교육 목표, 내용, 방법, 평가 등에 대한 전문적 결정 존중의 특성을 지니고 있다.
5. 평생교육조직의 특성은 Daft가 제시한 조직 설계 원리인 공식화, 전문화, 권한계층, 집권화, 전문직화, 인력의 비율 등에 따라, Perrow가 테크놀로지의 다양성과 분석가능성에 따라 일상적(routine) 기술, 장인(craft) 기술, 엔지니어링 기술, 비일상적(nonroutine) 기술로 분류한 것에 따라 관료적인지, 전문적인지 그 성격을 결정할 수 있다.
6. 효과적인 팀장으로서 평생교육담당자는 팀원인 평생교육담당자들의 강점을 잘 인식하고 이들 강점을 잘 활용하여 팀 목표를 달성하는 효능감이 높고, 업무 지원과 피드백, 그리고 동기부여를 잘 하는 사람으로 다음과 같은 특성을 지닌 사람이다.

1. 평생교육조직의 개념과 유형

조직에 대한 정의는 일반적으로 목표를 달성하기 위해 함께 일하고 서로 협동하는 사람들의 집합체라고 할 수 있다(George & Jones, 2015). 하지만, 조직은 단순히 사람들이 모여 있다고 성립되는 것은 아니다. 단순히 스포츠 경기를 관람하기 위해 모인다거나, 공연이나 강연을 듣기 위해 모인 것을 조직이라고 하지 않는다. 조직이라 할 때는 목표와 함께 목표달성을 위한 분업과 권한의 위계, 조정과 관리 활동 등이 있어야 한다. 다프트(Daft, 2009)는 조직은 ① 사회적 존재이며, ② 목적성을 가지고 있으며, ③ 어떤 특정한 의도에 의해 행동들이 구조화되고 조정되며, ④ 외부환경과 긴밀한 연결성과 상호작용이라는 조건을 지닐 때 성립한다고 보았다. 따라서 평생교육조직은 변화하는 평생교육의 요구와 환경 속에서 평생교육 목표달성을 위하여 평생교육과 관련된 분업과 권한 위계를 토대로 평생교육 담당자 간의 협력 관계가 있는 사회적 모임이라고 할 수 있다.

◆◆ 평생교육조직의 성립 조건

① 평생교육 목표달성
② 평생교육 담당자 간의 협력 관계
③ 평생교육과 관련된 분업과 권한 위계
④ 외부환경과의 연결과 상호작용

조직은 추구하는 목표, 성격과 기능에 따라 여러 형태로 존재한다. 조직이론에서는 어떤 조직의 특성을 이해하기 위해 비슷한 특성을 가진 조직끼리 배합하여 연구하는 유형론이라 한다. 다음에서는 대표 조직유형론을 살펴보고, 평생교육기관은 어떤 조직의 유형으로 분류될 수 있을지 살펴보자(오석홍, 2011).

1) Katz & Kahn: 사회적 기능에 따라 분류

① **생산적 또는 경제적 조직**: 사회를 위해 부를 창조하고 물품을 제조하며 용역을 제공하는 일과 관련된 조직으로 광업체, 농장, 공장, 운수업체, 백화점 등을 예로 들 수 있다.

② **유지조직**: 사람들을 다른 조직이나 사회에서 역할을 수행할 수 있도록 사회화 · 교육 · 훈련하는 데 공헌하는 기능을 가진 조직으로 학교, 교회, 가정을 예로 들 수 있다.

③ **적응조직**: 지식을 창출하고 이론을 개발하여 검증하며, 사회문제의 해결에 정보를 적용하는 기능을 가진 조직으로 연구소, 학회를 예로 들 수 있다.

④ **관리적 또는 정치적 조직**: 자원, 인간의 판별, 조정 및 통제와 관련된 기능을 지닌 조직으로 정부기관, 압력단체, 노동조합 등을 예로 들 수 있다.

2) Blau & Scott: 조직에서 가장 많은 혜택을 받는 사람이 누구인가에 따라 분류

① **호혜조직**: 조직의 모든 성원들을 위한 조직으로 공제회, 정당, 노동조합, 전문조직, 재향군인회, 각종 회원제 클럽 등을 예로 들 수 있다.

② **영리조직**: 조직의 소유자나 경영자의 이익을 위한 조직으로 기업체, 판매회사, 은행 등을 예로 들 수 있다.

③ **공익조직**: 일반 대중의 이익을 위한 조직으로 정부기관, 경찰, 소방서, 우체국, 전화국 등을 예로 들 수 있다.

④ **서비스 조직**: 고객을 위한 조직으로 병원, 학교 등을 예로 들 수 있다.

3) Carlson: 서비스 조직의 참여를 누가 결정하는가에 따라 분류

조직의 고객 선택권 \ 고객의 참여 결정권	유	무
유	유형 Ⅰ	유형 Ⅲ
무	유형 Ⅱ	유형 Ⅳ

① 유형 Ⅰ. 조직과 고객이 독자적으로 고객의 참여를 결정하는 것으로 사립학교와 대학교, 사립 의료원과 공공복지 기관을 예로 들 수 있으며, 야생조직(집단 간 경쟁에서 생존)이라고도 한다.

② 유형 Ⅱ. 고객이 조직을 선택하는 것으로 주립대학을 예로 들 수 있다.

③ 유형 Ⅲ. 실제적으로 발견하기 어려우며 이론적으로 존재하는 집단이다.

④ 유형 Ⅳ. 법규에 의해 고객을 수용할 수밖에 없는 조직으로 의무교육기관, 교도소를 예로 들 수 있으며, 온상조직(고객을 유치하는 데 경쟁 없이 법적으로 그 존재가 보장되는 조직)이라고도 한다.

4) Etzioni: 복종(compliance)에 입각한 분류

Etzioni는 조직이 통합을 유지하고 기능을 수행하기 위해 참여자가 조직의 목적과 규칙에 복종하기 위해 참여하는 방식과 조직의 개인행동에 대한 통제 방법을 고려하여 강제적 조직, 공리적 조직, 규범적 조직으로 구분하였다.

① 개인의 행동 통제 방법

- 강제적 권력(coercive power): 물리적 힘을 가하는 것(위협, 매질, 감금, 체벌, 음식 등)
- 보상적 권력(remunerative power): 봉급이나 상여금, 특별급여 등 물질적 · 금전적 대가를 늘리거나 줄이는 형식
- 규범적 권력(normative power): 상징적 보상이나 제재를 통한 통제. 벌로서는 비난 · 배척 · 지위의 박탈 · 낮은 고과 점수 등을, 상으로는 칭찬 · 특권 · 높은 평가 등

권력의 형태 \ 참여의 형태	소외적	타산적	도덕적
규범적	규범적 소외적	규범적 타산적	**규범적 조직** 종교단체, 종합병원, 학교, 자원단체, 전문직 단체
보상적	보상적 소외적	**공리적 조직** 공장, 회사, 협동조합	보상적 도덕적
강제적	**강제적 조직** 교도소, 수용소, 정신병자 수용소, 군대	강제적 타산적	강제적 도덕적

② 구성원의 참여 방식

- 소외적 참여(alienative involvement): 자기의 의사에 반대되기 때문에 부정적이고 적대적인 감정이 강해 참여에 소극적임
- 계산적 참여(calculative involvement): 조직에 대한 태도는 중립적이며 때에

따라 적극적이고 소극적일 수 있음

- **도덕적 참여**(moral involvement): 조직의 존립 목적에 강한 신념을 가지고 참여하기 때문에 매우 적극적임

이상의 조직유형론을 적용하여 평생교육기관의 조직은 어떻게 분류할 수 있는가? 그것은 평생교육기관의 운영 주체와 성격은 달리 분류될 수 있다. 즉 평생교육기관이 국가나 지방자치단체가 설립·운영하여 공공성과 공익성을 지향하느냐, 개인 또는 법인이 설립하여 사익성과 수익성을 추구하는가에 따라 달라질 수 있다. 공공성 및 공익성을 지향하는 국가·지방자치단체가 설립·운영하는 평생교육기관은 유지조직 또는 (서비스) 공익조직, 온상조직, 공리적 조직으로, 사익성 및 수익성을 강조하는 개인 및 법인이 설립·운영하는 평생교육기관은 생산적 조직, 영리(또는 서비스)조직, 야생조직, 공리적 조직으로 분류될 수 있다.

2. 평생교육조직의 형태

평생교육조직의 형태는 공식조직과 비공식조직, 계선조직과 참모조직 등으로 살펴볼 수 있다. 우선, 공식조직(formal organization)은 공식적인 조직표상에 나타난 조직으로서 공식화된 분업의 계통과 인원 배치, 공식적인 의사소통의 경로와 권한의 배분 등을 강조하는 조직이다. 반면 비공식 조직(informal organization)은 공식 조직 내에 존재하면서 공식 조직에 의해 충족되지 못하는 여러 가지 사회적·심리적 기능을 수행하며, 공식 조직 내부에서 자연 발생적으로 생기는 조직이다(김규태·강유정·권민석·최경민, 2016). 그 특징을 비교하면 〈표 5-1〉과 같다.

| 표 5-1 | 공식 조직과 비공식 조직의 비교

공식 조직	비공식 조직
• 공적인 목표달성을 위한 인위적 조직 • 제도화된 공식 규범을 바탕으로 성립 • 권한의 계층, 명료한 책임 분담, 표준화된 업무 수행, 비정의 인간관계 • 외면적이고 가시적 • 능률·비용의 논리에 의해 구성·운영 • 계속 확대되는 경향	• 자연 발생적 조직 • 상호 간의 상호작용을 바탕으로 성립 • 혈연, 지연, 학연, 취미, 종교 및 이해관계 • 내면적이고 비가시적 • 감정의 논리에 의해 구성·운영 • 항상 소집단의 상태 유지

또한 평생교육조직은 수직적인 지휘명령 계통을 바탕으로 평생교육 업무를 직접 수행하는 제1차적인 조직인 계선조직(line organization)과 계선조직의 기능을 원활하게 추진하도록 기획·자문·협의·경고·정보 수집·연구 등의 기능을 수행하는 참모조직(staff organization)으로 구분될 수 있다(김규태·강유정·권민석·최경민, 2016).

구분	장점	단점
계선조직	① 권한과 책임의 한계가 명확하여 업무 수행이 능률적이다. ② 단일 기관으로 구성되어 정책 결정이 신속하다. ③ 업무 처리가 간편하여 조직 운영비가 적게 든다. ④ 강력한 통솔력을 발휘할 수 있다.	① 업무가 복잡하고 업무량이 과다할 경우 문제가 발생한다. ② 조직의 장이 주관적이고 독단적인 조치를 취할 우려가 있다. ③ 특수 분야에 전문가의 지식과 경험을 활용할 수 없다. ④ 조직의 경직성이 초래될 수 있다.
참모조직	① 기관장의 통솔 범위 확대 ② 전문적인 지식과 경험 활용을 통한 합리적인 의사결정 가능	① 조직의 복잡성으로 조직 구성원이나 부서 간 갈등·불화 ② 계선과 참모 간에 책임 전가 사태 우려

3. 평생교육조직의 특성

평생교육조직은 관료제적 성격과 전문가 조직의 성격을 동시에 지닌 이중구조를 지닌 조직이라고 할 수 있다. 우선, 평생교육조직은 관료제적 성격을 지닌다.

웨버(Weber)는 관료제가 효율성과 능률, 합리화를 극대화하기 위한 것으로 보고, 대규모 조직을 능률적으로 움직일 수 있는 조직 모형으로 보았다. 그는 관료제의 특성을 ① 권위의 위계 구조, ② 규칙과 규정, ③ 사적인 감정 배제, ④ 분업화 및 전문화, ⑤ 경력 지향성으로 제시하였다. 관료제의 순기능과 역기능은 〈표 5-2〉와 같다. 이와 같이 평생교육조직은 평생교육과 관련된 교육과 훈련을 통해 평생교육사 자격증을 소지한 담당자가 평생교육 업무를 담당하고 있고, 권위의 위계(책임자와 담당자 등)가 설정되어 있고, 관련 직무가 분담되어 있으며, 정해진 규정과 규칙에 따라 운영된다는 점에서 관료제적 성격을 띠고 있다고 할 수 있다.

| 표 5-2 | 관료제의 순기능과 역기능

관료제의 특징	순기능	역기능
권위의 위계 구조	일사불란한 조직 운영	의사소통의 저해
규칙과 규정	지속성과 통일성, 질서와 안정	경직성 및 주객 전도
사적 감정 배제	합리성	사기 저하
분업화 및 전문화	전문성과 효율성	권태감과 고립감
경력 지향성	유인 체계의 확립	조직 내 경쟁, 연공서열과 업적주의 간의 갈등

출처: Hoy & Miskel(2013).

또한, 평생교육조직은 관료제적 측면과 함께, 전문가 조직으로서의 특성도 지니고 있다. 왜냐하면 평생교육조직은 평생교육을 운영하는 조직이며, 평생교육이라는 전문적 활동을 수행하기 위해 양성된 평생교육사가 프로그램을 운영하는 조직이기 때문이다. 다시 말해, 평생교육조직은 평생교육사의 전문성을 바탕으로 평생교육 참여자에 대한 교육활동이 이루어지는 조직이기 때문에 전문가 조직이라고 할 수 있다(김규태, 2012). 전문가 조직 측면을 지닌 평생교육조직의 특징은 우선, 평생교육 담당자는 평생교육에 대한 교수 실천에 대한 지식, 내용지식, 교육과정 실행지식 등에 정통(精通)한다. 둘째, 평생교육 프로그램을 운영함에 있어서 전문적 지식과 지식에 따라 교육내용과 방법 및 평가 방법을 결정할 수 있는 자유재량권을 행사할 수 있다. 셋째, 평생교육조직은 평생교육 관련 협의회에 소속되어 있으며, 이들 조직의 통제와 조언을 받는다.

4. 평생교육조직의 특성 분류

앞에서 살펴보았듯이 평생교육조직은 관료적 측면과 전문적 측면이 공존하는 이중적 구조를 지니고 있다. 다시 말해, 관료적 측면은 공식화된 규범과 규칙, 중앙집권화된 방식, 절차와 규정 등 형식화 강조 등을 강조하고, 전문적 측면은 평생교육 목표, 내용, 방법, 평가 등에 대한 전문적 결정 존중의 특성을 지니고 있다. 그렇다면 평생교육조직이 관료적인지, 전문가 지향적인지를 판단할 수 있는 기준은 무엇일까? 여기서는 다프트(Daft, 2013)의 조직 특성에 따른 분류 기준과 페로우(Perrow)의 테크놀로지 유형을 살펴볼 것이다.[1)]

1) 다프트의 조직 설계 원리에 따른 분류 기준

다프트는 조직 설계 원리로 공식화, 전문화, 권한계층, 집권화, 전문직화, 인력의 비율 등을 다음과 같이 제시했다.

① **공식화**(formalization): 조직의 절차와 직무 내용이 문서로 표현되어 있는 정도

1) 학교조직 특성 분류는 김규태 외(2016)의 내용을 발췌한 것임.

로, 공식화 정도가 높으면 관료적 관점이, 낮으면 전문적 관점이 강하다.

② 전문화(specialization): 조직의 직무가 개별 업무로 세분화되어 있는 정도로, 전문화 수준이 강하면 관료적 관점이, 낮으면 전문가적 관점이 강하다.

③ 권한계층(hierarchy of authority): 조직에서의 보고체계와 관리의 단계를 의미하는 것으로, 보고 체계와 관리단계가 많아 수직적 관계이면 관료적 관점이, 단계가 비교적 적고 수평적 관계이면 전문가적 관점이 강하다.

④ 집권화(centralization): 의사결정의 권한이 어느 계층에 있는가를 말하는 것으로 의사결정 권한이 최고경영층에 집중되어 있으면 관료적 관점이, 분권적일수록 전문가적 관점이 강하다.

⑤ 전문직화(professionalism): 종업원들이 공식적인 교육과 훈련을 필요로 하는 정도로, 관료적 관점이나 전문가적 관점 전문직화가 강하다.

⑥ 인원 구성비(personnel ratio): 다양한 기능과 부서의 배치된 인력의 비율(예: 전문직 대 행정직 비율)인 인원구성비에서 전문직의 비중이 클수록 전문가적 관점이 강하다.

2) 페로우의 테크놀로지 유형에 따른 분류 기준

조직이 주로 사용하는 테크놀로지가 무엇인가에 따라서도 조직의 성격을 분류할 수 있다. 테크놀로지는 조직의 투입을 산출로 변환시키는 프로세스를 말한다. 이것은 조직의 투입물(원료, 정보, 아이디어)을 산출물(제품과 서비스)로 변화시키는 데 사용되는 작업절차, 기법, 기계, 행동 등을 총괄한 개념이다. 테크놀로지는 핵심기술과 비핵심기술로 구분된다. 핵심기술(core technology)은 평생교육을 위한 프로그램 개발 및 운영과 직접적으로 연결된 작업 프로세스이다. 반면, 비핵심기술(non-core technology)은 조직 내부에서는 중요한 기능을 담당하는 작업 프로세스이지만 평생교육 프로그램 운영을 지원하는 시설・재정・홍보 등과 관련된 작업 프로세스를 말한다.

페로우는 다양성과 분석가능성에 의해 테크놀로지를 분류하였다(Daft, 2013). 그는 일상적(routine) 기술, 장인(craft) 기술, 엔지니어링(engineering) 기술, 비일상적(nonroutine) 기술 등 네 가지로 구분하였다.

첫째, 일상적 기술은 공식화가 잘되어 있고 표준화가 가능한 일상화된 업무를 말한다. 이것이 강한 경우 관료적 성격이 높다고 할 수 있다.

둘째, 장인 기술은 평생교육 강사(담당자)들의 폭넓은 훈련과 경험을 요구하는 전문성, 지혜, 직관, 경험과 같은 것에 의존하는 것으로 안정적이지만 분석 가능성은 낮은 특성을 지닌다. 이것이 강한 경우 전문적 성격이 높다고 할 수 있다.

셋째, 엔지니어링 기술은 정해진 공식, 절차, 기법대로 업무를 수행하는 경우이다. 평생교육 강사(담당자)들은 법령이나 매뉴얼 등에 규정된 기준이나 표준화된 방법과 절차를 익혀서 일을 해결한다. 이것이 강한 경우 관료적 성격이 높다고 할 수 있다.

넷째, 비일상적 기술은 매우 높은 과업의 다양성을 갖고 있으며, 그 변환 절차는 분석가능하지도 않고 잘 이해되지 않는 경우이다. 즉 전문적 경험과 지식이 활용되어 실천적 과제와 문제를 해결하고 성과를 낼 수 있는 기초연구, 전략계획, 새로운 프로젝트와 예상치 않은 문제를 해결해야 하는 작업들이 여기에 포함된다. 이것이 강하면 전문적 성격이 높다고 할 수 있다.

이상에서 제시한 조직의 특성과 테크놀로지 유형에 따른 관료적 관점과 전문가적 관점의 경향성을 제시하면 [그림 5-1]과 같다.

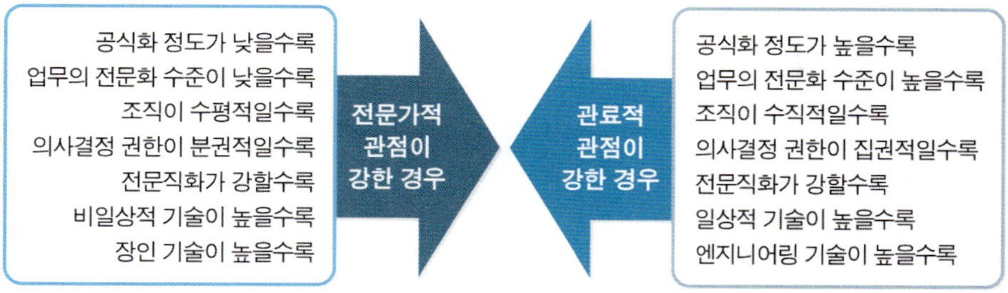

| 그림 5-1 | 평생교육기관의 조직 특성 분류 기준

5. 팀으로서의 평생교육조직

팀은 집단 내 구성원들이 공동의 목표를 달성하기 위해 높은 수준의 상호작용을 하고 긴밀하게 협동하는 조직을 말한다. 팀은 개인이 독립적으로 일하거나 다른 작업집단이 해결할 수 없는 직무를 수행할 수 있다. 그러나 팀은 단순히 여러 사람들이 함께 집단으로 일하는 것이라고 할 수는 없다. 왜냐하면 팀이란 구성원들의 긴밀한 상호작용과 공동의 목표에 대한 강력한 팀워크와 몰입 및 헌신을 요구하기 때문이다(George & Jones, 2015).

팀장으로서의 평생교육 담당자는 효과적인 팀워크, 응집성 높은 팀워크를 갖게 하는 사람이라고 할 수 있다. 조지와 존스(George & Jones, 2015)는 효과적이며 응집성 높은 팀워크의 특징으로 다음과 같이 제시하였다. 첫째, 팀원들은 조직의 목표에 필요한 행동을 하며, 팀원들 간 정보가 빠르게 공유되며, 직무 및 의사결정 과정에 적극 참여한다. 둘째, 팀원 간 목표달성을 위한 행동 규제에 순응하며, 팀원 간 상호 통제와 조정을 한다. 셋째, 상호 의존과 협력 및 도움을 빈번하게 이루어지므로 팀 목표 수행의 효율성 및 효과성을 높인다. 이러한 점에서 팀장으로서의 평생교육담당자는 평생교육기관에서 구성된 팀(부서)의 목표를 팀원들과 협업하여 공동의 목표를 달성하는 역할을 담당하며, 또한 팀원들로 하여금 집단에 머물도록 느끼게 만들고, 그 집단의 구성원으로서 계속 남아 있기를 원하게 만드는 힘을 보여주는 사람이라 할 수 있다.

◆◆ 효과적인 팀장으로서의 평생교육 담당자

효과적인 팀장으로서 평생교육 담당자는 팀원인 동료들의 강점을 잘 인식하고 이들 강점을 잘 활용하여 팀 목표를 달성하는 효능감이 높고, 업무 지원과 피드백, 그리고 동기부여를 잘 하는 사람으로 다음과 같은 특성을 보인다(이애화, 2016).

① 명확하게 기술된 사명과 목표
② 창조적인 운영(행동)
③ 결과에 초점을 맞추기
④ 역할과 책임의 명료화
⑤ 조직화
⑥ 개인의 강점 활용
⑦ 리더십 역량 공유
⑧ 팀풍토 발전
⑨ 의견의 불일치를 건설적으로 해결
⑩ 개방적인 의사소통
⑪ 객관적인 의사결정
⑫ 팀 자체의 효과성 평가

6. 평생교육조직에서의 개인행동2)

조직은 다양한 가치, 성격, 태도, 감정을 지닌 사람이 존재한다. 이들은 개인적으로, 또는 집단적으로 심리적 행동, 개인과 개인의 사회적 행동, 개인과 집단 간 정치적 행동 등을 보인다. 이러한 행동들을 경영학에서는 조직행동이라 부른다. 조직행동이론은 조직의 효과성에 영향을 미치는 개인들, 집단들과 구조들을 이해하고 설명하고 예측하는 지식 체계이다(Robbins & Judge, 2011). 여기서는 평생교육조직

2) 평생교육조직에서의 개인행동은 김규태 외(2016) 제7장과 제8장을 요약 재구성한 것임.

에서 개인이 보일 수 있는 행동들을 태도, 성격, 지각과 감정 차원에서 구분하여 간략하게 제시해 보고자 한다.

1) 태도 차원의 조직행동

사물이나 사람 또는 사건에 대한 호의적이거나 비호의적인 평가적 표현 또는 판단을 의미한다. 태도와 관련된 조직행동 변수로는 조직시민행동, 신뢰, 직무만족, 직무몰입, 심리적 임파워먼트, 조직몰입, 조직후원인식 등으로 살펴볼 수 있다.

(1) 조직시민행동

조직시민행동(organizational citizenship behavior) 조직이 종업원들에게 요구하지는 않지만 조직의 생존과 유효성을 높이기 위해 자발적으로 수행하는 행동이다. 조직시민행동의 예로 동료를 돕고, 새로운 정보기술을 학습해야 하는 동료에게 하는 방법을 알려주거나, 방화/절도/재난을 강조하고, 건설적인 제안을 하는 등을 들 수 있다.

(2) 신뢰

신뢰(trust)는 상대방(개인이나 집단)에 의해 위험에 빠지거나 해를 입지 않을 것이라는 믿음이다. 신뢰는 종업원 간의 협력을 도모하고 창의적인 정보공유를 증진시키는 데 기여할 수 있다.

(3) 직무만족

직무만족(job satisfaction)은 개인의 직무특성에 대한 평가 결과로 나타나는 긍정적 감정이다. 직무만족 수준이 높은 사람은 자신의 직무에 대해서 긍정적인 태도를 가지며, 반대로 직무만족 수준이 낮은 사람은 직무에 대한 부정적 태도를 갖는다.

(4) 직무몰입

직무몰입(job involvement)은 개인이 자신과 직무를 동일시하여 적극적으로 직무를 수행하며, 직무성과가 자신의 가치매김에 있어서 중요하다고 여기는 수준이다. 직무몰입이 높은 사람은 자신의 직무를 자신과 상당히 동일시하며 담당 업무에 관해 높은 관심을 보인다.

(5) 심리적 임파워먼트

심리적 임파워먼트(psychological empowerment)는 조직 구성원 자신이 직무환경, 역량, 직무에 대해 스스로 의미를 부여하고 자율적 권한 위임의 정도에 대한 신념의 수준이다. 즉 구성원이 의사결정에 참여하여 자신의 일이 중요하다고 느끼며, 또한 자신의 고유한 일을 스스로 수행할 수 있거나 위임받았다고 느끼는 정도를 말한다.

(6) 조직몰입

조직몰입(organizational commitment)은 조직 구성원들이 특정 조직이나 조직의 목적을 자신과 동일시하여 조직의 구성원으로 남아 있으려는 의사를 말한다. 조직몰입은 조직에 대한 감성적 애착 및 조직의 가치에 대한 신념인 정서적 몰입, 조직을 떠나는 것에 비해 남아 있을 경우에 갖게 되는 경제적 가치 인식인 지속적 몰입, 도덕적 또는 윤리적 이유로 조직에 남게 되는 의무감인 규범적 몰입으로 구분된다. 조직몰입은 조직성과와 정적 관계를, 조직이탈행동에는 부적 관계를 일반적으로 보인다. 참고로 직장(직무)이탈행동은 종업원 스스로 조직과 입장을 달리하는 제반 행위을 말한다. 이러한 행동은 회의에 늦게 나타나거나 아예 참석하지 않는 경우에서부터 결근과 이직 등 다양한 형태로 표출되며, 주로 직무태도, 감정과 기분, 상하관계, 동료관계가 부정적이거나 원만하지 못할 경우에 발생한다.

(7) 조직후원인식

조직후원인식(perceived organizational support)은 종업원들이 조직에서 그들의 공헌에 대한 가치를 부여하고 종업원 복지에 대한 관심을 갖고 있다고 믿는 정도이다. 육아문제가 있을 경우 회사에서 탁아시설을 제공하거나 업무상 실수에 대해서 신뢰하고 그것을 감싸준다고 믿는 것을 예로 들 수 있다. 일반적으로 조직후원인식이 높을수록 조직시민행동은 높게, 근무태만은 낮게, 고객 서비스는 더 양호하게 나타난다.

2) 성격 차원의 조직행동

성격(personality)은 한 개인이 타인에 대해 반응하고 타인과의 관계에서 상호작용하는 모든 방식의 총체를 의미한다. 여기서는 조직행동론에서 주로 제시하는 성격 관련 변수들을 제시할 것이다.

(1) MBTI

MBTI(Myers-Briggs Type Indicator)는 특정 상황에서 일반적으로 사람들이 느끼고 행동하는가에 관해 질문하는 100가지 성격 테스트로 이루어져 있고, 외향적-내향적, 감각적-직관적, 사고적-감정적, 판단적-지각적 등 네 가지 특징을 조합하여 사람의 성격을 16가지로 구분한다.

① 외향적(extraverted) 및 내향적(introverted): 외향적인 사람은 사교적이고 사회성이 있으며 적극적이다. 내향적인 사람은 조용하고 수줍음을 잘 탄다.

② 감적적(sensing) 및 직관적(intuitive): 감각적인 사람은 현실적이며 일상적이고 규칙적인 것을 선호한다. 따라서 그들은 세밀한 것에 초점을 둔다. 직관적인 사람은 무의식적 프로세스에 의존하면서 상대적으로 "큰 그림"을 본다.

③ 사고적(thinking) 및 감정적(feeling): 사고적인 사람은 문제를 해결하기 위해 이유와 논리를 사용한다. 감정적인 사람은 자신의 개인적 가치와 감정에 의존한다.

④ 판단적(judging) 및 지각적(perceiving): 판단적인 사람은 통제를 중시하고 주변이 정돈되어 체계화된 것을 선호한다. 지각적인 사람은 사고가 유연하며 자발적이다.

16가지 성격 유형의 예시를 제시하면 다음과 같다.

① 내향적-직관적-사고적-판단적 유형: 비전을 지향하는 사람으로, 자신의 생각이나 목적을 이루기 위한 강한 동기를 가지고 있고, 회의적 · 비판적 · 독립적이고 단호하고 완고하다.

② 외향적-감각적-사고적-판단적 유형: 조직화를 지향하는 사람으로, 현실적 · 논리적 · 분석적이고 단호한 사업가나 기술자의 자질을 가지고 있으며 계획을 미리 수립한 후 일을 추진하는 스타일이다.

③ 외향적-직관적-사고적-지각적 유형: 개념화를 지향하는 사람으로, 혁신적, 개인적이며 다재다능하고 도전적인 사고를 하며, 어려운 문제를 해결하는 데 유능하지만 일상 업무의 수행에 있어서는 다소 뒤떨어지는 편이다.

(2) Big-Five Model

빅 파이브 모델은 다섯 가지 차원으로 성격을 측정하는 모델이다.

① 외향성(extroversion): 외향적 성격 차원은 사람들이 많은 관계 안에서 느끼는 편안함의 정도를 다룬다. 외향적 성향의 사람은 사교적이고 단정적이며 친화적이 뛰어난 데 비해 내향적인 성향의 사람은 수줍어하고 소심하며 조용하다.

② 친화성(agreeableness): 친화적 성격 차원은 다른 사람들에게 양보하고 순응하는 성향을 의미한다. 친화성이 높은 사람은 협력적이고 따뜻하며 남을 잘 믿는 데 비해 친화성이 낮은 사람은 차갑고 까다로우며 적대적이다.

③ **성실성**(conscientiousness): 성실한 성격 차원은 신뢰성에 대한 것이다. 성실성이 높은 사람은 책임감이 있고 규칙적이며 믿음직스럽고 우직한 데 비해 성실성이 낮은 사람은 쉽게 이성을 잃는 편이고 산만하며 믿음직스럽지 못하다.

④ **감정 안정성**(emotional stability): 감정적 안정과 관련된 성격 차원은 스트레스에 견디는 개인의 능력과 관계된다. 감정이 안정된 사람은 온화하고 자신감이 있으며 안전한 데 비해 감정 안정성이 낮은 사람은 신경질적이고 우울하며 불안전하다.

⑤ **개방성**(openness to experience): 개방적 성격 차원은 새로운 것에 대한 관심과 흥미를 나타낸다. 개방성이 높은 사람들은 창의적이고 호기심이 많으며 예술적 감수성이 있다. 반면 반대 성향의 사람들은 보수적이고 익숙한 환경에서 편안함을 느낀다.

대부분의 연구는 믿음직하며 신뢰할 수 있고 주의 깊고 철저하고 계획적이며 규칙적이고 근면하고 인내심 있고 성취 지향적인 사람은 전반적으로 높은 성과를 내는 경향이 있다고 본다. 또한 성실성이 높은 사람은 담당 직무에 더욱 많은 노력을 기울이므로 높은 수준의 직무 지식을 익히게 되며 그 결과 직무성과도 향상된다고 본다. 빅 파이브 성격 모델의 조직에서의 활용은 다방면으로 접근될 수 있다. 예를 들면, 조직 성공에 필요한 사람을 선발하고 배치하는 경우를 들 수 있다. 한 조사 결과, 증권사의 사업 성공에 적합한 특성으로 끈기, 섬세함, 효율성, 분석력, 도전성이고, 중요치 않은 특성으로 강한 언변, 팀워크, 유연성, 열정, 청취력 등을 강조한 것이 그 예이다.

(3) 직무 적합성 및 개인-조직 적합성

① **개인-직무 적합성**(personality-job fit theory): 홀랜드(Holland)의 성격-직무 적합성으로, 여섯 가지 유형의 성격을 통해 직무만족과 이직률을 결정할 수 있다

는 이론이다. 이 이론은 개인 간의 성격에는 본질적인 차이가 있고, 직무에는 다양한 유형이 있고, 자신의 성격 유형과 부합하는 직무 환경에 있는 사람은 그렇지 않은 사람보다 더 만족하며 자발적인 이직률이 상대적으로 낮다는 기본 가정을 견지한다. 홀랜드는 현실형, 탐구형, 친화형, 보수형, 사업형, 예술형으로 구분하여 성격 특성과 그에 적합한 직업을 제시하였다.

| 표 5-3 | 홀랜드 성격 유형에 따른 직업 분류

유형	성격 특성	적합한 직업
현실형: 기술, 체력, 조정을 비탕으로 육체적 활동을 선호	소심, 성실, 고집, 안정, 순응, 실용적	정비공, 선반공, 조립공, 농부
탐구형: 사고력, 조직력, 이해력이 요구되는 활동을 선호	분석, 호기심, 독립, 독창적	생물학자, 경제학자, 수학자, 보도기자
친화형: 다른 사람을 도와주고 육성시키는 활동에 주력	사교, 친절, 이해, 협력적	사회 봉사, 교사, 상담가, 임상심리학자
보수형: 제도적 규제와 질서, 명명백백한 활동을 선호	확인, 능률, 실용, 상상력 부재, 비탄력적	회계사, 기업 관리자, 은행 출납원, 사무서기
사업형: 상대방에 대한 영향이나 언변활동을 선호	자신감, 야망, 오만, 정력적, 권력지향적	변호사, 부동산중개업자, 대외 홍보 전문가, 중소기업 관리자
예술형: 창조적이고 비체계적인 활동을 선호	상상력, 무질서, 실용, 이상, 감성적	화가, 음악가, 작가, 실내 장식가

② **개인-조직 적합성**: 사람들이 자신의 가치와 어울리는 조직에 이끌리고 선발되는 데 비해 자신의 성격과 맞지 않는 조직을 떠난다고 보는 입장이다. 이는 조직의 문화와 종업원의 성격 간 적합성 여부에 관심을 갖는다. 예를 들어 빅 파이브 모델 관점에서 보면, 외향적인 사람은 공격적이고 팀 지향적 조직문화가 더 적합하고, 새로운 것이나 체험에 개방적인 사람은 표준화보다 혁신을 강조하는 조직에 더 적합할 수 있다는 것이다.

(4) 핵심자아평가

핵심자아평가(core self-evaluation)는 개인이 한 인간으로서 갖추고 있는 능력과 역량 및 가치의 종합적 평가이다. 자신의 내재적 가치와 기본 역량을 확신하는 사람은 부정적으로 핵심자아평가를 하는 사람보다 직무만족도가 더 높다. 그들은 자신의 일을 보다 성취적이고 도전적인 것으로 볼 뿐만 아니라 도전해 볼 만한 직무를 우선시하는 경향이 있다. 또한 의욕적인 목표를 설정하고 목표에 몰입하며 지속적으로 목표를 추구하므로 높은 성과를 거둔다. 아울러 맡은 바 일에 대한 가치를 인정하며 타인에 대한 지원도 잘 해 준다고 한다. 한편 부정적인 핵심자아평가를 하는 사람은 야심한 목표가 거의 없으며 난관에 부닥치면 쉽게 포기해 버린다. 그만큼 그들은 긍정적으로 핵심자아평가를 하는 사람들에 비해 지루하고 반복적인 업무에 메달리는 경향이 있다. 또한 핵심자아평가가 지나치게 높은 경우는 자신에 대한 과신으로 잘못된 의사결정을 할 수 있는 경우가 많다.

(5) 마키아벨리즘

마키아벨리즘(Machiavellism)은 "도움이 된다면 이용하라", "나는 승진을 위해서라면 어떤 일이라도 할 준비가 되어 있다"라는 말처럼 개인의 실용주의적 성향을 말한다. 감성 억제력 및 목적 달성을 위해 수단이 정당화될 수 있다고 믿는 수준을 말한다. 마키아벨리즘 성향이 강한 개인은 독단적이면서 감성적 거리를 잘 유지하며 목적이 수단을 정당화할 수 있다고 믿는다. 또한 남을 잘 구슬리고 쟁취를 잘하며 남을 잘 설득한다. 또한 자기의 직무를 별로 좋아하지 않으며 오히려 일 때문에 스트레스를 많이 받고 일탈적 직장행동을 저지를 때가 많다.

(6) 나르시시즘

나르시시즘(narcissism)은 엄청난 자존심을 갖고 지나친 칭찬을 요구하며 자신이 특권적 자격을 지닌 것으로 여기는 성향이다. 자기애가 강한 사람일수록 카리스마가 강하므로 리더로 부각되기 쉬우며 나아가서는 스스로가 인정하듯이 강심장을 가진 사람으로 보일 수 있다. 또한 남들로부터 존경을 받으려하고 자신의 우월성을 확인하려 하기 때문에 자신에게 위협을 가하는 사람을 경멸하고 다른 사람들도 마치 하인처럼 대하는 성향이 있다. 자기본위 의식이 강하고 자신의 이익만 추구하며 남들은 오로지 자기를 위하여 존재하는 것처럼 생각한다.

(7) 자기관찰

자기관찰(self-monitoring)은 자신의 행동을 외부 상황적 요인에 적응시키는 개인의 능력이다. 자기관찰을 잘하는 사람은 자신의 행동을 외적인 상황 요인에 적응시키는 능력이 뛰어나다. 그들은 외부 정보에 무척 민감하고 상황마다 다르게 행동할 수 있다. 또한 그들은 타인의 행동에 더 신경을 쓰고 자신을 맞추려는 경향이 있다.

(8) 위험감수성향

위험감수성향(taking-risk)은 위험이 닥쳐올 때 이를 받아들이려는 경향이다. 높은 위험부담의 성향은 신속하게 의사결정하고 사용한 정보량은 적은 경향을 보인다.

(9) 자아존중감

자아존중감(self-esteem)은 사람들이 얼마나 자신과 자신의 역량에 대해 자랑스러워하는지를 말한다. 자아존중감이 높은 사람은 대부분의 상황에 능숙하게 대처할 수 있는 유능한 사람들이다. 낮은 자아존중감을 가지고 있는 사람들은 자신의 가치와 역량에 대해 의심하며, 노력을 통해 성공할 수 있는 자신의 능력에 대해서도 자신감이 부족하다. 높은 자아존중감을 지닌 사람은 조직에서 높은 목표를 세우고 어려운 일에 더 많이 도전한다. 또한 동기부여와 직무만족에도 긍정적 영향을 미친다.

(10) 유형 A와 유형 B

유형 A는 성취하고자 하는 것에 강한 집착을 지니는 사람으로 매우 경쟁적이며 성격이 급하고 참을성이 없으며 공격적일 수도 있다. 이러한 사람은 단기간에 많은 일을 하고자 하며 매우 의욕적이다. 또한 자주 다른 사람들을 방해하며 참을성이 없어서 다른 사람들의 말을 끊기도 한다. 반면, 유형 B를 지닌 사람은 보다 여유 있고 온순하다. 유형 A 관리자들은 유형 B인 관리자보다 부하와 동료 사이에 더 많은 갈등을 겪고 팀 업무보다 혼자 일하기 좋아하고, 결과를 빨리 확인하고자 하기 때문에 장기적인 상황이나 프로젝트에서 잘 적응하지 못할 수 있다.

3) 지각 차원의 조직행동

(1) 지각의 중요성

지각(perception)은 개인이 감각기관(시각, 청각, 촉각, 후각, 미각)을 통해 얻은 정보를 선택, 조직, 이해하는 과정이다. 사람들은 이를 통해 주변 환경과 사건들, 인물들에 대한 생각을 구성 조합하여 해석한다. 조직에서 이루어지는 지각은 객관적이고 정확하게 이루어져야 한다. 하지만 지각자는 상황에 대해 자신의 주관과 편견과 해석 기준에 따라 지각할 수 있다. 즉 지각은 상대적이고 주관적으로 이루어진다. 이러한 예는 조직 내에서의 동기, 보상, 공정성 지각에서 찾아볼 수 있다. 만일 관리자들은 직원들의 정확한 성과를 이해하여 보상한다면 직원의 사기진작과 협업 및 만족을 높일 수 있다. 한편, 만일 직원의 성과를 정확히 지각하지 못하고 실적이 뛰어난 직원에게 보상이 적절하게 이루어지지 않는다면 종업원들은 불공평한 대우를 받았다고 생각할 수 있다.

(2) 영향을 미치는 요인

① 지각자는 도식(schema)을 통해 지각한다. 도식은 과거의 경험이나 다양한 출

처로부터 얻어낸 추상적인 지식 구조로서 이를 통해 사람들은 주어진 지각대상의 정보를 체계화하고 이해할 수 있다. 즉, 사람들은 대개 과거의 경험이나 다양한 출처로부터 얻어낸 지식에 근거하여 새로운 인물이나 상황을 이해하고 해석한다. 사람들은 도식 때문에 정확한 지각을 할 수도 있지만 틀린 판단도 할 수 있다. 그래서 도식의 역기능들을 고려할 필요가 있다. 이들 역기능의 예로서 고정관념(stereotype)을 들 수 있다. 고정관념은 특정 집단의 전형적 특징에 대해 가지는, 일련의 단순화되고 부정확한 신념이다. 즉 인종, 성, 나이에 대한 고정관념에 의해 부정확한 판단으로 불공정한 보상과 대우를 할 수 있다.

② 지각자의 동기상태, 즉 지각하는 당시 지각자의 수요, 가치, 욕구를 일컫는다. 즉, 사람들은 자신이 원하는 동기에 해당되는 것에 주의를 기울이고 지각한다. 이런 이유로 동기상태 역시 부정확한 지각과 의사결정을 유발할 수 있다. 만일 관리자가 한 직원에 호의적인 생각이 들면 성과평가에서 후한 점수를 주기 쉽다. 만일 사이가 나쁘면 어떤 수단과 방법을 강구하더라도 그 직원에게 불리한 평가를 할 수도 있다.

③ 지각자가 느끼는 기분은 대상에 대한 지각에 영향을 미친다. 즉 사람들은 기분이 좋을수록 동료, 관리자, 직원 심지어 직무에 대해 더 긍정적으로 생각하는 경향이 있다.

④ 지각대상과 상황적 요소는 지각에 영향을 미친다. 지각대상의 모호성, 사회적 지위, 대상의 인상관리, 상황으로부터 얻은 정보, 상황적 가시성 등에 의해 영향을 받는다.

- 지각대상이 모호할수록 정확하게 지각하는 일이 어려워지고 착오가 생길 확률이 높다. 지각대상이 모호할 경우 구성원은 본인의 의사결정에 대해 서로의 의견과 정보를 공유하고 이해할 필요가 있다.
- 사람들은 높은 사회적 지위에 오른 사람일수록 더욱 똑똑하고, 믿음직스럽고, 아는 것도 많고, 책임감이 강하다고 생각하여 책임을 맡기려는 경향이

높다.

- 다른 사람의 지각이나 인상에 영향을 주기 위해 시도하는 인상관리는 지각에 영향을 미친다. 예를 들면, 구성원들은 규범이나 비공식적인 규칙을 준수함으로써 인상관리할 수 있다. 회사 규정 퇴근시간인 6시 이후에도 남아서 일하는 것, 의상을 잘 갖추어 입는 것 등을 들 수 있다.
- 지각자와 대상이 처한 상황도 지각하는 데 많은 정보를 제공한다. 예를 들면, 고객관리에 있어서 한가한 시간과 분주한 시간에 있어서 직원들의 행동을 관찰하면 그 상황으로 인해 고객관리 성과에 대한 지각이 달라질 수 있다.
- 대상이 사람들 혹은 사물들 사이에서 얼마나 뚜렷하게 드러나는가를 말하는 가시성도 지각에 영향을 미친다. 예를 들면 청일점(여자들 사이에 남자 하나), 홍일점(남자들 사이에 여자 하나)이 그 예이다.

(3) 편향

편향이란 지각대상에 관한 오류적인 지각을 형성하는 쪽으로 정보를 이용, 이해하는 체계적인 성향이며, 초기효과, 비교효과, 후광효과 등 편향들이 있다. 대인지각에서 편향이 존재하는 이상 지각자는 대상에 대해 잘못된 지각을 형성하게 된다. 지각이 부정확하다면, 의사결정 역시 부적합할 가능성이 커진다. 예를 들면 능력이 부족한 직원이 승진하고, 유능한 입사지원자가 면접관으로부터 낮은 점수를 받을 수 있다. 편향의 존재를 의식하고 있는 구성원일수록 부정적 행동과 잘못된 의사결정을 예방할 수 있다.

편향	설명	사례
초기효과	대상을 지각, 평가함에 있어서 처음에 들어온 정보가 가장 중요한 역할을 하는 것	면접관들은 면접 시작 후 단 몇 분 내에 입사지원자가 적합한지를 결정한다.
대조효과	여타 대상에 대한 지각자의 지각이 현 대상에 대한 지각에 영향을 미치는 것	평균적 성과를 기록한 직원이 최하위권의 성과를 기록한 팀에 속해 있을 때와 최상위권의 팀에 속해 있을 때 서로 다른 평가를 받는다.
후광효과	대상에 대한 전반적인 인상이 그 외 모든 특징에 대한 지각에 영향을 주는 것	어느 한 직원을 전반적으로 좋게 생각하는 관리자는 그 직원이 사실은 착오와 지각을 자주 하는데도 일을 꼼꼼히 하고 시간을 잘 지킨다고 생각한다.
엄격화, 관대화, 중심화 경향	어떤 지각자는 지나치게 엄격하고 어떤 지각자는 지나치게 관대하다. 대다수 지각자는 평균에 치우치는 성향을 보이는 것	직원의 성과를 평가함에 있어서, 어떤 관리자는 지나치게 엄격한 평점을 주는가 하면 지나치게 관대하게 평가하는 관리자도 있다. 또 어떤 관리자들은 모든 직원에게 평균점수를 주기도 한다.

4) 감정 차원의 조직행동

(1) 감정의 이해

감정 차원의 조직행동을 이해하려면 정서, 감정, 기분의 차이를 이해할 필요가 있다. 정서(affect)는 사람들이 체험하는 넓은 범위의 느낌(feeling)을 말한다. 감정(emotion)은 사람(예: 직장에서 친구를 만나면 즐거움을 느끼는 것)이나 사건(예: 무례한 고객을 접하면 화가 치밀어 오르는 것)을 대상으로 한 강렬한 느낌이다. 소위 말하는 분노, 공포, 슬픔, 행복감, 혐오, 놀람 등을 일컫으며 식별되는 얼굴 표정을 동반한다. 기분(mood)는 감정보다는 약한 상태의 느낌으로 자극의 원인이 불분명하다. 또한 일반적으로 뚜렷하게 표현되는 모습을 동반하지 않고 인지적 속성이 강하다.

감정은 순간적, 잠시 동안 유지되는 경향이 있지만 기분은 비교적 오래 지속된다. 반면, 기분은 특정 감정보다는 전반적인 감정을 다루며 긍정적 정서와 부정적 정서로 분류한다. 긍정적 정서(positive affect)는 흥분, 자신감, 흥겨움 같은 긍정적 감정과 권태감, 지루함, 피로감 같은 낮은 긍정적 감정으로 구성된 기분 상태이다. 부정적 정서(negative affect)는 신경질, 스트레스, 근심 같은 높은 부정적 감정과 느슨함, 평온함, 균형감 같은 낮은 부정적 감정으로 구성된 기분 상태이다. 강한 부정적 감정을 유발하는 사건은 강한 긍정적 감정을 유발하는 사건보다 약 5배나 더 지속된다. 그리고 부정적 체험을 긍정적 체험보다 더 쉽게 상기한다.

(2) 감정과 기분에 영향을 미치는 변수

① **성격**: 사람들은 대부분 특정한 기분이나 감정을 표현하는 타고난 성향을 갖는다. 또한 사람들은 동일한 감정이라도 정서 강도(affect intensity)가 다르다. 정서적으로 강한 사람은 그렇지 않은 사람보다 긍정적이든 부정적이든 감정을 보다 심도 있게 표현한다.

② **주간별 요일과 하루의 시간대**: 부정적 기분은 일요일과 월요일에 최고조로 올라갔다가 화요일부터 계속 내려가고, 긍정적 기분은 주말에 최고조에 달한다. 부정적 기분은 하루 종일 별다른 변화를 보이지 않지만 긍정적 기분은 하루의 중간지점(정오쯤)부터 최고조에 달한다. 이런 경향이라면 월요일 아침에 상대방에게 부탁을 하거나 좋지 않은 소식을 전하는 것은 적합하지 않으며, 직장 내 상호작용(회의 등)은 시간이 좀 지난 정오 근처부터, 그리고 주중보다는 주말 가까이(목, 금)에서 실시하는 것이 효과를 증대할 수 있다.

③ 날씨는 일반적으로 기분에 거의 영향을 미치지 않는다고 많은 연구에서 검증되고 있다. 이것은 착각상관(illusory correlation)과 관련이 있는데, 이것은 실제로 아무런 관련이 없는 두 가지 사건을 연계할 때 발생한다. 좋은 날씨가 기분을 좋게 한다는 것을 들 수 있다.

④ **스트레스**: 기분이 불쾌한 이메일, 임박한 마감 일정, 큰 거래를 놓쳤거나 상사에게 호통을 들을 때 같은 스트레스는 기분에 부정적인 영향을 미친다. 즉, 스트레스가 고조되면 기분은 저하되며 부정적인 감정을 갖는다.

⑤ **사회적 활동**: 사회적 활동은 긍정적 기분을 갖게 한다. 육체적 활동(예: 함께 등산하는 것), 비공식적 활동(예: 파티에 참석하기), 식도락 활동(예: 함께 식사하기) 등은 공식적 활동(예: 회의 참석), 앉아 있는 활동보다는 더 강한 긍정적 분위기를 느끼게 한다.

⑥ **수면**: 숙면은 기분에 영향을 미친다. 잠을 설치거나 부족하면 의사결정이 흐려지고 감정 통제가 어렵고, 피로감이나 성가심과 함께 민첩성이 부족해지면서 직무만족 수준이 저하된다.

⑦ **나이**: 부정적 감정은 나이가 들면서 줄어든다. 또한 나이가 들수록 긍정적 기분이 지속되는 시간이 더 길며 반면에 부정적 기분은 바로 사라진다.

⑧ **성별**: 여성이 남성보다 더 많은 감정적 표현을 한다. 여성이 분노를 제외하고는 대부분의 감정을 보다 강하게 경험하고 더 오래 간직한다. 또한 남성은 분노와 같은 감정을, 여성은 슬픔과 공포와 같은 감정을 강하게 보이는 경향이 있다.

(3) 감정노동

감정노동(emotional labor)은 직무상 대인 간의 상호작용이 이루어지는 동안 종업원이 조직 차원에서 바라는 감정을 표현하는 상황이다. 예를 들면, 호텔리어나 스튜어디스는 밝고 명랑해야 하며, 장례사는 애도와 슬픔을 표현해야 하며, 의사는 중립적이어야 한다.

감정부조화(emotional dissonance)는 사람들이 느끼고 있는 감정과 보여 주어야 할 감정 간의 불일치이다. 실제 다른 느낌이어도 주어진/요구된 감정을 보이는 것이다. 이때 실제 느끼는 감정을 감지된 감정(felt emotion)이라 하며, 조직이 구성원에게 담당 직무에 맞게 보이도록 요구하는 감정을 연출된 감정(displayed emotion)이라고 한다. 즉, 장례식장에서는 고인에 대한 상실감 여부에 관계없이 애도를 표해야 하는 것으로 예를 들 수 있다.

가짜 감정을 연출해 보이기 위해서는 진짜 감정을 억누르는 것이 필요하다. 이를 위해서 피상적 연기(surface acting)와 내면적 연기(deep acting)가 요청된다. 피상적 연기는 내면의 느낌을 감추고 연출 법칙에 따라 감정 표출을 삼가는 것이다. 자신이 전혀 그렇게 하고 싶은 느낌이 없더라도 고객에게 웃을 보여 주는 직원은 피상적 연기를 하는 것이다. 내면적 연기는 연출 법칙에 따라 자신의 진정한 내면적 느낌을 개조하려는 노력을 말한다. 웃음치료사가 진심으로 사람들을 웃기려고 노력하는 것에 해당된다. 피상적 연기는 연출된 감정과 내면적 연기는 감지된 감정과 연결된다. 감정노동이 강하게 요구되는 부서의 직원은 그렇지 않은 부서의 직원보다 스트레스와 탈진을 더 경험하는 것으로 나타났다.

(4) 감성지능

감성지능(emotional intelligence, EI)은 인간이 가지고 있는 심리적인 성향 중 긍정적 감정 성향으로 자신과 타인의 감정을 평가하고 효과적으로 조절할 줄 아는 능력 및 자신의 삶을 계획하고 성취하기 위해서 그러한 정서를 활용할 줄 아는 능력이다. 감성지능이 높은 사람은 스트레스 상황이 주어지더라도 긍정적으로 평가하고 적극적으로 문제를 해결하기 위해 노력하는 등 효과적인 대처방식을 보인다. 감성지능에 있어서 감성지능의 정의에 대한 합의가 어렵고, 측정내용이나 방법에 있어서 타당성과 신뢰성을 확보하기가 어렵다는 문제로 회의를 품는 견해도 있다.

학습정리

1. 평생교육조직은 변화하는 평생교육의 요구와 환경 속에서 평생교육 목표달성을 위한 평생교육 담당자 간의 협력 관계가 있는 사회적 집단이다.

2. 평생교육조직은 설립 주체에 따라 그 유형 분류가 달라질 수 있다. 즉, 국가 및 지방자치단체가 설립 운영하고 있느냐, 개인 및 법인이 설립 운영하고 있느냐에 따라 달라질 수 있다. 공공성 및 공익이 강한 평생교육조직은 유지조직, 서비스 조직, 야생조직, 규범적 조직으로, 수익성 및 사익성이 강한 평생교육조직은 생산조직, 영리조직, 야생조직, 공리적 조직으로 분류될 수 있다.

3. 평생교육조직의 형태는 공식조직과 비공식조직, 계선조직과 참모조직 등으로 살펴볼 수 있다. 우선, 공식조직(formal organization)은 공식적인 조직표상에 나타난 조직으로서 공식화된 분업의 계통과 인원 배치, 공식적인 의사소통의 경로와 권한의 배분 등을 강조하는 조직이다. 반면, 비공식 조직(informal organization)은 공식 조직 내에 존재하면서 공식 조직에 의해 충족되지 못하는 여러 가지 사회적 · 심리적 기능을 수행하며, 공식 조직 내부에서 자연 발생적으로 생기는 조직이다. 또한 평생교육조직은 수직적인 지휘명령 계통을 바탕으로 평생교육 업무를 직접 수행하는 계선조직(line organization)과 계선조직의 원활한 운영지원을 위한 기획 · 자문 · 협의 · 경고 · 정보 수집 · 연구 등을 담당하는 참모조직(staff organization)이다.

4. 평생교육조직은 관료제적 성격과 전문가 조직의 성격을 동시에 지닌 이중구조를 지닌다. 관료제적 측면을 지닌 평생교육조직은 ① 권위의 위계 구조, ② 규칙과 규정, ③ 사적인 감정 배제, ④ 분업화 및 전문화, ⑤ 경력 지향성을 지향한다. 전문가 조직 측면을 지닌 평생교육조직은 우선, 평생교육에 대한 교수 실천에 대한 지식, 내용지식, 교육과정 실행지식 등에 정통(精通)한 담당자들이 업무를 수행한다. 둘째, 평생교육 프로그램을 운영함에 있어서 전문적 지식과 지식에 따라 교육내용과 방법 및 평가 방법을 결정할 수 있는 자유재량권을 행사할 수 있다.

5. 평생교육조직의 특성은 공식화, 전문화, 권한계층, 집권화 수준이 높고, 행정직 비율이 높고, 일상적 및 엔지니어링 기술을 활용하면 관료적 조직으로 분류되는 반면 공식화, 전문화, 전문계층, 집권화 수준이 낮고 장인 기술이나 비일상적 기술을 활용하면 전문가 조직으로 분류될 수 있다.

6. 팀은 집단 내 구성원들이 공동의 목표를 달성하기 위해 높은 수준의 상호작용을 하고 긴밀하게 협동하는 조직을 말한다. 효과적인 팀장은 ① 명확하게 기술된 사명과 목표, ② 창조적인 운영(행동), ③ 결과에 초점을 맞추기, ④ 역할과 책임의

명료화, ⑤ 조직화, ⑥ 개인의 강점 활용, ⑦ 리더십 역량 공유, ⑧ 팀풍토 발전, ⑨ 의견의 불일치를 건설적으로 해결, ⑩ 개방적인 의사소통, ⑪ 객관적인 의사결정, ⑫ 팀 자체의 효과성 평가 등의 특성을 지닌다.

평가하기

1. 다음의 보기에서 조직 분류를 위한 기준에 맞는 것을 찾아 제시하시오.

(ㄱ) 사회적 기능 (ㄴ) 조직에서 혜택받는 사람 (ㄷ) 서비스 조직의 참여 결정자 (ㄹ) 복종

1) Katz & Kahn ( )
2) Etzioni ( )
3) Carlson ( )
4) Blau & Scott ( )

2. 조직이론에서는 어떤 조직의 특성을 이해하기 위해 비슷한 특성을 가진 조직끼리 배합하여 연구하는 유형론이라 한다. 1번 문제에서 제시한 학자들이 분류한 조직유형을 제시하시오.

1) Katz & Kahn ( )
2) Etzioni ( )
3) Blau & Scott ( )

3. ( )은 공식적인 조직표상에 나타난 조직으로서 공식화된 분업의 계통과 인원 배치, 공식적인 의사소통의 경로와 권한의 배분 등을 강조하는 조직인 반면에, ( )은 조직에 의해 충족되지 못하는 여러 가지 사회적·심리적 기능을 수행하며, 자연 발생적으로 생기는 조직이다.

4. 평생교육조직은 관료적 성격과 전문적 성격을 지니고 있다. Daft가 제시한 조직 설계 원리인 공식화, 전문화, 권한계층, 집권화, 전문직화, 인력의 비율을 활용하여 관료제로서의 평생교육조직은 어떤 조직인지 설명하시오.

5. 다음의 개념에 해당되는 것을 고르시오.

직무만족	직무몰입	조직후원인식	조직시민행동	신뢰	임파워먼트	조직몰입
핵심자아평가	자아존중감	편향	감정노동	감성지능	빅 파이브모델	

1) 상대방(개인이나 집단)에 의해 위험에 빠지거나 해를 입지 않을 것이라는 믿음
2) 조직 구성원 자신이 직무환경, 역량, 직무에 대해 스스로 의미를 부여하고 자율적 권한 위임의 정도에 대한 신념의 수준
3) 조직 구성원들이 특정 조직이나 조직의 목적을 자신과 동일시하여 조직의 구성원으로 남아 있으려는 의사
4) 종업원들이 조직에서 그들의 공헌에 대한 가치를 부여하고 종업원 복지에 대한 관심을 갖고 있다고 믿는 정도
5) 외향성, 친화성, 성실성, 감정안정성, 개방성 등 다섯 가지 차원으로 성격을 측정하는 모델
6) 사람들이 얼마나 자신과 자신의 역량에 대해 자랑스러워하는지에 대한 인식 수준
7) 지각대상에 관한 오류적인 지각을 형성하는 쪽으로 정보를 이용, 이해하는 체계적인 성향
8) 직무상 대인간의 상호작용이 이루어지는 동안 종업원이 조직 차원에서 바라는 감정을 표현하는 상황(예를 들면, 호텔리어나 스튜어디스는 밝고 명랑해야 한다는 것)

6. 평생교육 담당자에서 효과적인 팀장의 특성에 대해서 설명하시오.

정답: 1. (ㄱ), (ㄹ), (ㄷ), (ㄴ)
2. 1) Katz & Kahn (생산적/경제적조직, 유지조직, 적응조직, 관리적/정치적조직)
2) Etzioni (강제적 조직, 공리적 조직, 규범적 조직)
3) Blau & Scott (호혜조직, 영리조직, 공익조직, 서비스조직)
3. 공식조직, 비공식조직
5. 1) 신뢰 2) 심리적 임파워먼트 3) 조직몰입 4) 조직후원인식 5) 빅 파이브 모델
6) 자아존중감 7) 편향 8) 감정노동

Chapter 6

평생교육기관 경영의 기획과 전략

학습목표

1. 경영기획의 의미와 수립 절차 및 방법을 알 수 있다.
2. 평생교육기관의 프로그램 기획 유형을 알 수 있다.
3. 평생교육기관의 경영전략 수립 절차와 방법을 알 수 있다.

사전학습

1. 경영에서 '계획(plan)–실행(do)–평가(see)'의 과정은 '경영기획(經營企劃)'에 의해 전체적으로 조망된다.
2. 평생교육 기획은 미래지향적 활동, 합리적 활동, 사전의 준비과정이라는 특성을 갖는다.
3. 프로그램 기획은 불확실성을 감소시켜주며 합리성과 효율성, 효과성을 증진하고 책임성과 프로그램 관련자들의 이해와 욕구를 충족시켜준다.
4. 경영전략이란 "기업의 장기 목표와 목적을 결정하고 이 목표들을 수행하기 위해 필요한 행동경로를 채택하고 자원을 할당하는 것이며, 조직 전체의 결속을 위한 조직의 주요 목표, 정책, 그리고 행동양식을 결합하는 계획 또는 실천 양식"이다.
5. 경영전략은 비전을 수립·제시, 조직의 외부환경 및 내부환경을 분석, 전략적 대안을 제시, 구체적인 활동계획 명시의 수립 과정과 절차를 갖는다.
6. 평생교육기관의 경영은 기업경영과 다르게 경영의 목표와 기준이 매우 복합적이며, 실천의 측면에서 창의적이고 다양한 가치의 고려와 내부 조직 구성원 간의 자율성이 강하다.

1. 평생교육기관과 경영기획

1) 경영기획

(1) 경영기획의 필요성과 목적

오늘날 기획(企劃, planning, project)의 중요성은 날로 증대되고 있다. 기획을 잘 하면 경영의 절반을 이룬 것이라는 말이 있을 정도이다. 기획은 지속적인 과정이고, 계획은 기획을 통해 달성된 결과이며, 정책은 기획 전에 이루어지는 기본적인 틀을 말한다(권인탁, 2014). 조직의 기능과 역할이 점점 더 복잡해지고 의사소통의 절차와 방법이 세분화·전문화·민주화되면서 조직활동에서의 혼란과 혼선의 가능성은 그 어느 때보다도 가중되고 있다. 따라서 경영의 목표와 절차 그리고 방법과 수단이 명확하지 않다면, 조직활동의 효율성과 생산성은 그만큼 보장되지 않는다. 아울러 오늘날 같은 네트워킹(networking)의 시대에 기획이 엉성하면 조직 간의 상호 교류, 의사소통, 공동작업 등에서도 차질을 빚을 수밖에 없다. 이렇게 기획은 경영 조직활동의 혼란과 혼선을 최소화함으로써 경영의 효율성과 생산성을 극대화하기 위해 작용한다. 특히 경영기획은 경영전략을 수립하고 실행하는 데도 결정적이다(김용현, 2011).

강인준(2010)은 기획의 단계부터 '전략(戰略)'이 요구된다고 주장한다. 즉 기획을 성공적으로 추진하기 위해서도 전략이 요청되지만, 기획단계의 수립부터 특별한 전략을 통해 이루어질 수 있어야 한다는 것이다. 한마디로 기획도 '전략적'으로 수립되어야 한다. 이렇게 본다면 기획과 전략은

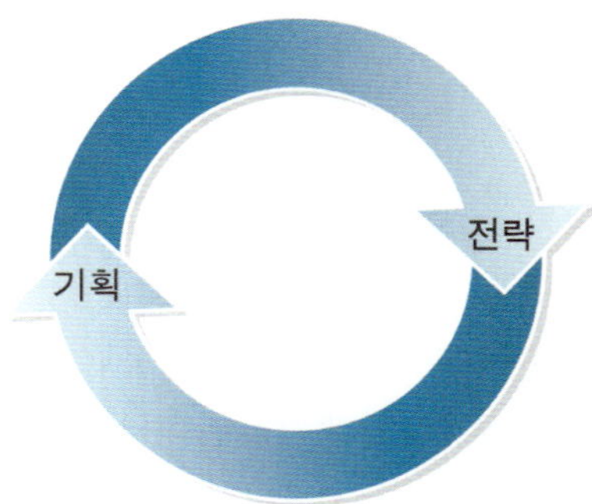

출처: 김용현 외(2011). 평생교육경영론. 경기: 양서원.

| 그림 6-1 | 기획과 전략의 관계

상호 교환적이면서 상호 순환적이다. 또한 전략은 기획의 핵심 과제이기도 하다(최기운, 2006).

길버트와 스펙트(Gilbert & Specht, 1977)에 의하면, 기획이란 당면 문제를 해결하기 위한 목표에 따라 예측이 가능한 사건들의 경로와 과정을 통제하려는 의식적 시도로서, 미래전망, 체계적 고찰, 과학적 조사, 가치의 선택 등을 통해서 현실적이고 구체적인 대안을 수립해 나가는 의사결정의 과정이다. 드로어(Dror, 1971)는 기획을 '미래 행동에 대한 의사결정의 준비 과정'으로 정의했다. 이렇게 본다면, 기획에는 미래전망, 문제해결, 의사결정 등의 목표가 들어간다. 그러나 의사결정이 대부분 문제를 의식하고 문제해결을 위한 대안을 모색하고 수립하는 과정에서 이루어진다고 본다면, 기획을 위한 문제해결과 의사결정 그리고 미래전망은 모두 동본원적이라고 할 수 있다. 이러한 맥락에서 더글라스(Douglass, 1966)는 기획의 의미를 다음과 같이 정리했다.

첫째, 기획은 활동 과정뿐만 아니라 결과에 대한 예측을 가능하게 하여 경영활동의 성공 가능성을 높여준다.

둘째, 기획은 조직의 인적 자원 및 물적 자원을 효과적으로 예측·통제하게 함으로써 미래 상황에 대한 실질적 대처능력을 제고시켜준다.

셋째, 기획은 개인과 조직활동의 통제 및 관리 기준을 일목요연하게 제시한다.

넷째, 기획은 모든 조직활동에 투입되는 소요경비의 계산에 구체적으로 기여한다.

다섯째, 기획은 조직경영의 운영 전반에 대한 분석적 사고와 평가능력을 제고하게 함으로써 관리자에게 의사결정의 수준을 높여준다.

바움(Baume et al., 2002)이 제시하는 경영기획의 여섯 가지 속성은 다음과 같다.

첫째, 기획은 미래지향적이다.

둘째, 기획은 지속적인 과정이다. 즉, 기획은 다양한 대안을 지속적으로 탐색하는 과정이다.

셋째, 기획은 결정수립과 불가분의 관계를 가지고 있다.

넷째, 기획은 목적 및 목표 지향적이다. 특히 현실성이 수반된 기획을 위해서는 목표를 명확히 하는 것이 관건이다.

다섯째, 기획은 현장성, 현실성, 실현성을 중심으로 이루어진다.

여섯째, 기획은 목표와 수단을 연결시켜주는 개방성을 가진다. 이를테면 수시로 발생하는 돌발 상황에 대처하기 위한 역동성과 가변성을 갖추기 위해서 기획은 확정적이거나 정형적이지 않다. 결국 기획의 개방성을 통하여 다양한 아이디어가 창출되고 우리가 이를 수용될 수 있는 유연성을 얻게 된다.

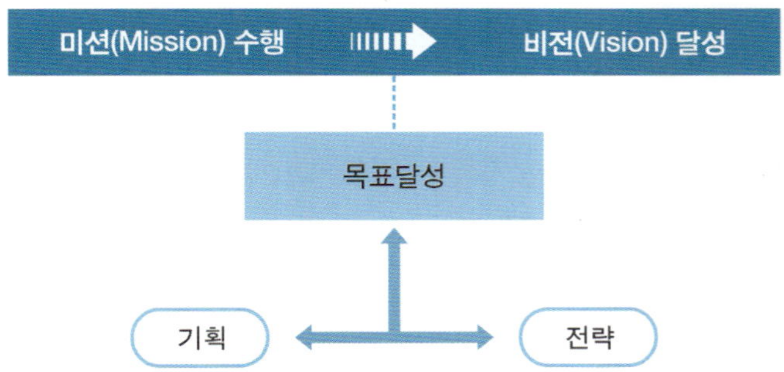

출처: 김용현 외(2011). 평생교육경영론. 경기: 양서원.

| 그림 6-2 | 기획과 전략

한편, 기획은 목표달성과도 직접적인 관련을 갖는다. 스키드모어(Skidmore, 1994)에 의하면, 기획이란 목표(또는 목적)달성을 기대하는 과정으로서 목표기대치를 달성하기 위한 계획을 수립하는 과정으로서 지속적으로 계획을 세워나가는 계속적인 과정을 말한다(Skidmore, 1994; 김용현, 2011).

이렇게 본다면 목표(Objectives)는 전략형성의 일부가 되며(Weihrich & Koontz, 2006: 126), 기획의 중심축은 목표수립 및 목표달성 방법에 지향된다. 즉 경영기획은 구체적인 경영 목표를 정하고 그 목표에 도달하기 위해 행하는 경영 업무의 구상, 방안, 실천, 평가 등 제반 경영관리의 절차와 과정을 말한다. 아울러 경영기획은 효율적인 경영관리의 수단으로 미래를 준비하고, 효과적인 업무추진과 성과측정의 가능성을 제고하며, 가용자원의 효율적인 활용을 도모함으로써 전체적인 경영과 운영에 대한 명확한 상황판단을 가능하게 해 준다. 이렇게 본다면 경영기획은 목표달성을 위한 경영전략과 직접적인 상관관계를 가지며 미션(mission) 수행을 통하여 미래를 예측하고 전망하게 함으로써 비전(vision)을 달성한다.

한자어로 기획(企劃)은 '바라는 바'(企)를 '잘라내는 것(劃)'이다(김영민, 2006: 19). 이럴 경우 포기도 중요한 기획이다(한국인재경영연구회, 2007: 263). 우리가 일을 계획하고 아이디어를 낼 수는 있지만, 그 계획과 아이디어가 모두 다 성공적으로 이루어지는 것은 아니다. 다시 말하면 모든 계획과 아이디어가 언제나 구체화되고 현실화되는 것은 아니다. 물론 기획은 아이디어와 계획을 중재하는 것부터 시작된다(김영민, 2006: 21). 그러나 기획은 아이디어에 방향성을 갖게 하는 것이다(한국인재경영연구회, 2007: 21). 한마디로 기획은 아이디어와 계획을 목표달성에 맞도록 디자인해내는 것으로서, 성공적인 목표달성을 위한 일(project)의 청사진이다. 즉, 목표달성을 위해 '전략적으로' 일 또는 사업이 진행되는 가정과 절차를 한눈에 볼 수 있도록 재단해 놓은 설계도가 바로 기획서이다. 이를테면 기획은 일의 전체적 윤곽을 한눈으로 조망할 수 있게 해 주는 핵심 청사진(executive summary)이다.

(2) 경영기획의 수립: 절차와 방법

경영에서 '계획(plan)-실행(do)-평가(see)'의 과정은 '경영기획(經營企劃)'에 의해 전체적으로 조망된다. 효율적이고 생산적인 경영관리를 위해서 조직은 ① 경영계획을 수립하고, ② 이를 실행하고 실천하며, ③ 마지막으로 이를 평가하고 통제·조정하는 일련의 경영과정을 설계한다. 주로 계획단계에서는 예산관리, 투자사업의 타당성분석, 재무예측 등에 관한 관리가 이루어지며, 실행단계에서는 관리회계, 사업부제, 구분손익관리, 원가계산, 원가관리, 표준원가 등에 대한 관리가 이루어지며, 마지막으로 평가 및 통제 단계에서는 경영성과분석 및 업적평가가 이루어진다(강인준, 2010). 기획은 이러한 경영의 절차와 과정을 일목요연하게 제시한다.

호시노 다다시는 일반적인 기획수립단계를 다음과 같이 제시한 바 있다.

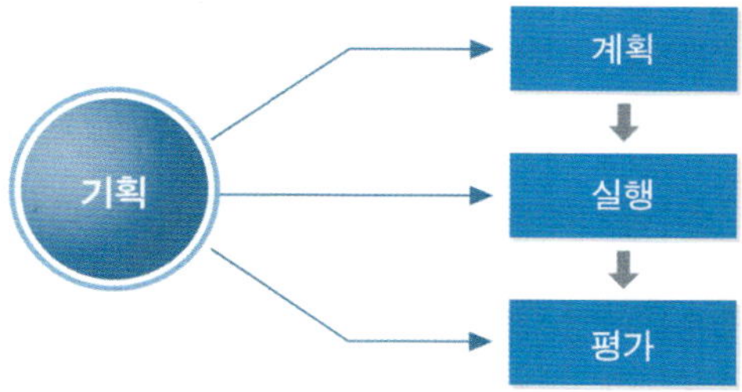

출처: 김용현 외(2011). 평생교육경영론. 경기: 양서원.

| 그림 6-3 | 기획의 절차와 과정

- 1단계: 기획수립의 과정을 이해한다.
- 2단계: 과제를 발견 · 파악한다.
- 3단계: 연관되는 여러 조건을 정리한다.
- 4단계: 작업계획을 세워서 준비한다.
- 5단계: 정보를 모아 읽어본다.
- 6단계: 아이디어를 내고 구상을 정리한다.
- 7단계: 세부사항을 채워 나간다.
- 8단계: 기획서를 만든다.
- 9단계: 제안하여 결정하게 한다.
- 10단계: 실행을 예측한다.
- 11단계: 피드백한다.
- 12단계: 새로운 전망을 얻는다.

한편, 최기운(2006)은 분석을 기반으로 하는(analysis-based) 경영기획수립의 7단계를 제시하고 있다.

- 1단계: '과제분석'의 단계로서 '무엇을 왜 기획해야 하나'에 대한 연구의 단계이다.
- 2단계: '시장분석'의 단계로서 관련 자료의 수집 및 분석 단계이다.
- 3단계: '기본전략수립'의 단계로서 아이디어 및 전략 도출의 단계이다.
- 4단계: 관련부문별 세부전략도출의 단계로서 구체적인 전략 세우기의 단계이다.
- 5단계: 일목요연한 '기획서' 작성의 단계로서 문서로 정리하는 단계이다.
- 6단계: 프레젠테이션 단계로서 관련된 사람들에게 보고하는 단계이다.
- 7단계: 실행 및 보완 작업의 단계로서 기획의 사후 관리(피드백)하는 단계이다.

2) 평생교육기관의 경영기획

(1) 평생교육기관 경영기획의 의미

평생교육기관에서의 경영기획은 원칙적으로 일반기업 경영기획의 범주를 벗어나지 않는다. 다만 '평생교육기관경영'과 '일반경영' 간의 상관관계에 근거한 기획이 이루어질 수밖에 없다. 특히 경영의 '목표(目標)'는 경영기획에서 중요한 변수가 된다. 왜냐하면 기획은 목표(또는 목적)달성을 위해 연구와 선택을 통한 의도적인 준비활동이기 때문이다(김영민, 2006: 19; Douglass, 1996).

이렇게 본다면, 기획은 목표를 달성하기 위한 계획을 수립하는 과정이다. 따라서 교육경영의 목표와 일반경영의 목표가 상반될 경우에 경영기획의 목표, 내용, 방법 등이 조정될 필요가 있다. 일반경영기획이 경영목표달성에 충실하게 이루어진다면, 평생교육기관의 경영기획은 기관의 경영목표달성에 충실할 뿐만 아니라 평생교육의 목표에도 충실해야 한다. 아울러 목표설정에 따라서 내용과 방법 등도 결정한다.

원칙적으로 경영의 궁극적인 목표는 기업의 '이윤추구'이다. 이를 위해 일을 효율적이고 효과적으로 해냄으로써 기업의 생산성을 제고하여 목표달성을 추구하는 것이 경영목표이다. 이를 위해 경영기획이 기여한다. 그러나 평생교육기관 경영에서는 일반적인 경영의 목표와 평생교육의 목표라는 두 마리의 토끼를 잡아야 한다. 성공적인 경영을 통하여 교육의 목표를 달성하는 것도 평생교육기관경영의 목표가 되지만, 평생교육의 목표달성을 통하여 성공적인 경영을 하는 것도 평생교육기관 경영의 목표가 된다. 이를 위해서 평생교육기관경영에서는 '교육의 기획', 즉 '교육 프로그램의 기획은 결정적인 역할을 한다. 왜냐하면 일반 경영에서는 생산품(product) 내지 생산성(productivity)이 경영성과를 결정한다면, 평생교육기관경영에서는 교육·학습 프로그램(program)이 경영성과를 결정하기 때문이다. 물론 경영 성과를 내기 위해서는 기획, 생산, 기술, 판매, 마케팅, 홍보 등 제반 경영활동이 모두 중요하지만, 특히 평생교육기관경영에서는 모든 경영활동이 특정 평생교육기관에 제시하는 교육·학습 프로그램의 양적 질적 수준을 근거로 이루어질 수밖에 없다는 특수성과 고유성이 존재한다.

이를 바탕으로 평생교육 기획은 미래의 평생교육활동에 대한 사전의 지적·합리적 준비과정으로 정의할 수 있다(김종철, 1985). 즉 평생교육 기획은 교육현상에 대한 분석과 미래에 대한 예측을 기초로 하여 목표를 설정하고, 이를 달성할 수 있는 전략과 활동계획을 수립하는 과정이라고 할 수 있다. 따라서 다음과 같은 세 가지의 특성을 갖는다.

첫째, 평생교육 기획은 미래지향적 활동이다. 즉, 미래의 평생교육활동에 대하여 준비하는 과정에서 기획은 성립된다는 것이다.

둘째, 평생교육 기획은 보다 합리적 활동이다. 여기에서는 구체적인 정보와 창의적인 문제해결능력이 요구될 수 있다.

셋째, 평생교육 기획은 사전의 준비과정이다. 즉, 기획은 상황의 변화에 따라 시행의 과정에서 수정 혹은 보완될 수 없는 특성을 지니고 있다(김종철, 1985; 박원탁, 2014).

◆◆ **평생교육경영 기획의 효과성**(김신복, 1977)

첫째, 평생교육경영 기획은 정책수행과 행정의 업무효율을 통해 장기적으로 기획 · 수립된다.

둘째, 평생교육경영 기획은 한정된 자원의 합리적 배분을 가능케 함으로써 투자의 효율성을 높일 수 있다.

셋째, 평생교육경영 기획은 행정이나 경영의 효율성과 타당성을 높일 수 있으므로 기관의 경제적 효율성을 높일 수 있다.

넷째, 평생교육경영 기획은 정세의 변화에 능동적으로 대처할 수 있게 한다.

다섯째, 평생교육경영 기획은 합리적인 통제를 가능하게 함으로써 필요한 조치를 제때에 취할 수 있다.

(2) 프로그램 기획

① 프로그램 기획의 필요성

스키드모어(1994)는 프로그램 기획의 필요성을 다음과 같이 제시하였다.

첫째, 불확실성을 감소시켜준다.

둘째, 합리성을 증진시켜준다.

셋째, 효율성을 증진시켜준다.

넷째, 효과성을 증진시켜준다.

다섯째, 책임성을 이행시켜준다.

여섯째, 프로그램 관련자들의 이해와 욕구를 충족시켜준다.

프로그램의 기획은 프로그램의 전체 설계도이며 실행도이다. 프로그램을 기획하는 과정이 생략된다면, 우리는 무엇이 어떻게 진행되고 또한 무엇이 어떻게 진행되어야 하는지를 알아낼 수가 없다. 프로그램은 혼자 기획할 수도 있으며 여럿이 기획할 수도 있다. 또한 기관이나 기관장의 지시나 주문에 따라서 특별히 기획하는 경우도 있지만, 기관경영상의 목표과제로서 프로그램은 정기적으로 기획되는 것이 원칙이다. 어떠한 과제와 미션을 중심으로 프로그램을 기획할 것인가? 아니면 어떠한 방식으로 기획할 것인가에 따라서 프로그램 기획의 유형은 달라진다.

② 프로그램 기획의 유형

프로그램 기획은 불확실성을 감소시켜주며 합리성과 효율성, 효과성을 증진하고 책임성을 갖게 한다. 기획은 프로그램 관련자들의 이해와 욕구를 충족할 수 있게 한다(Skidmore, 1994 재인용). 또한 프로그램 기획은 프로그램의 전체 설계도이며 실행도라고 할 수 있으며, 정기적으로 기획되는 것이 원칙이다(김용현, 2014). 프로그램 기획은 과제와 미션에 따라 그 유형이 달라질 수 있다. 다음은 프로그램 기획의 유형을 구체적으로 제시하고자 한다.

가. 학습요구중심의 기획

학습요구중심의 프로그램 기획은 교육수요자, 즉 학습자의 요구조사(needs research) 및 요구분석(needs analysis)을 통하여 이루어진다. 특히 프로그램에 참여할 학습자들을 대상으로 그들의 학습요구에 대해 조사 분석한 결과를 프로그램의 기획에 반영하는 방식이다. 이는 학습자들이 바라고 요구하는 내용을 중심으로 프로그램을 기획하겠다는 의도를 가지고 있다. 원칙적으로 요구분석은 크게 정량적 차원과 정성적 차원에서 이루어진다. 특히 정성적 차원의 요구는 보다 중요하고 복잡하다. 왜냐하면 겉으로 드러난 표면적 요구와 아직 겉으로 드러나지 않은 잠재적 요구 그리고 조사자와 분석자가 찾아내지 못했지만 보다 전문적 수준에서 찾아낼 수 있는 잠식된 요구가 존재한다는 사실을 인식해야 하기 때문이다.

오늘날 대부분의 평생교육기관에서 이루어지는 프로그램은 학습요구중심의 기획으로 이루어진다. 왜냐하면 학교교육 이외의 영역에서 이루어지는 평생교육은 원칙적으로 수익자 부담으로서 학습 수요자의 기호대로 선택되는 뷔페식(buffet-type), 카페테리아식(cafeteria-type)으로 접근되기 때문이다. 아울러 학습자중심의 교육패러다임하에서 이러한 기획방식은 보다 유효하다. 오늘날 세계 각국의 학교현장에서 실시되고 있는 방과 후 프로그램(after school program)이나 선택중심 커리큘럼 역시 교육수요자 즉 학생 및 학부모의 요구조사 및 요구분석을 토대로 이루어지는 경우로서 학습요구중심 기획의 대표적 사례이다.

나. 문제해결중심의 기획

문제해결중심의 프로그램 기획은 우리 사회가 현실적으로 당면한 시급한 문제를 인식하고 이를 해결하기 위한 목표를 염두에 두는 경우에 유효하다. 즉, 문제가 발생된 곳으로부터 학습이 시작되고 문제가 해결되는 시점에서 학습이 종료되는 것이다. 그러나 이러한 프로그램 기획의 구조적 한계는 사람마다 문제를 인식하는 수준이 다르고 문제해결의 의지, 노력, 능력 등에서도 개인차가 존재하기 때문에 실제로 문제를 해결하고 극복하는 데 공감대를 형성하기가 쉽지 않다는 사실이다. 그럼에도 불구하고 급변하는 오늘날의 사회 환경 속에서 문제의식과 문제해결중심의 기획은 점점 더 큰 의미를 얻고 있다. 문제중심학습(problem based learning, PBL)을 위한 프로그램의 기획이 대표적이다. 예를 들면, 기계공업고등학교에서 실린더의 기초원리부터 학습하는 것이 아니라, 자동차가 달리다가 고장이 난 고속도로의 현장, 즉 문제가 발생한 곳을 학습기점으로 하여 역으로 실린더의 기본원리까지 학습한다. 또한 역사적으로 큰 성과를 낸 프레이레(p. feire)의 '의식화교육 프로그램'이나 매찌로우(J. Mazirow)의 '전환학습 프로그램(transformative learning program)'의 기획은 문제 해결중심기획의 대표적 사례이다. 이는 '위기를 기회'로 만드는 프로그램 기획으로서도 적절하다고 할 수 있다.

다. 자원활용중심의 기획

자원활용중심의 프로그램 기획은 현재 보유하고 있고 가용자원(enabling material)의 활용가능성을 중심으로 기획하는 것이다. 즉, 지역이나 집단 아니면 기관이나 조직에서 현재 보유하고 있거나 아니면 네트워크 활용 등으로 현장에 가동·가용할 수 있는 인적 자원과 물적 자원을 중심으로 프로그램을 기획한다. 여기서는 가용자원의 획득 여부, 실현성, 구체성, 충실성, 충분성 등에 의해 기획의 수준과 실행력도 결정된다. 따라서 자원의 한계에 봉착하는 순간 기획력은 떨어진다. 그러나 자원을 외부에서 취득하여 전용하는 아웃소싱(outsourcing)의 장점이나 자원네트워킹을 잘 활용한다면, 자원 가용의 한계극복 내지 극대화도 가능하여 최적의 기획력을 발휘할 수도 있다. 이는 공간마케팅의 일종으로서 한 기관에서 휴식하고 있는 인적·물적 자원을 필요한 기관에서 차용하여 적극 활용하는 방식이다. 자원활용중심 기획의 대표적인 사례는 독일의 시민대학연합체(Volkshochschul-Verwand)의 대표적인 업무 영역으로서 이 연합체에서는 독일 전역에 산포하고 있는 각각의 시민대학(Volkshochschule)이 요청하는 인적·물적 자원을 공유하도록 하고 이를 적재적소에 배분할 수 있도록 하는 네트워킹의 업무를 책임지고 있다.

라. 참여중심의 기획

참여중심의 프로그램 기획은 프로그램에 관련된 사람, 즉 프로그램을 주도적으로 계획-실행-평가할 운영주체와 프로그램에 참여할 학습자가 기획 작업부터 모두 함께 참여하는 방식이다. 이는 민주적 의사소통의 절차와 방법으로 의사결정을 해 나가는 방식으로 이루어진다. 따라서 이는 합리적·민주적 방식의 기획이라고 할 수 있다. 이러한 민주적 의사소통의 절차와 방법을 통해서는 관련 집단의 요구와 문제 및 가용자원활용 등도 모두 고려될 수 있다. 이러한 참여중심 기획은 교수-학습 프로그램의 기획에서도 ISD 모형(Instructional System Design)보다는 RCP 모형(Rapid Cooperative Prototyping)을 따른다. 즉 교수-학습 모형을 설계할 때 한두 사람의 전문가나 교육공급자의 연구나 아이디어에 의해서가 아니라, 모든 스태프들이 지속적으로 협력하고 협동하여 마침내 교수학습의 최종적 원형(prototype)을 만들어 내는 것이다. 여기서 참여라는 개념은 관여(involvement), 기여(contribution), 책임(responsibility)의 의미를 내포한다(남정걸, 2003: 187; 김용현 외, 2014).

유럽 등 선진국에서 약 1세기 전부터 시작된 자유학교(Free School 또는 대안학교)에서는 학교 커리큘럼을 기획할 때 학생들이 함께 참여하는 전통을 남겼다. 이러한 사례는 대표적인 참여기획이었으며, 오늘날 대안학교 프로그램(Alternative School Program)에서도 교육수요자인 학생 및 학부모가 프로그램의 기획에 참여하는 경우가 늘고 있다. 정치현장과 기업경영에서 민주적인 의사결정을 위해 도입·활용되고 있는 간디(Gandhi)의 의사결정법도 참여중심의 기획에서 중요한 역할을 하고 있으며, 브레인스토밍(Brainstorming)의 기법을 활용한 아이디어 산출 및 이에 근거한 의사결정 역시 참여중심의 기획을 실천하는 중요한 방법이다.

◆◆ 대안학교 프로그램(Alternative School Program)

공교육의 문제점을 보완하고자 학습자중심의 자율적인 프로그램을 운영하도록 만들어진 종래의 학교교육과는 다른 학교이다. 대안교육은 제도교육의 한계를 인식하고 그것을 넘어서는 대안적 사회를 구성하면서 새로운 교육을 모색하려는 시도이다. 전체 대안학교 중에서 학력이 인정되는 대안학교는 그리 많지 않지만 대안학교에서 학력 인정 여부는 중요한 문제이다. 이에 따라 학교 특성이나 조건이 크게 달라지므로 우선 학력을 인정해 주는 인가형 학교와 비인가형 학교로 나누어 구분할 수 있다.

◆◆ 브레인스토밍(Brainstorming)

창의적인 아이디어를 생산하기 위한 학습 도구이자 회의 기법이다. 브레인스토밍은 집단적 창의적 발상 기법으로 집단에 소속된 인원들이 자발적으로 자연스럽게 제시된 아이디어 목록을 통해서 특정한 문제에 대한 해답을 찾고자 노력하는 것을 말한다.

2. 평생교육기관과 경영전략

1) 경영전략: 의미와 절차

(1) 경영전략의 필요성과 목표

전략(strategy)이란 말은 장군(將軍)을 뜻하는 희랍어의 'Strategos'라는 단어에서 유래된 것으로 여러 가지 뜻으로 사용되어 왔다(Weihrich & Koontz, 2006: 125). 즉 전략이란 본래 군사학의 용어로서 전쟁을 전반적으로 이끌어 가는 방법이나 책략을 말한다. 이는 전술보다 상위의 개념이다. 오늘날 군사전략(軍事戰略)은 국가 정책상의 목표를 이루기 위하여 군사력을 이용하는 기술과 과학의 영역으로 확장되고 있다. 이러한 전략의 개념은 오늘날 경영 용어로도 전용된 지 오래이다. 경영전략(條後戰略)은 환경 변화에 대한 기업활동을 전체적·계획적으로 적응시키는 전략으로, 변동하는 기업 환경에 능동적으로 대처하여 기업의 존속과 성장을 꾀하는 것이다. 특히 오늘날의 기업경영의 현장에서는 급격한 주변 산업환경의 변화 속에서 기업경영방침의 유지, 발전, 혁신, 향상 등을 위한 제반 경영활동을 전체적·계획적으로 변화, 발전, (재)적응시키기 위한 특단의 조처를 취해야 할 필요성이 높아지고 있다. 심지어 오늘날 우리는 전략이 살아야 기관과 조직이 산다고 할 정도이다(한국경제신문 기획부, 2001: 38). 왜냐하면 기업에 사회환경 변화에 적응하지 못하면 그대로 몰락의 길로 접어들기 때문이다.

경영전략은 회사가 미래에 나아갈 방향을 그리는 것이다(니와 데츠오, 2001: 18). 첸들러(Chandler, 1962)에 의하면, 경영전략이란 "기업의 장기 목표와 목적을 결정하고 이 목표들을 수행하기 위해 필요한 행동경로를 채택하고 자원을 할당하는 것이며, 조직 전체의 결속을 위한 조직의 주요 목표, 정책, 그리고 행동양식을 결합하는 계획 또는 실천 양식"이다.

니와 데츠오(2001)는 경영전략의 구성요소를 크게 경영기본전략, 전체계획, 사업

부문별계획으로 구분하였다. 그는 경영기본전략에 경영이념과 비전, 사업 영역과 경영목표, 조직개혁과 그룹기업 총괄방침을 포함시켰으며, 전체계획에는 손익계획, 대차대조표와 현금흐름, 자금의 조달과 운용, 직접금융과 간접금융의 균형, 설비투자계획, 인원 및 인건비 계획, 연구개발계획, 마케팅계획, 생산 · 물류계획, 매입 · 외주계획, 정보시스템계획, 신규사업계획을 포함시켰다. 또한 그는 사업부문별 계획에는 사업비전과 사업구조개혁 시나리오, 사업목표와 시장 포지셔닝(positioning), 사업수지계획, 조직체계와 부문 내 신규사업, 마케팅 계획과 업적평가, 연구개발계획과 업적평가, 생산 · 물류계획과 업적평가, 매입 · 외주계획과 업적평가, 인사 · 조직계획과 업적평가, 재무계획과 업적평가, 정보 · 네트워크계획과 업적평가를 포함시켰다.

그렇다면 경영에서 전략은 왜 필요하고 때로는 변화되어야 하는가? 왜냐하면 전쟁터가 바뀌면 전략도 바뀌어야 하기 때문이다(에구치 요코 · 요시다 카츠미, 2011). 만약 우리가 큰 틀에서 결코 전략을 바꾸기가 쉽지 않다면, 환경 및 상황 변화에 따른 판단에 따라서 지엽적인 전술(tactic)을 변화시켜 가면서 궁극적으로 큰 틀에서 수립된 경영전략을 구현해낼 수도 있다. 경영다각화전략이나 브랜드마케팅 전략, 이미지마케팅전략 등은 전술적 변화를 통하여 본래의 경영전략을 구체화시키는 대표적인 방식이다.

◆◆ 전략과 전술의 의미

전략은 전쟁에 이기기 위한 계략과 방법이고, 전술은 그 전략을 수행하기 위한 수단이다. 즉, 경영전략은 성격상 통합적이며 체계적인 지시적 행동결정인 데 비해, 경영전술은 경영의 특정 부분, 즉 생산, 마케팅, 장치, 연구, 개발 등에 한정된 단기적인 행동 결정을 의미한다(최은수 · 배선영, 2014).

<전략과 전술, 경영전략과 경영전술과의 관계>

전략	전술
조직의 목표를 달성하기 위한 장기적이고 광범위한 행동 형태와 기본적 방법론	전략을 보다 단기적이고 구체적으로 세분화한 분야별 설계와 목표
경영전략	**경영전술**
통합적 · 체계적 · 미래지향적 활동계획, 장기적 · 대단위적 경영 문제 관련 가치창조의 의사결정	경영의 특정 부문(생산, 마케팅, 연구와 개발 등)에 한정적 · 단기적 행동 결정, 소규모 단위 경영문제

<경영전략과 전술의 차이>

항목	경영전략	경영전술
대상관점	전사적	기능적
공간적	대국적	국지적
시간적	장기적	단기적
주체자	최고경영층	중간관리층, 하위관리층
주관적 가치	경영자의 주관적 가치가 큼	경영자의 주관적 가치가 작음
성격	비구조적	구조적, 반복적
선택범위	범위가 크다.	범위가 작다(세분화).
규칙성	규칙성이 없다.	규칙성이 있다.
불확실성	큰 불확실성	작은 불확실성
필요정보	매우 많은 정보	비교적 정보가 적다.
평가	조금 어려운 평가	평가가 쉽다.

출처: 김성수(2000). p.143; 최은수 외(2014). p.89 재인용.

(2) 경영전략의 수립

① 경영전략의 수립 절차

경영의 전략은 비전(vision)으로부터 도출해내야 한다(권두승 · 최운실, 2009: 278). 우리가 어디로 가야 하는지, 이를 위해 우리가 구체적으로 무엇을 해야 하는지를 모른다면, 어떤 전략도 수립할 수 없으며 성공할 수 없다(David, 2001: 56). 비전이 먼저이고 전략이 다음이다(권두승 · 최운실, 2009: 278).

니와 데츠오(2001)에 의하면, 경영전략의 수립은 한마디로 비전 달성의 시나리오 수립이다. 그는 비전 달성의 시나리오 작성을 위한 5단계의 절차를 소개하고 있다. 우선 비전 수립을 위해서 비전 집약이 요청된다. 이는 비전의 기본전략과 성공요인 분석과 비전의 일체화로 구성된다. 이러한 비전 집약이 이루어진 후 개별전략에의 미션(mission)이 부여되는데, 이를 위해서는 사업의 가치평가와 등급평가, 사업별 미션 명시, 기능별 미션 명시가 이루어져야 한다. 왜냐하면 전략은 사명달성 방법론이기 때문이다(권두승 · 최운실, 2009: 277).

니와 데츠오(2001)는 경영전략의 수립 절차를 다음 10단계로 제시하였다.

- 1단계: 임원과의 검토회의 개최
- 2단계: 비전의 수립
- 3단계: 외부환경의 분석
- 4단계: 내부환경의 분석
- 5단계: 비전달성의 시나리오 작성
- 6단계: 사업전략과 기능별 전략의 통합
- 7단계: 신규사업계획의 수립
- 8단계: 기존사업의 선별 집중
- 9단계: 경영조직의 개혁전략
- 10단계: 경영전략보고서의 작성

정리하자면, 경영전략의 수립과정 및 절차는 다음과 같다.

첫째, 비전을 수립 · 제시한다.

둘째, 조직의 외부환경 및 내부환경을 분석한다. 이러한 분석은 정량적 분석과 정성적 분석으로 구성된다.

셋째, 전략적 대안을 제시한다.

넷째, 비전의 실현가능성을 중심으로 전략수행을 위한 구체적인 활동계획을 명시한다.

여기서 중요한 점은 비전으로부터 전략이 구상되지만, 전략은 비전 달성을 위한 조건으로서 외부환경 및 내부환경이 적절하고 적합한지에 대한 정합성(contingency)의 검토이다. 즉, 조직의 내부환경과 외부환경에 대한 분석은 비전 달성에의 가능성과 한계를 가늠할 수 있게 해 준다. 이는 외부환경 및 내부환경의 분석은 비전달성 및 목표달성에의 전망을 위한 준거(criteria)가 되는 것이다. 따라서 내 · 외부 환경의 분석은 객관적이고 과학적으로 이루어질 필요가 있다. 결국 이러한 객관적 · 과학적 환경분석을 통하여 우리는 이미 수립된 (임시)전략을 검토하면서 구체적인 (최종)전략을 확정적으로 수립할 수 있다.

한편, 전략수립의 과정에서는 반드시 3e의 법칙이 적용되어야 한다. 즉 부하들을 "참여하게 하고"(engagement), 전략을 정확하게 "설명하여 주고"(explanation), 이로 인한 "기대치를 명확하게"(clarity of expectation) 밝혀 주어야 한다(이상오, 2008: 368).

② 경영전략 수립의 방법

가. 경영전략과 경영목표

첸들러(Chandler, 1962)는 경영목표와 경영전략을 구분하지 않았다. 즉 그는 경영의 목표를 결정하고 실행하는 것 자체를 경영전략으로 보았다. 반면, 안소프(Ansoff, 2007)는 경 영목표와 경영전략을 별개의 영역으로 다루었다. 그에 의하면, 경영목표가 경영의 내부적 문제라면, 경영전략은 주로 경영의 외부적 문제로서 특히 시장상품화 및 시장구조결정에 관한 사안이다. 그러나 경영목표와 경영전략은 별개의 두 영역으로 간주될 수 없다. 경영목표가 없다면 경영전략도 무의미하며 경영전략이 없다면 목표달성에의 예측은 보다 불명확하기 때문이다. 어쩌면 경영전략의 수립은 경영목표에서 출발한다(김영민, 2006: 146).

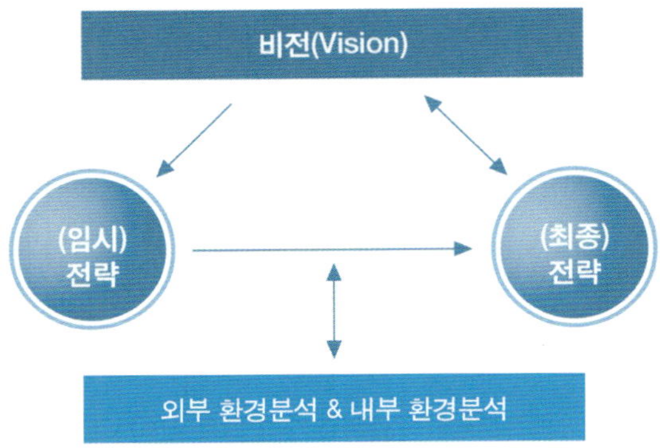

출처: 김용현 외(2011). 평생교육경영론. 경기: 양서원.

| 그림 6-4 | 전략의 수립절차

경영전략과 마찬가지로 경영목표 역시 기업의 비전(vision)으로부터 도출된다. 누가 기업의 비전을 제시하는가? 원칙적으로는 비전을 수립하고 제시하는 역할은 기업주나 CEO(chief executive officer)의 몫이다. 비전은 경영목표(또는 사명)의 달성에 의해 성취된다. 경영목표(Goal)는 상위목표와 하위목표로 구분된다. 여기서 전자는 목적(目的)이라고 표시되기도 하며, 후자는 목표 또는 세부목표(objectives)이다.

일반적으로 비전은 추상적, 개념적이며 거시적이다. 이에 비하여 목적이나 목표는 보다 구체적이며 미시적이다. 특히 목표(또는 세부목표)는 구체적(Specific)이며, 측정이 가능하고(Measurable), 현실화의 가능성이 높고(Attainable), 합리적이며(Reasonbale), 기한이 명시되어야(Time-bounded) 한다. 즉, 경영의 목표는 일명

SMART 이론에 맞추어져 수립되어야 한다. 왜냐하면 목표(또는 세부목표, 하위목표)는 나중에 경영평가의 척도로 작용하여야 하기 때문이다. 즉, 궁극적으로 목표를 달성했는가 하는 것이 평가의 기준이다. 결국 비전으로부터 목표가 도출되지만, 세부목표들이 경영평가의 척도로서 정확한 기능과 역할을 해내기 위해서는 경영환경분석이 이루어진 후 분석의 결과가 비전에서 도출되는 목표수립에 적극 반영될 필요가 있다. 비전수립 및 목표수립의 과정은 경영전략의 수립에도 직접적으로 작용한다. 왜냐하면 경영전략은 특정 기관이 추구하고자 하는 미래 비전을 달성하기 위해 진행해 나갈 방향성을 제시하는 일종의 시나리오를 의미하기 때문이다(권두승 · 최운실, 2009: 280).

오늘날 목표는 미션(mission)과 동일시되기도 한다. 이는 미션 수행의 여부가 비전달성 또는 목표달성을 위한 구체적인 조건으로 간주되는 것이다. 즉, 미션과 목표(또는 세부목표)가 동일시될 수 있다. 아울러 단계적인 목표달성을 통해서 미션이 완수되며, 이때 미션완수는 곧 비전달성을 의미하기도 한다.

나. 경영환경분석

- 환경분석의 의미와 분석 대상

경영환경의 분석은 경영전략의 수립에 결정적이다. 왜냐하면 분석하고 파악된 문제가 다르면 전략도 달라지기 때문이다(김영민, 2006: 125). 고전적 관점에서 경영환경분석은 직접요인 분석과 간접요인분석으로 구성된다. 주로 직접요인분석에는 경영능력 분석과 경영성과 분석이 해당되고, 간접요인분석에는 시장동향분석, 업계동향분석, 경쟁기업분석, 신기술개발 상황분석, 산업구조 변화분석 등이 포함된다. 그러나 오늘날 경영환경을 구성하는 직접요인과 간접요인 간의 구분이 불분명할 정도로 상호 교호적이고 상호 순환적이 되었다. 특히 실현가능한 경영전략을 수립하기 위해서는 경영환경을 내적 환경과 외적 환경으로 구분하여 경영환경을 직접 분석해내는 방식을 선호하고 있다. 이러한 경영환경 분석의 방법은 내부환경분석과 외부환경분석으로 구분된다.

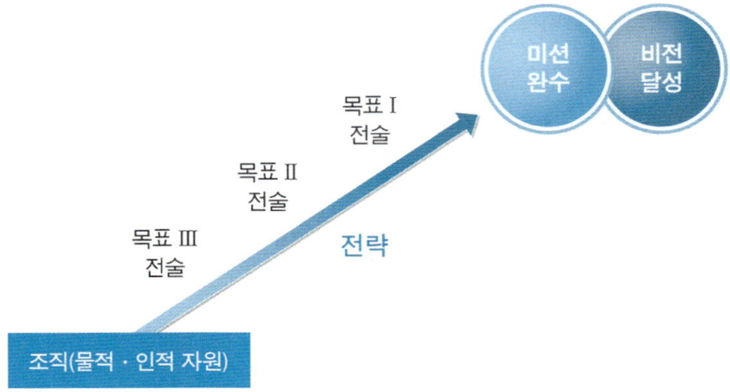

출처: 김용현 외(2014). 평생교육프로그램개발론. 경기: 양서원.

| 그림 6-5 | 경영전략과 경영목표

니와 데츠오(2001)는 외부경영환경의 분석 대상 영역으로서 환경 변화의 이해를 기반으로 거시환경분석, 시장동향분석, 업계동향분석, 경쟁기업분석, 벤치마킹 수행 그리고 신규 사업 참여의 영역지도 작성 등을 들고 있다.

아울러 그는 내부경영환경의 분석으로서는 크게 업적분석, 조직력 분석, 경영시스템 분석 등을 들고 있다. 숌적숌석에는 과거의 전략 정리, 자사의 업적분석, 사업단위의 업적분석, 모델기업의 벤치마킹 등을 토대로 하는 기업이미지 창출, 상품 · 서비스 분석, 영업력 · 고객 분석, 기술력 분석, 각종 경영자원의 분석 등이 해당된다. 조직력 분석에는 환경적응도 분석과 임직원의 의식조사 등이 속한다. 마지막으로 경영시스템 분석에는 전략적 의사결정 분석, 관리 · 업무 · 교육 시스템 분석, 그리고 혁신과 창출에 대한 분석 등이 해당된다.

- 경영환경분석의 방법: SWOT기법

오늘날 경영전략을 수립하기 위해 가장 선호되는 경영환경분석의 방법은 SWOT 분석(Strengths, Weaknesses, Opportunities, and Threats Analysis)기법이다. SWOT

는 강점(Strengths), 약점(Weaknesses), 기회(Opportunities), 위협(Threats)의 머리글자이다. 이는 우선 경영환경의 내적인 차원에서 조직의 강점요인과 약점요인을 찾아내는 동시에, 경영의 외적환경을 분석하여 기회요인과 위협요인을 찾아내는 분석방법을 말한다. 이 기법은 스탠퍼드 대학교에서 1960년대와 1970년대에 포춘 선정 500대 기업들을 연구하면서 얻게 된 결과를 바탕으로 알버트 험프리가 고안해낸 경영환경의 분석방법이다.

SWOT 분석은 조직의 외부환경이 제공하는 기회와 위협 요인과 관련하여 조직 내부의 강점과 약점을 인식할 수 있도록 하는 전략적 계획수립을 위한 도구이다. 이는 외부환경에 대한 깊은 통찰력을 바탕으로 자신의 강점을 최대한 활용하면서 자신의 약점을 최소화할 수 있는 전략적 사고의 중요성을 의미한다. 외부환경의 변화는 기관의 관점에 따라 위협요인이 될 수도 있고 기회요인이 될 수도 있다(권두승 · 최운실, 2009: 282).

또한 SWOT 분석은 외부환경의 기회(O)요인과 위협(T)요인을 먼저 파악해내고 동시에 기관 내부의 강점(S)과 약점(W)을 분석한 후 전략적 대안을 도출하는 분석방법이기도 하다(권두승 · 최운실, 2009: 283).

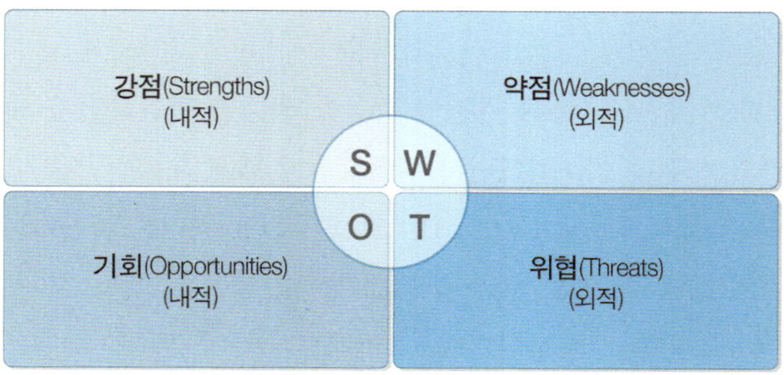

출처: 김용현 외(2014). 평생교육프로그램개발론. 경기: 양서원.

| 그림 6-6 | SWOT의 범주화

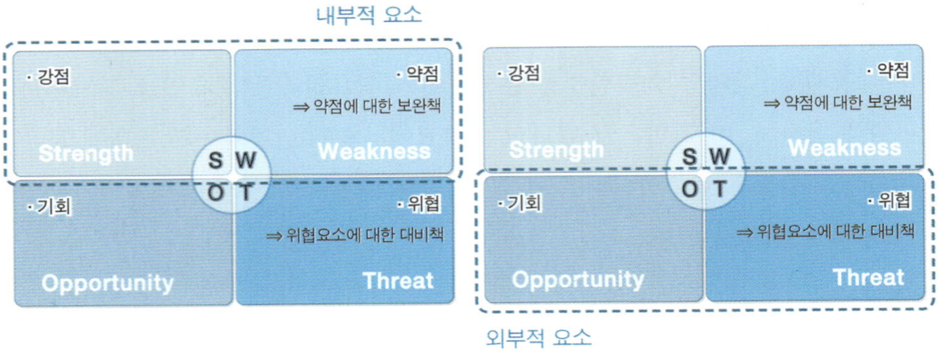

출처: 김용현(2015).

| 그림 6-7 | SWOT 분석의 내부적 · 외부적 환경평가 요소

이상의 내용을 정리하면, 첫째, 자기 조직(기업)의 강점과 약점을 파악해내고, 둘째, 이를 토대로 자기 기업의 기회요인과 위협요인을 파악해내고, 셋째, 분석결과를 토대로 전략(중점 전략, 또는 전략적 대안)을 수립하고 실행한다.

이러한 SWOT 분석을 기반으로 하는 전략수립은 구체적인 실천능력 또는 전술능력을 제고하기 위하여, SO전략(강점-기회전략), WO전략(약점-기회전략), ST전략(강점-위협회피전략), WT전략(약점-위협회피전략)의 지표가 되는 '전략매트릭스'로 수립될 수도 있다.

이를테면, SWOT 분석을 통해 기관의 강점을 최대한 활용하면서 새로운 기회를 포착하고 기관의 약점을 최소화하면서 위협요인에 대처하는 전략을 다각적으로 모색할 수 있다(권두승 · 최운실, 2009: 283). 또한 강점을 최대한 활용하여 위협요소를 회피하는 전략을 세울 수 있고, 약점을 최대한 파악하여 위협요소를 최대한 회피하기 위한 전략을 구체화할 수 있다.

| 표 6-1 | SWOT 분석에 따른 전략매트리스

구분	강점(S)요인	약점(W)요인
기회(O)요인	• 강점을 활용하여 기회를 최대한 살린다. • 기회를 살리기 위한 강점을 확인한다.	• 약점을 보완하여 기회를 활용한다. • 약점을 강점으로 전환하기 위한 전략을 강구한다. • 기회와 관련된 약점을 확인한다.
위협(T)요인	• 강점을 활용하여 위협을 회피한다. • 위협을 회피하기 위한 강점을 확인 · 발굴한다.	• 위협을 회피하기 위한 전략을 강구한다. • 위협과 약점의 접점에서 선택(사업의 포기 혹은 적극적 투자한다. • 위협요인과 약점요인을 확인한다.

출처: 권두승 · 최운실(2009). 평생교육경영론. 경기: 교육과학사. p. 285.

그러나 SWOT 기법을 통한 경영환경분석을 위한 전제 조건은 분석의 내용과 대상으로서 경영환경의 요인들(factors)에는 구체적으로 요구(needs)들이 파악 · 분석, 반영되어야 한다는 사실이다. 왜냐하면 어떠한 경영환경이라도 오늘날과 같은 공급자가 아닌 수요자 및 소비자가 왕인 시대에 이들의 니즈를 충족시켜주지 못하면 성공하기 어렵기 때문이다. 필수적인 분석의 대상과 내용들은, 첫째, 사회환경적 니즈로서 기업주(CEO), 기관, 기업(산업)환경 및 시장의 요구, 둘째, 고객의 니즈로서 수요자의 요구, 셋째, 직무적 요구로서 역할과 지위가 요구하는 과제가 그것이다. 즉, 우선 기업주 또는 기관에서 요구하는 것이 무엇인가? 산업환경 변화의 추세와 시장동향이 무엇인가? 수요자(고객)의 요구가 무엇인가? 조직 구성원 개개인이 맡은 자신의 업무 영역에서 요구하는 것이 무엇인가에 대한 이해가 분석 내용으로 반영되어야 한다. 특히 평생교육의 경영(기획 및 전략) 역시 교육수요자중심의 새로운 교육 패러다임으로서 '학습자의 요구조사분석(needs analysis)'에서 시작된다.

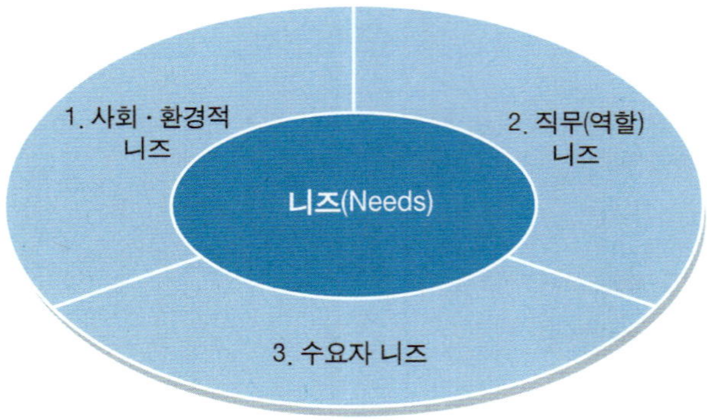

출처: 김용현 외(2011). 평생교육경영론. 경기: 양서원.

| 그림 6-8 | 니즈의 구분

2) 평생교육기관의 경영전략

(1) 평생교육기관 경영전략의 고유성

평생교육기관의 경영전략 수립은 일반 경영전략과 맥락을 같이한다. 그러나 평생교육기관경영의 고유성 때문에 경영전략 수립을 위해서 다음과 같은 평생교육의 기본원리가 경영전략의 요소로서 반영될 필요가 있다.

첫째, 탈정형성, 둘째, 자발성, 셋째, 상호학습성, 넷째, 현실성과 실제지향성, 다섯째, 다양성과 이질성, 여섯째, 과정중심성, 일곱째, 참여와 공존성, 여덟째, 경험중심성, 아홉째, 즐거운 학습 등이다(정지웅 · 김지자, 1986).

교육의 목표는 국가별, 지역별, 시대별, 교육기관별로 천차만별이다. 한국의 교육목표는 '홍익인간(弘益人間)'이다. 미국의 교육목표는 시민(citizen)이고, 영국의 교육목표는 신사(gentleman)이다. 일본의 교육목표는 무사, 즉 사무라이의 정신을 양성하는 것이며, 중세서구의 교육목표는 하나님의 자손을 양육하는 것이었다. 또한 듀이(J. Dewey)나 몰렌하우어(K. Mollenhauer)에게는 개인의 교육적 '성장'이 교육의 목표이며, 대부분의 학자에게 교육의 목표는 '전인격적 성장 또는 전인격적 도약'이다. 그러나 일반적으로 이러한 모든 교육과 학습의 목표는 학습자 개인의 '자아실현(自我實現)'으로 귀결된다. 왜냐하면 교육은 인간을 대상으로 하고 인간됨을 목표하기 때문이다.

그러나 학습자의 자아실현은 개인적 차원과 사회적 차원에서 함께 추구된다. 따라서 평생교육은 학습자의 개인적 자아실현과 동시에 사회적 자아실현에의 목표를 가지고 있다. 이렇게 본다면 평생교육기관경영에서도 평생교육의 원리 준수는 학습자의 개인적·사회적 자아실현을 조력하는 중요한 미션에 해당된다.

결국 평생교육기관경영은 학습자가 자기학습을 통하여 자아실현을 할 수 있도록 도와주면서 이를 통해 '기관의 이윤추구'라는 경영의 목표를 달성하기 위한 전략을 구사해야 한다.

이러한 평생교육기관경영의 특수성을 고려하여 두 마리의 토끼를 함께 잡을 수 있는 경영전략의 사례가 등장하고 있다. 원칙적으로 평생교육에 자발적으로 참여하는 교육수요자, 즉 학습자들의 "학습권(learning right, 學習權)"의 보장을 최적화해 줌으로써 학습자의 자아실현을 돕는 동시에 이를 통한 경영의 최종 목표인 기관의 이윤추구를 도모한다. 구체적으로 평생교육기관은 학습자의 "경험(experience)"을 촉진시켜주면서 이들의 경험을 관리해 주는 질적 경험 경영전략(experience quality management, EQM)(C. Prahalad & V. Ramaswamy, 2004: 179)을 들 수 있다. 일반적으로 평생교육에 참여하는 학습자들은 자신들의 독특하고 다양한 경험세계를 기반으로 학습충동, 학습요구, 학습목표를 가지고 있으며, 이러한 자신의 경험 영역을 보다 전문적이고 심도 있게 학습하고자 하는 열망으로 자기주도적으로 평생학습에 참여한다. 따라서 평생교육기관은 이들 학습자들에게 경험학습 프로그램에의 참여를 통한 자아실현을 도와줌으로써 교육기관으로서의 기능과 역할을 해내는 동시에 기관의 경영이윤 창출을 도모할 수 있다.

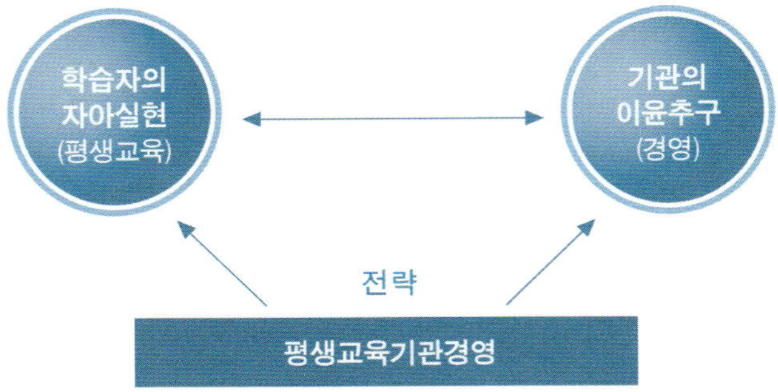

출처: 김용현 외(2011). 평생교육경영론. 경기: 양서원.

| 그림 6-9 | 평생교육기관경영의 목표전략

(2) 평생교육기관 경영전략의 전망

① 경쟁전략

오늘날과 같이 치열한 경쟁의 시대에 보편적인 경영전략은 앞으로 급격하게 진화될 전망이다. 경쟁전략이론의 선두주자격인 포터(Porter, 2002)에 의하면, 경쟁전략이란 남과 다르게 되는 것에 관한 것이며, 경쟁우위를 지속시키는 유일한 방법은 경쟁우위를 계속 개선하는(점점 더 첨단형태로 옮겨가는) 것이다. 그는 국가건, 기업이건, 지역이건, 조직이건 경쟁의 우위를 점하는 기본속성을 찾아냈다. 첫째, 요소조건, 둘째, 수요조건, 셋째, 연관산업 및 지원산업, 넷째, 기업전략 및 경쟁관계가 그것들이다. 그리고 이들이 상호 역학관계에 들어 있다는 사실을 다음과 같은 다이아몬드 모형으로 그려낸 바 있다.

우선 기업은 자신들만의 경쟁전략을 구현하려면 요소조건의 현재 포지셔닝(positioning)을 명확하게 파악해낼 수 있어야 한다. 왜냐하면 요소조건의 포지셔닝은 시시각각으로 변하기 때문이다. 즉, 현재의 포지션을 분석하고 전략적인 포지션을 결정해야 한다(이상오, 2008: 179-180).

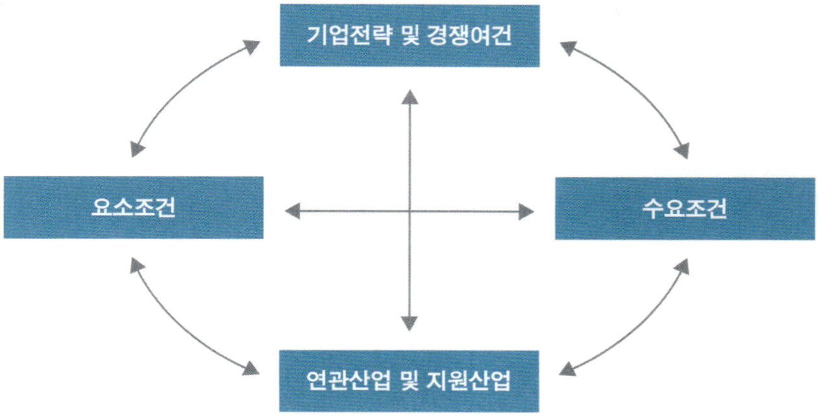

출처: 김용현 외(2011). 평생교육경영론. 경기: 양서원.

| 그림 6-10 | 경쟁전략의 모형

우선, 요소조건은 요소의 양과 원가로 구성되는데 기업과 기관이 현재 취득할 수 있는 천연자원, 인적자원, 금융자원, 물적 하부구조, 관리 하부구조, 정보 하부구조, 과학 및 기술 하부구조를 말한다. 이는 요소의 질과 요소의 전문화를 결정한다. 둘째, 수요조건의 포지셔닝이다. 이를테면, 가장 까다롭고 요구가 많은 고객의 니즈는 무엇인지? 현재 시장을 선도하고 있는 고객의 니즈는 무엇인지? 글로벌 시장을 주도하면서도 특화되어 있는 세부시장에 대한 독특한 수요는 무엇인지? 에 대한 조사 분석이 중요하다. 셋째, 연관산업 및 지원산업 또는 경쟁산업에 대한 포지셔닝이다. 과연 역량 있고 기반이 있는 공급자의 존재와 실체는 무엇인지? 주변에 경쟁력이 높거나 경쟁력을 갖춘 산업은 무엇이고, 전략적 제휴 등의 가능성이 있는 기업이 존재하는지? 협력이나 네트워킹 등을 통하여 상생할 수 있는 기업여건은 가능한 것인지? 넷째, 기업전략 및 구조 그리고 경쟁여건에 대한 포지셔닝이다. 즉, 현재 실천되는 경영전략은 적정 수준의 투자, 합리적인 투자, 지속적인 개선의 촉진 등의 조건을 반영하고 있는가? 현재의 경영전략으로 경쟁우위의 확보는 어느 정도 성취되

었는가? 아니면 도태되었는가? 이러한 질문들에 대한 객관적이고 과학적인 분석이다. 마지막으로 성공적인 경쟁전략을 위해서는 이러한 4가지 기본요소의 역학관계에 대한 분석이 요청된다.

한편, 안소프(Ansoff, 2007)는 경영전략을 성장전략과 경쟁전략으로 구분하면서, 성장전략 으로부터 점차 경쟁전략으로 나아갈 수 있는 전략적 매트릭스를 제시했다.

	기존의 제품(성장전략)	신제품(경쟁전략)
기존의 시장	1. 시장 침투	2. 제품 개발
새로운 시장	3. 시장 개척	4. 시장의 다각화

출처: 김용현 외(2011). 평생교육경영론. 경기: 양서원.

| 그림 6-11 | 안소프 매트릭스(Ansoff's Matrix)

즉, 기업은 기존의 제품을 가지고 시장 침투와 시장 개척을 통하여 기업이 성장할 수 있는 경영전략을 추구하면서 점차 기존의 시장에서 우위를 점할 수 있는 제품 개발의 전략을 실현하고 더 나아가 궁극적으로는 신제품으로 새로운 시장을 선점할 수 있는 블루오션 전략을 추구해야 경쟁전략은 성공적으로 완수될 수 있다.

따라서 평생교육기관에서의 경쟁전략 역시 현재 실현되고 있는 경영전략의 포지셔닝에 대한 종합적 분석과 해석에서 시작될 필요가 있다. 아울러 성장전략으로부터 경쟁전략으로 나아가는 경영전략의 로드맵이 수립, 구현될 수 있어야 한다. 특히 성공적인 평생교육기관의 경쟁전략은 '학습권 보장의 최적화'와 이를 통한 '경영이윤창출의 극대화'에 초점이 주어져야 한다.

② 전략경영

경영전략의 개념이 보편화되면서 '전략경영(戰略經潮)'이라는 새로운 용어가 등장했다. 이는 1950년대부터 기업경영의 영역에 도입되기 시작하였는데, 1960년 전후에 첸들러(A. Chandler), 젤즈니크(F. Selznick), 안소프(H. Ansoff), 드러커(P. Drucker) 등에 의해서 경영학의 영역에서 크게 부각되기 시작했다. 오늘날 기업의 환경변화가 급격하게 이루어지면서 전략경영이라는 개념은 보다 부각되고 있다. 경영을 최적화하고 최대화하기 위한 특별방안으로서 '전략'이 수립 · 실천될 필요가 있다는 것이 경영전략의 의미라면, 경영의 모든 과정이 처음부터 전략적으로 수립, 실천해야 한다는 논리가 '전략경영'이다. 일반적인 경영전략에 비해서 전략 경영은 소유주, CEO 그리고 전문가의 입장에 비중을 두고 있다(Nag et al., 2007). 따라서 이는 긴급, 돌발, 위기상황 등 특별하고 특수한 상황에서 보다 실질적이고 추진력 있는 경영전략을 수립하여 추진하겠다는 경영진의 강한 의지의 표출이기도 하다.

니와 데츠오(2007)는 전략경영을 구현하기 위한 최우선의 전제 조건으로서 '경영조직의 개혁'을 꼽았다. 그는 이를 위한 구체적 전략으로서 첫째, 조직진단으로 개혁필요도 측정, 둘째, 조직의 활성도 점검, 셋째, 조직개혁의 목적 수립, 넷째, 조직개혁의 일정계획 수립, 다섯째, 조직 혁신방안 수립, 여섯째, 혁신조직 승인, 일곱째, 혁신조직으로의 이행 등이 이루어질 필요가 있다고 주장한다. 드러커(Drucker)는 어떤 조직도 늘 혁신하지 않으면 쇠퇴한다고 한다(이재규, 2004: 128). 조직의 혁신은 전략경영을 위한 전제조건이면서 동시에 기업경영의 생존조건이다. 특히 전략경영을 수립하기 위한 전제조건은 전략형태인데, 이는 자기평가(self-evaluation), 경쟁상대분석(competitor analysis), 상황분석(situation analysis)이다.

1980년대부터 보스턴컨설팅그룹에서는 SWOT 분석기법을 'TOWS 전략경영분석 매트릭스'로 전용하여 일반화시켜 왔다.

"오랫동안 SWOT 분석이 기업의 강점과 약점, 기회와 위협을 분석하기 위해 사용되었다. 그러나 이러한 종류의 분석은 정적이고, 명확한 전략적 대안의 발전을 이끌어내지 못한다. 따라서 TOWS 매트릭스가 기업, 심지어 국가의 경쟁상황을 분석하기 위해 도입되었으며..."

(Weihrich & Koontz, 2006: 132)

독일 통일 이후 독일의 국가 및 기업의 전략경영분석매트릭스로 도입·사용되면서 다시 주목을 받는 TOWS 전략경영분석매트릭스의 기본원리는 다음과 같다.

	내부적 강점(S)	내부적 약점(W)
외부적 기회(O)	SO 전략 (Maxi-Maxi)	WO 전략 (Mini-Maxi)
외부적 위협(T)	ST 전략 (Maxi-Mini)	WT 전략 (Mini-Mini)

출처: Weihrich & Koontz(2006). p. 133.

| 그림 6-12 | 전략 형성을 위한 TOWS 경영분석매트릭스

TOWS 모델의 특징은 위협(treats)으로부터 시작한다는 점이다. 즉, 오늘날 시장이나 경쟁은 '외부의 위협'으로부터 시작된다. 따라서 경영전략은 외부의 위협으로, 독자적 경쟁에서 보다 배가(倍加)될 수 있다. 1940년부터 등장하기 시작하여 수차례에 걸쳐 노벨경제학상을 수상하게 했던 "게임이론(Game Theory)"은 상생전략의 원리가 매우 합리적이라는 사실을 입증해 준 바 있다.

"1944년 발표된 폰 노이만의 저서 『게임이론과 인간행동』은 조직활동을 게임의 원리로 설명하고 있다. 이러한 게임이론이 나온 이후 조지 서로우(J. Throw)의 『제로섬 사회』(1970)가 출간되면서 우리 사회는 제로섬게임(Zero-Sum Game)으로 유지되며 '제로섬경제'라는 신조어도 탄생했다. 자본주의 경제논리에는 소위 먹고 먹히는 경제논리 이외에 더 이상은 없다는 논리이다. 그러나 1994년 라인하르트 젤텐(R. Selten)이 '게임이론'으로 노벨경제학상을 수상하면서 삶과 경제에 대한 게임논리의 패러다임이 일대 전환되었다. 이에 의하면, 게임의 논리는 다음과 같다. 게임은 게임의 상대를 전제한다. 따라서 게임은 반드시 두 사람 이상이 하게 되어 있다. 이는 사회적 존재로서의 인간 삶의 원리와 같다. 바둑 게임을 예로 들어 보자. 일단 먼저 한 사람이 바둑판에 바둑알을 놓는다. 그리고는 기다린다. 상대방의 응수를 기다리는 것이다. 과연 어디로 응수할 것인가? 물론 자신이 처음에 바둑알을 놓을 때 상대방이 응수할 경우의 수를 대비할 수 있다. 그러나 그러한 예상답안은 맞을 수도 있지만 빗나갈 수도 있다. 하여간 어떻게 응수할 것인가에 대한 신경전은 만만치 않다. 결국 상대방의 응수에 대해서 다시 응수하면서 게임은 지속된다. 기업조직에서 조직원의 움직임도 같은 원리이다. 사회에서 상대방이 어떻게 응수하는가에 따라서 삶의 방향과 내용도 달라진다. 삶의 상황이 달라지는 것이며, 경우의 수가 달라지는 것이다. 기업조직에서도 조직원들끼리 상대방의 움직임에 과연 어떻게 응수하느냐에 따라서 행동반경이 달라지고 조직 전체의 운동방향과 내용이 달라진다. 수많은 상황변화와 경우의 수가 생기는 것이다. 일종의 나비효과라고나 할까? 이렇게 응수했더라면 상황이 달라졌을지도 모른다는 생각을 할 수 있을 만큼 아주 작은 변화에 의해서도 조직 전체가 완전히 달라질 수 있다. 수많은 미세한 상황변화의 현장! 바로 그곳이 삶의 현장이며 기업조직의 현장이다.

이제 게임의 두 번째 단계로 응수하는 방향과 내용에 따라 상황이 매우 다양하고 복잡하게 변화하게 되면서, 게임은 '경쟁의 게임'으로 변하게 된다. 즉, 게임의 당사자들은 상대방의 응수에 대해서 응수를 하면서 게임에서 이기려고 애를 쓰게 된다. 물론 처음부터 게임에서 이기려는 목표하에서 응수하게 될 것이다. 하여간 응수와 게임의 승리는 동전의 앞뒷면이 된다. 우리 인간의 삶도 마찬가지이다. 상대방에게 경쟁에서 이기겠다는 신념으로 우리는 계획적이고 의도적인 응수를 한다. 반대로 응수하다 보니 게임에서 이겨야겠다는 경쟁심이 생겨나기도 한다. 이렇게 해서 게임은 쉽게 끝날 수도 있다. 누군가가 누군가에게 승리하는 것이다. 그러나 게임은 쉽게 끝나지 않을 수도 있다. 설령 지금은 끝났지만 오늘 패배한 자가 내일 다시 도전할 수도 있다. 하여간 게임은 어떤 형태로든지 지속될 수 있다. 응수와 응수로 이어지는 게임, 또는 일단 승리와 패배로 1회전이 끝난 게임은 다른 게임을 위한 타산지석으로 작용하게 된다.

그런데 여기서 중요한 점은 이기려고 갖은 애를 쓰면서 진행하는 게임 속에서 결국 그들은 남들의 '장점'을 보게 된다는 것이다. 처음에는 자신의 장기(長技)를 사용하고 남의 장기에는 관심이 없다가, 결국 게임이 지루해지면서 남의 장기를 모방하기도 하고 남의 장기를 배워서 써먹기도 한다는 것이다. 결국 인생을 영원한 게임으로 본다면, 언젠가는 게임에 임하는 자들의 모든 장점이 모든 사람들에게 공유되는 것이다. 이렇게 하여 조직에서 게임은 마침내 서로 상생하는 게임으로 거듭나게 되며, 바로 이렇게 상생게임으로 거듭날 때 조직효과는 극대화된다. 우리 인간의 삶의 게임은 결국 제로섬게임으로 멈추는 것이 아니라 궁극적으로는 '상생의 게임'으로 승화되는 것이다.

실제로 남의 장점을 잘 파악해서 자신의 전략으로 재활용하고 응용하는 것은 경쟁에서 자신에게도 커다란 이익이다. 반대로 남의 단점만을 이용해서 이를 비방하고 깎아내림으로써 오로지 경쟁에서 어떻게든 이기려고만 하는 자는 결국은 언젠가 지고 말 것이다. 왜냐하면 장점을 통한 성장은 단 한순간도 없었기 때문이다. 한 게임에서 경쟁자들이 서로 간의 장점을 잘 파악하고 이를 적용, 응용, 보완하면서 이루어진다면, 게이머들 간에는 장점과 장점의 결합에 의한 시너지효과가 발생하게 됨으로써 사실상 게이머 모두 성장하고 발전하게 되는 셈이 된다. 결국 게임이론은 게임이란 속성상 본래부터 – 자연의 원리에 입각한 – '상생하는 게임'이 라는 사실을 설명해 준다. 또한 상생하는 게임은 기회비용의 창출면에서도 탁월하다. 즉 이윤 창출 역시 원칙적으로는 상생하는 조직에게서 극대화된다(이상오, 2008: 268-269).

오늘날 글로벌 위기 앞에서 기업과 기관 조직이 공동으로 대처하는 공동 투자, 공동 개발, 공동 마케팅, 공동 유통, 공동 서비스, 장기조달계약 등의 방법으로 구체화되는 “전략적 제휴”, 하나의 패키지로 묶어서 처분하는 번들링전략(bundling strategy), 공생전략, 경쟁적 협력(co-petition)전략(이상오, 2008: 261) 등은 대표적인 상생전략의 범주에 속한다.

결국 평생교육의 현장에서도 전략경영이 성공적으로 이루어지기 위해서는 성장전략으로부터 시작해서 새로운 프로그램을 개발하고 이를 다각화하여 새로운 시장에 내놓는 전략경영으로 전환하는 로드맵을 구축해야 할 것이며, 아울러 상생전략에 기반을 둔 전략경영의 기회를 활용할 수 있어야 할 것이다. 특히 평생교육기관의 경영전략으로서의 전략경영에서는 ‘학습권 보장의 최적화’와 이를 통한 ‘경영이윤창출의 극대화’에 초점이 맞추어져야 한다.

③ 평생교육기관의 SWOT 분석

SWOT 분석을 통해 도출되는 평생교육기관 현장의 강점과 약점, 기회와 위협을 살펴보면 다음과 같다(이향란, 2015).

첫째, 강점은 우리 평생교육현장 또는 프로그램을 타 평생교육기관이나 타 프로그램보다 경쟁우위에 위치하도록 만드는 요소를 가리킨다(김창엽, 2014). 강점의 구성요소로는 타 기관보다 월등한 경영자원과 조직문화, 구성원의 역량 등이 포함된다.

둘째, 약점은 우리 평생교육현장 또는 프로그램을 타 기관이나 타 프로그램보다 열세우위에 위치하도록 만드는 요소를 가리킨다. 약점의 구성요소로는 목표달성을 저해하는 조직의 한계나 단점 또는 결함에 해당될 수 있으며, 경쟁기관에 비해 열등한 경영자원이나 구성원의 역량이 해당된다.

셋째, 기회는 우리 평생교육의 수요를 확대하고 조직의 포지션을 제고시키는 우호적인 현재나 미래의 상황을 의미한다. 기회요소로는 긍정적인 외부환경 내의 동향과 변화, 잠재적 학습자와 사회의 필요 등을 들 수 있다.

넷째, 위협은 우리평생교육 현장의 경쟁력을 침해하거나 위협하는 비우호적인 상황이나 동향, 변화를 가리킨다. 이 요소로는 수익성 제고를 방해하는 장애물이나 자기관에 악영향을 미치는 수준이 해당된다.

이와 같이 평생교육기관의 SWOT 분석 요소를 정리하면 다음과 같다.

| 표 6-2 | 평생교육기관의 SWOT 분석에 따른 구성요소

구분	내용	구성요소
강점	• 다른 프로그램들보다 경쟁적으로 만드는 요소 • 특징적 우위나 경쟁자보다 우월한 자원 • 목표성취를 위해서 효율적으로 이용할 수 있는 자원이나 역량	• 경영자원 • 조직문화 • 구성원 역량
약점	• 목표달성을 저해하는 조직의 한계나 단점 또는 결함 • 조직이 제대로 수행하지 못하는 부문 혹은 경쟁자에 비해 열등한 자원이나 역량	
기회	• 프로그램에 대한 수요를 진작시키고 조직의 포지션을 제고시키는 우호적인 현재나 미래의 상황 • 동향, 변화, 미처 포착되지 못한 필요	• 프로그램 수요 • 시장규모 • 정부정책 • 경제상황 • 사회적·윤리적·문화적 발전수준
위협	• 현재나 미래 조직의 경쟁능력을 침해하거나 위협하는 비우호적인 상황이나 동향 또는 임박한 변화 • 장애물이나 제약 또는 조직에 문제, 손실, 악영향, 손실을 유발할 수 있는 것	

출처: 김창엽(2014). p. 127.

위와 같은 SWOT 분석방법에 따라 평생교육기관에서의 분석 사례를 살펴보고자 한다. 다음은 D대학교 평생교육원의 SWOT 분석을 실시하고, 지역 평생교육원의 장·단기 발전계획 수립에 대한 실천전략을 제안하고자 한다.

상기의 SWOT 분석을 통하여 기회요인을 바탕으로 약점과 위협요인을 극복하고, 강점 요인을 최대한 활용한다면 좋은 결과를 가질 수 있을 것으로 판단되며, 이른바 'SO의 극대화와 WT의 보완'으로 행복한 학습대학 ○○대학교 만들기 프로젝트를 실행에 옮길 수 있다.

| 표 6-3 | ○○대학교 평생교육원 SWOT 분석 사례

강점(Strength)	약점(Weakness)
• 캠퍼스 진입도로 확장(6차선)으로 접근성 용이 • 평생학습도시에 따른 시민인식 확산 • 풍부한 역사문화 자원 및 학습 자원 보유 • 지방자치단체장의 평생학습 활성화에 대한 의지 고조 • 인접 공단 및 중소기업 접근 용이 • 지역 유일의 의학교육기관으로 특성화 프로그램 • 과 지역주민의 선도적인 대학 이미지 고수	• 평생교육 관련 인프라 및 네트워크 미흡 • 본교 교수진의 평생교육 참여기회 미비 • 지역주민과의 소통 미비 • 캠퍼스 내 전용 강의장 미흡 고조 • 지역권 내 대학 부설 평생교육원의 다양화에 따른 경쟁력 제고 • 캠퍼스 이전에 따른 평생교육원에 대한 인지 및 홍보 부족
기회(Opportunity)	**위협(Threat)**
• 지역평생교육진흥원 개원에 따른 프로그램 예산 지원 • 지방자치단체 차원의 평생교육 활성화 의지 • 다양한 지역특화 문화행사와 평생교육 연계 가능성 증대 • 레저관광산업 활성화 여건 구축 • 전철 2호선 연장에 따른 교통환승 용이로 접근성 수월 • 대학중심의 평생학습 활성화 지원 사업(비학위 전문가 과정)에 선정 • 지역주민의 학습요구 증대	• 고령화, 저출산으로 인한 인구 감소 및 지역인재 유출 증가 • 경기침체로 인한 재정 및 예산 미흡 • 산발적이고 획일적인 평생교육 프로그램 운영 • 지방재정 여력 부족 및 자치단체 간 경쟁심화 • 지역의 11개 대학의 평생교육 프로그램의 공급 초과 • 지역 관공서 기관의 무료강좌 증가

출처: 김용현 외(2011). 평생교육경영론. 경기: 양서원.

④ 평생교육기관의 경영과 기업경영의 차이

첫째, 평생교육기관 경영은 경영의 목표와 기준이 매우 복합적이다. 즉, 평생교육기관이 추구하는 목표는 기업의 목표보다 규정짓기가 어렵다. 기업은 이윤의 극대화나 생산성 확보 등 단일하고 명확한 목표를 가지고 있으나, 평생교육에서는 다양하고 복잡한 교육적 가치를 동시에 고려하기 때문이다.

둘째, 평생교육 실천의 측면에서 창의적이고 다양한 가치를 고려해야 한다. 즉, 평생교육 실천 측면에서 다양한 프로그램개발과 평생교육방법론 등의 실행원리들이 논의되고 있으며, 학습자의 경험과 주체의식, 학습공동체의 구현, 교육기회의 균

등, 민주성의 원리, 그리고 이론과 실천의 통합 등이 평생교육기관 경영에도 적용되어야 한다.

셋째, 학습 집단의 다양성을 고려해야 한다. 기업경영에서 가장 중요한 것은 소비자 집단이다. 이에 비해 평생교육기관은 일차적으로 학습자 집단이 가장 중요한 집단이다. 그 외에 일반 임직원 집단, 자문위원 집단, 후원자 집단, 학습동아리 집단, 자원봉사자 집단 등 다양한 집단도 중요한 위치에 놓여 있다. 따라서 이러한 다양한 내·외부 집단들을 종합적으로 고려해야 할 것이다.

넷째, 내부 조직 구성원 간의 자율성이 강하다. 평생교육기관은 평생교육의 기본적인 원리를 바탕으로 해당 기관의 사명과 목표를 공유하는 인적 자원으로 구성되어 있다. 이들 기관은 기업처럼 금전적인 이윤을 중요한 요인으로 보지 않는다. 평생교육기관은 학습자의 교육적 요구를 서비스하는 데 중점을 두기 때문이다. 즉, 평생교육기관은 교육자적인 자세와 태도, 자질이 기본적으로 요구된다. 또한 어떤 조직에 속한 근로자라기보다 평생교육의 교육적 사명을 위한 매개자(媒介者, intermediary)이므로, 해당 기관에 대해 보다 확고한 자율성을 갖게 된다. 이러한 성향은 비영리적인 성격이 강한 기관일수록 더욱 강하게 나타날 수 있다(김용현, 2011).

학습정리

1. 경영에서 '계획(Plan)–실행(Do)–평가(See)'의 과정은 '경영기획(經營企劃)'에 의해 전체적으로 조망된다. 효율적이고 생산적인 경영관리를 위해서 조직은 ① 경영계획을 수립하고, ② 이를 실행하고 실천하며, ③ 마지막으로 평가하고 통제·조정하는 일련의 경영과정을 설계한다.

2. 평생교육 기획은 미래의 평생교육활동에 대한 사전의 지적·합리적 준비과정으로 정의할 수 있으며 다음과 같은 특성이 있다. ① 평생교육 기획은 미래지향적 활동이다, ② 평생교육 기획은 보다 합리적 활동이다, ③ 평생교육 기획은 사전의 준비과정이다.

3. 프로그램 기획은 불확실성을 감소시켜주며 합리성과 효율성, 효과성을 증진하고 책임성을 갖게 한다. 프로그램 기획은 과제와 미션에 따라 ① 학습요구중심의 기획, ② 문제해결중심의 기획, ③ 자원활용중심의 기획, ④ 참여중심의 기획의 유형이 있다.

4. 경영전략이란 "기업의 장기 목표와 목적을 결정하고 이 목표들을 수행하기 위해 필요한 행동경로를 채택하고 자원을 할당하는 것이며, 조직 전체의 결속을 위한 조직의 주요 목표, 정책, 그리고 행동양식을 결합하는 계획 또는 실천 양식"이다.

5. 경영전략의 수립과정 및 절차는 첫째, 비전을 수립·제시한다. 둘째, 조직의 외부환경 및 내부환경을 분석한다. 셋째, 전략적 대안을 제시한다. 넷째, 비전의 실현 가능성을 중심으로 전략수행을 위한 구체적인 활동계획을 명시한다.

6. 평생교육기관의 경영과 기업경영의 차이는 첫째, 평생교육기관 경영은 경영의 목표와 기준이 매우 복합적이다. 둘째, 평생교육 실천의 측면에서 창의적이고 다양한 가치를 고려해야 한다. 셋째, 학습 집단의 다양성을 고려해야 한다. 넷째, 내부 조직 구성원 간의 자율성이 강하다.

평가하기

1. 경영기획의 속성 중 틀린 것은?

① 기획은 현재 진행적이다.

② 기획은 지속적인 과정이다.

③ 기획은 결정수립과 불가분의 관계를 가지고 있다.

④ 기획은 목적 및 목표 지향적이다.

2. 스키모어의 프로그램 기획의 필요성으로 맞는 것은?

① 불확실성을 증가시켜준다.

② 합리성을 감소시켜준다.

③ 효율성을 증진시켜준다.

④ 프로그램 관련자들의 이해와 욕구를 유지시켜준다.

3. 평생교육기관에서 경영기획의 필요성과 목적에 대해 논하시오.

4. 평생교육기관 경영과 기업경영의 차이에 대해 논하시오.

정답: 1. ①, 2. ③

Chapter 7

평생교육기관 경영자의 역할과 리더십

학습목표

1. 평생교육 경영자의 자질과 역할을 알 수 있다.
2. 평생교육 리더의 자질과 리더십의 유형을 알 수 있다.
3. 평생교육기관의 리더십을 알 수 있다.

사전학습

1. 평생교육기관의 경영자는 경영활동을 위해 적절한 태도(attitude), 전문적인 지식(knowledge), 기술(skill)의 세 가지 능력이 필요하다.
2. 평생교육기관 경영자의 역할에는 교육전문가로서의 역할, 관리자로서의 역할, 대회협력자로사의 역할이 있다.
3. 리더십의 원천이 되는 권력의 유형에는 합법적 권력, 보상적 권력, 강압적 권력, 전문적 권력, 준거적 권력이 있다.
4. 평생교육 리더십의 유형에는 프로그램 리더십, 정책 리더십, 정치적 리더십, 대중 리더십, 전문직 조직 리더십이 있다.
5. 평생교육기관이 추구해야 할 윤리적 내용은 신뢰(정직), 배려(돌봄), 책임, 정의와 공평 등으로 구분할 수 있다.
6. 평생교육 관련 기관에서 강조하는 사회적 책임의 내용으로는 높은 질을 지닌 교육 프로그램 실시, 균등한 교육서비스 제공, 학습자 기밀유지, 정직한 홍보, 법과 관련규정 준수 등이 있다.

1. 평생교육 경영자의 역할

1) 경영자의 정의

경영이란 기관의 비전과 목표를 달성하기 위해 계획, 실행, 평가하는 일련의 동태적 과정이다. 그러나 비인격체라 할 수 있는 평생교육기관은 이와 같은 활동을 스스로 수행하지는 못한다. 즉, 기관의 방향을 결정하고 경영활동을 직접 수행하는 주체가 있어야 하는데 이러한 역할을 담당하는 인격체가 경영자(manager)이다(권인탁 2014). 따라서 경영자는 경영을 총괄하면서 경영에 대한 책임을 지게 된다.

2) 평생교육 경영자의 자질

경영을 함에 있어서 중요한 것은 항상 성공을 꿈꾸고 노력하는 긍정적인 사고방식이다. 성공에 대한 확신과 긍정적인 사고방식이 진정한 경영자의 요소이다. 경영자는 기업가로서, 기업가의 정신을 가지고, 관리자의 역할을 수행할 때 경영자의 자질이 있다고 할 것이다.

평생교육기관 경영자는 교육적 가치를 추구하는 동시에 교육적 목적을 달성하기 위하여 교육자적인 자질과 경영자적인 자질을 동시에 갖추어야 할 것이다. 흔히 "교육의 질은 교사의 질을 능가할 수 없다"고 한 것과 마찬가지로 "경영의 질도 경영자의 질을 능가할 수 없다"고 본다(권두승 외, 2014).

이와 같이 평생교육기관 경영자가 효율적으로 경영활동을 전개하기 위해서 필요한 세 가지 능력을 제시하면 교육자 및 경영자로서 적절한 태도(attitude), 전문적인 지식(knowledge), 기술(skill)이 있어야 한다. 여기에서 지식이란 단순히 많이 아는 것보다 관련 지식을 질적으로 많이 알고 있다는 것을 의미하며, 특히 평생교육기관 경영에 관련한 정보와 전략기법, 리더십 발휘에 필요한 지식 등을 의미한다. 또한 경영기술이란 경영활동에 필요한 계획, 조직화, 실행, 통제, 피드백을 지속적으로 관리하고 통제하는 능력을 말한다. 다음으로 태도란 평생교육기관 경영자로서 기관 경영의 효율성 제고는 물론 성과의 유지와 더불어 기관장으로서 필요한 교육적 태도를 함께 갖추는 것을 의미한다.

따라서 이 세 가지 요소를 지닌 경영자라고 하더라도 다시 말하면, 교육적 자질과 지식, 기술, 태도를 완벽히 갖춘 경영자라도 반드시 훌륭한 교육자라고는 할 수 없을 것이다. 반대로 모두가 인정하는 교육경영자라고 하더라도 반드시 성공적인 기관 경영자의 능력을 갖추었다고는 볼 수 없다.

이에 과연 성공적인 평생교육기관 경영자의 자질은 어떠한 특성과 과업수행 태도가 내재되어 있는지 혹은 그렇지 못한 경영자는 어떤 특성과 과업수행 태도가 내재되어 있는지를 제시해 보면 다음과 같다.

| 표 7-1 | 성공적인 경영자와 실패적인 경영자

특성	성공적인 경영자		실패적인 경영자
개인 특성	• 헌신적인 태도 • 강한 개성 • 독립성 • 현실적 목표	• 강한 지구력 • 높은 경쟁심 • 위험 감수 • 높은 논리성	• 자기중심적 • 타인에 대한 무시 • 크고 작은 위험부담 • 불분명한 목표 • 금전을 중시
과업수행 태도	• 가치와 표준 • 희생정신 • 풍부한 관련 지식 • 장시간 근무	• 일에 열중 • 기관제일주의 • 팀 구축자 • 혁신과 창의	• 거의 없음

출처: 백방선(2000). 경영학원론. 서울: 무역경영사 재인용.

(1) 평생교육 경영자의 자신감 함양

자신감은 개인의 삶을 더욱 당당하게 형성해 줄 뿐만 아니라 역경과 갈등 속에서 용기를 줄 수 있고, 고난을 극복할 수 있게 해 준다. 또한 적극적인 사고와 조직혁신의 동기를 촉진시킬 수 있는 계기를 만들어 줄 수 있다. 즉 성공적인 미래의 성취감을 가져올 수 있으며, 보다 도전적인 역량을 키워 나가는 데 없어서는 안 되는 정서적 방안이다. 이러한 자신감 함양을 위해 파악해야 할 요소를 몇 가지 살펴보면, 먼저 '나 자신에 대해 알아보기', '자신의 장점 찾기', '소중한 것 찾기', '학습된 무기력 극복하기', '성공적인 경험 나누기' 등으로 다양한 방안을 모색해 볼 수 있다.

평생교육기관 경영자의 사회적 문제해결의 이론과 연구에서는 경제적인 문제, 개인 내적인 문제, 대인관계 문제, 지역사회문제 등에서까지 우리 삶에서 발생하는 모든 문제를 다루어 왔다. 이러한 사회적 문제해결 과정에 영향을 미치는 요소는 첫째, 문제에 대한 수용적인 태도를 갖는 것이며, 둘째, 문제해결 단계에 필요한 기술을 익히는 것이다. 여기서 수용적인 태도란 '문제를 어떻게 볼 것인가?', 부정적인 문제수용 태도를 긍정적인 문제수용 태도로 변화시키기 등이 있다.

(2) 평생교육 경영자의 역할

평생교육기관 경영자의 역할은 기관의 상황에 따라 다소 차이는 있지만 일반적으로 교육 전문가, 관리자, 대외협력자의 역할을 수행하게 된다(오혁진, 2003).

첫째, 교육전문가로서의 역할은 평생교육 지도자의 고유 역할 가운데 하나로 볼 수 있다. 즉 교수자, 프로그램 기획자, 프로그램 운영자의 역할이다.

둘째, 관리자로서의 역할은 기관 내부의 각종 자원을 개발하고 활용하는 역할을 말하는데, 구체적인 것들을 살펴보면 프로그램 관리자, 인사 관리자, 재무 관리자, 정보 관리자 등을 일컫는다.

셋째, 대외협력자로서의 역할은 평생교육기관을 둘러싼 대외적 차원에서 자원확보와 외부 유관기관 간의 긴밀한 협력관계를 구축하는 것이다. 구체적인 내용을 보면 자원 개발자, 학습자 시장 개척자, 대외 네트워크 구축자 등이다.

성공적인 평생교육기관 경영자가 되기 위한 요건은 훌륭한 평생교육기관의 경영자가 되기 위해서는 여러 가지 요건이 필요할 것이다. 그 중에서 가장 핵심적인 요건은 무엇보다 평생교육적 가치관과 사명감이라고 할 수 있다. 최근 평생교육기관이 다양성과 더불어 기관의 규모 확대, 전문 평생교육사의 도입 등으로 경영자의 경영능력이 점차 중요한 요소로 요구되고 있는 실정이다. 하지만 이러한 경영능력이 곧 평생교육기관의 경영자로서 핵심적인 요소에 대한 본질이라고는 할 수 없다. 즉, 전문 경영자의 능력을 갖추었다 하더라도 평생교육이 추구하고자 하는 가치관과 기본적인 인성을 갖추지 못한 지도자라면 평생교육기관의 경영자로서 바람직하지 못하다고 볼 수 있다. 평생교육기관에서 필요한 경영지도자는 기술적인 능력과 인간관계능력, 그리고 의사결정능력 등의 기본적인 소양을 갖춘 자로 일반 실무자를 거친 중간 관리 역할과 최고경영자의 위치까지 단계를 거친 사람이 적합하다.

그렇다면 평생교육 리더로서 평생교육 지도자란 어떤 의미를 내포하고 있을까? 우선 지도자란 조직의 비전을 제시하고 구성원들과 공유하며, 동일한 목표달성을 위해 나아가야 한다. 또한 공통된 비전을 실현하기 위해 함께 노력하며 평생교육의 가치를 실천하는 지도자여야 한다. 평생교육기관의 지도자는 학습자들에게 교육적인 영향력을 발휘할 수 있으므로, 평생교육기관의 실천가들은 나름대로의 평생교육 지도자라고 할 수 있다(정민승 외, 2011).

◆◆ 관리와 리더십의 차이

관리는 새로운 아이디어나 프로세스가 있건 없건 간에 일관성, 통제, 효율성을 제공하며, 리더십은 목적, 창조성, 상상력 등을 촉진한다. 관리자는 조직이 결정해 준 역할이 있고 리더가 여러 역할에 있어서 변화와 도전을 해야 할 때 리더십을 요구받게 된다.

2. 리더십의 개념 및 원리

1) 리더십의 정의

리더십(leadership)이란 '지도력'이라는 의미로 구성원들에게 미치는 영향력으로 해석할 수 있다. 집단 구성원이 지도자를 리더로 인정할 때 리더십은 형성된다는 것이다. 즉, 구성원들이 리더의 행동을 인식하고 그의 영향력을 인정할 때 그 리더에 따라 행동하게 된다는 것이다. 따라서 이러한 의미에 따를 때 리더십이란 리더가 조직의 목표를 효율적으로 달성하기 위하여 집단 구성원들에게 발휘하는 영향력이다(이병진, 2003).

평생교육경영에서 리더십은 조직과 프로그램을 향상시키는 변화를 달성하는 것, 변화에 대해 계획을 세우는 것을 포함한다. 리더는 체제, 정책, 규정을 유지하는 행정적인 행동과 주어진 책임감을 수행해야 하지만, 경영 자체가 리더십은 아니다. 그것은 단지 이미 있는 목표(old goals)를 달성하기 위해 이전부터 사용해 온 프로세스를 사용하는 것일 뿐이다. 리더십은 진행 중인 목표 또는 새로운 목표를 달성하기 위해 새로운 프로세스를 사용한다(최은수 · 배석영, 2017).

노종희(2007)는 다음과 같이 다양하게 리더십의 정의를 정리하고 있다.

① 리더십은 집단과정(group process)의 핵심이다: 가장 최초의 정의로서 리더를 집단의 변화, 집단활동, 집단과정의 핵심적인 사람으로 보는 입장이다.

② 리더십은 인성과 그 영향이다: 리더가 다른 사람들보다 바람직한 인성 특성과 성품을 많이 가지고 있다는 입장이다.

③ 리더십은 복종을 유도하기 위한 기술이다: 불화를 줄이고 협동을 극대화하면서 목표를 최대로 성취하기 위해서 구성원들을 다룰 수 있는 능력으로 리더십을 보는 입장이다.

④ 리더십은 영향력의 행상이다: 구성원들의 행위를 변화시키고, 조직 목표를 달

성하기 위하여 협동하도록 영향을 주는 활동으로 리더십을 보는 입장이다.

⑤ 리더십은 행동이다: 구성원들의 활동을 방향 짓고 또 조정하는 데 개입되는 특정한 행동으로 리더십을 보는 입장이다.

⑥ 리더십은 설득의 한 형태이다: 직접적인 강압이나 위협보다는 어떠한 행위를 하도록 설득하고 모범을 보임으로써 구성원들에게 영향을 미치는 기술로서 리더십을 보는 입장이다.

⑦ 리더십은 권력관계이다: 집단 구성원들 간의 차등적 권력관계, 영향력관계의 한 형태로서 리더십을 보는 입장이다.

⑧ 리더십은 목적달성의 수단이다: 조직의 목적을 달성하기 위해서 구성원들을 자극하고 동기화시키며, 조정하는 역동적인 힘으로 리더십을 보는 입장이다.

⑨ 리더십은 상호작용의 결과이다: 리더십을 통제로서가 아니라 집단행동의 결과로서 파악하는 입장이다.

⑩ 리더십은 분화된 역할이다: 리더십을 조직 내에서 역할분담의 측면에서 파악하는 입장이다.

⑪ 리더십은 구조의 창출(initiation of structure)이다: 이는 적극적으로 역할을 창출·유지하고 집단행동을 구조화하는 과정을 리더십으로 보는 입장이다.

2) 리더십의 원천

리더가 구성원을 이끌면서 영향력을 발휘할 수 있는 힘의 원천에는 여러 가지가 있다. 구성원이 지도자를 따르게 하는 지도자의 권위는 이러한 힘의 원천에 따라 다르게 나타나며, 그 힘의 원천에 따르는 권위의 모습은 리더십의 의미에 많은 영향을 미친다.

권한 또는 권력은 조직이나 사회가 이미 만든 규칙 혹은 법규에 의한 합법적 지위를 바탕으로, 위에서 아래로 흐르는 공식적 특성을 가지고 있다. 즉, 권력이나 권한은 리더십을 반드시 전제하지는 않는다. 반면 영향력은 어떤 개인이나 조직이 바람직한 방향으로 나아가도록 권력이나 권위를 활용한다는 차원에서 보다 상위개념이다. 권한은 사람이나 기관이 보유하여 행사할 수 있는 권리나 권력의 범위이다. 반면 권력은 남을 자신의 뜻대로 움직이거나 지배할 수 있는 공인된 힘, 남을 알아듣도록 타일러서 어떤 일을 힘쓰게 하는 것이다.

따라서 영향력은 리더십을 통해 행사되는 것이기 때문에, 리더십 개념과 거의 유사하게 사용된다. 이러한 리더십의 원천이 되는 권력의 유형을 살펴보면 다음과 같다(이병진, 2003).

(1) 합법적 권력

합법적 권력(legitimate power)은 공식적인 법률이나 규정 · 규칙 등에 의해 조직의 위계상 지위 또는 역할에 부여되는 권력을 말한다. 합법적 권력은 리더가 부하에게 영향력을 미치는 권력을 말한다. 합법적 권력은 리더가 부하에게 영향력을 미치는 권리를 가지고 있다는 것을 리더와 부하 상호 간에 공유하여 인식하고 있음에 바탕을 두고 있다.

합법적 권력은 초기에는 의존이 가능하나, 여기에 계속 의존하는 것은 불만, 저항, 좌절감을 안겨줄 수 있다. 그리고 만일 합법적 권력이 전문적 권력과 부합되지 않는다면, 생산성에 부정적인 영향을 미칠 수 있다. 또한 합법적 권력에 의존하는 것은 저항을 일으키며 최소한의 복종만을 이끌어낼 수 있다.

(2) 보상적 권력

리더들은 부하들을 보상해 주기 위해 조직에서 보상적 권력(reward power)을 항상 가지고 있다. 권력의 강도는 리더가 보상하는 양에 따라 다르고, 보상에 대한 부하들의 욕구도 강도에 따라 다르다.

보상적 권력은 단기적으로 보면 부하들의 성취 행동에 직접적으로 영향을 미칠 수 있다. 그러나 보상적 권력의 장기적인 사용은 부하들이 조종당하고 있다고 생각하여 불만을 느끼게 되는 종속관계를 초래할 수도 있다.

(3) 강압적 권력

강압적 권력(coercive power)은 보상적 권력과는 상대적이다. 지도자의 지시에 불응하는 부하들에게 벌을 주고 통제하는 리더의 능력을 말한다. 이러한 강압적 권력이 부하들의 일시적인 복종을 유도해낼 수 있다고 하더라도, 강압적 권력은 좌절, 두려움, 복수감, 소외와 같은 바람직하지 못한 부정적 결과를 일으킬 수 있다. 그리고 이것은 부실한 성취, 불만, 반전을 가져올 수 있다.

(4) 전문적 권력

전문적 권력(expert power)은 집단이 리더에게 필요로 하는 특수한 능력과 지식에 바탕을 두고 있다. 리더는 집단에게 주어진 과업을 분석, 실행, 통제할 수 있는 충분한 전문적 지식과 능력을 가지고 있다. 전문적 권력은 교육, 훈련, 경험에 달려 있으며, 따라서 현대 교육조직의 복잡한 것들을 처리하는 데 중요한 권력 유형으로 존재한다.

전문적 권력은 신뢰로운 분위기와 관련된다. 리더의 영향력을 부하들이 자기의 것으로 받아들여 내면화한다. 즉, 리더가 전문적 권력을 사용할 때, 부하들의 태도상 변화와 내면화된 동기가 일어난다. 따라서 전문적 권력은 보상적 권력이나 강압적 권력보다 하급자에 대한 감독을 덜 필요로 한다.

(5) 준거적 권력

준거적 권력(reference power)은 하급자들이 그 자신의 성격을 개발시키도록 하는 리더의 독특한 능력이다. 어떤 의미에서 이것은 리더를 존경하고 리더에게 매혹되도록 하는 카리스마의 한 형태이다. 준거적 권력은 삶의 지위나 조직의 위계에 있는 다른 막강한 개인과의 연대로부터 발생될 수도 있다. 준거적 권력은 부하들로부터 열정적이고 확고한 신뢰, 복종, 충성, 헌신을 이끌어낼 수 있다. 전문적 권력처럼 부하들에 대한 감독은 거의 필요치 않다.

3) 효과적인 성인교육 리더들의 특성과 기술

리커트(Likert, 1967)는 30개의 성공적인 회사와 30개의 실패한 회사의 리더들을 상호 비교 · 분석한 결과 성공적인 리더들의 특성을 몇 가지로 정리하였다(Shoemaker, 1998: 36-37).

첫째, 효과적인 리더는 구성원들과 조직을 위하여 좋은 인간관계 등의 사회적 지원을 아끼지 않는다.

둘째, 효과적인 리더는 고강도의 과업지향적이다. 리더는 조직의 목표를 분명히 하고, 비전을 설정하며, 구성원들에게 그 중요성을 인식시킨다.

셋째, 효과적인 리더는 고도의 기술적인 전문성을 제공한다. 리더는 현장을 파악하고, 끊임없는 독서와 학습을 통하여 문제해결능력을 기르며, 구성원들을 훈련시킨다.

넷째, 효과적인 리더는 고도의 역할 차별성을 유지시킨다. 리더는 구성원들에게 친절하고 인간적으로 대하지만 매사에 지나칠 정도로 구성원들과 같이 행동하지는 않는다. 오히려 그 시간에 자신의 발전과 조직의 계획을 세우는 일에 몰두한다.

다섯째, 효과적인 리더는 전반적이고도 일반적인 지시 · 감독만 한다. 리더는 미세하고 세부적인 지시는 삼가고, 전체적인 시각에서 구성원들을 대한다.

효과적인 리더는 이러한 다섯 가지의 요소들, 즉 사회적 지원, 과업중심, 기술적 전문성, 역할 차별성, 일반적인 지시 감독을 제공함으로써 조직 구성원들의 만족도와 경쟁력을 극대화시킨다(최은수 · 배석영, 2014).

이러한 효과적인 리더십을 위하여 성인교육 리더들이 증진해야 할 기술들에 대하여 멀크론(Mulcrone, 1993)은 다음 열 가지로 요약하였다.

① 내·외적인 재원들을 이용하고 요구분석에서의 능숙함을 개발하고, 직원들을 효과적으로 선발한다.
② 총체적인 문제를 확인하고, 전략을 설정하고 행동하는 것에 관한 주요한 교육적·사회적·정치적 이슈를 다룬다.
③ 다양한 제약과 공공 및 사설 기관에 복합적인 제안을 적용하는 것을 통하여 자금 관리 기술을 연마하고, 프로젝트를 관리하고 경영한다.
④ 복잡한 성인교육 환경에서 융통성 있는 예산 또는 다양한 측면의 예산과 같은 접근법을 선택한다.
⑤ 다양한 성격의 기관들과 강한 유대감을 형성하고 의사결정 시스템을 고안하며, 책무성을 관리하며, 문제를 해결한다.
⑥ 새로운 교수진과 직원을 모집함으로써 직원 개발을 성인교육 프로그램과 관련 있는 융통성 있는 지속적 과정으로 여김으로써 교수자와 학습자의 공동체를 형성한다.
⑦ 테크놀로지를 최대한 이용하여 교수법을 다시 개념화하고, 온라인 조사 도구에 익숙하며, 직원들을 조력하며 권한을 부여한다.
⑧ 평가를 준비하고, 프로그램 증진을 위한 도구로서 평가를 이용한다.
⑨ 새로운 방법을 통해 그룹과 조직, 그리고 공동체를 위한 책무성을 해결한다.
⑩ 행정적인 업무 실행에 대한 성인교육 철학의 효과를 인지하고 기존의 철학을 발전시키거나 새로운 철학을 개발한다.

기본적으로 평생교육에서의 리더십은 대체적으로 일반적인 영역에서의 리더십보다 더 포괄적이다. 평생교육기관이라는 조직의 특수성과 직무수행의 복잡성, 그리고 리더십을 받아들여야 하는 대상의 다양성을 생각할 때 평생교육 리더십은 나름대로의 독자성과 포괄성을 가지고 있기 때문이다. 평생교육기관 리더는 평생교육 조직의 구성원인 동시에 여러 구성원의 직무 수행을 책임지는 사람이다. 평생교육 조직의 모든 구성원은 나름대로 조직의 성과를 위해 다양한 인적 및 물적 자원을 활용하게 된다. 따라서 평생교육 리더는 인적 및 물적 자원의 활용 효과가 극대화되도록 리더십 자질과 평생교육적인 특성을 바탕으로 조직을 운영해 나가야 한다.

미래의 평생교육기관 리더들은 오늘에 있어서 매우 중요한 위치에 놓여 있다(Edelson, 1992). 그들은 다양한 관점으로 문제를 바라볼 수 있다. 하지만 그들은 가끔 학습자로서 배의 선장이 아니라 팀의 일원으로서 역할을 다한다. 그들은 평생교육의 확대되는 지식의 기본과 함께 신선하고 혁신적인 아이디어를 생성하는 다양하고 광범위한 문헌들을 이용한다. 새로운 리더들은 제도적 맥락에 대한 자신들이 갖고 있는 지식과 사회적 흐름을 연관시킬 수 있다. 결과적으로 미래의 평생교육기관의 리더들은 평생교육을 발전시키고 나아가 좀 더 나은 세상을 만들기 위해 적극적으로 자신들의 활동에 참여해야 할 것이다.

3. 평생교육 경영자의 리더십

1) 평생교육 리더의 자질 및 특성

전통적으로 평생교육에서의 리더십은 생산지향적(production-oriented) 모델이었다. 기계적 생산모델(machine-production model)로도 불리는 이 모델은 프로그램을 만들어 내고 이를 학생 소비자에게 마케팅하는 기능을 강조했다. 따라서 평생교육 시장에서 교육 소비자들을 프로그램의 우수함을 인식시켜 유인하고 그 프로그램에서 만족을 느끼게 하도록 하는 것이 훌륭한 리더로 인식하고 있다. 이와 같은 입장은 슈뢰더(Schroeder, 1980: 42)의 의견에서도 알 수 있는데, 그는 평생교육 리더십 체제에 대하여 일반적인 목표를 설정하고 자원을 배분하며 리더를 훈련하고 지식을 생성함에 의하여 평생교육 관여자들에게 풍부한 안내와 지도를 할 수있게 하는 것이라고 보고 있다.

일반적으로 리더가 갖추어야 할 특성은 리더에 대한 일반적 정의에서 유추해 볼 수 있다. 즉 “리더란 조직의 목표에 매진하도록 구성원들의 자발적 복종을 이끌어내는 역할을 하는 자”라는 정의에서 알 수 있듯이, 결국 리더는 부하들의 자발적 복종 여하에 의해 성공 여부가 결정된다고 볼 수 있다. 그러나 이 성공을 결정짓는 요인을 학자에 따라 아주 다양한 시각에서 다루어 왔다. 일부의 학자들은 리더의 개인적 특질에서 그 요인을 찾고자 하며, 또 일부의 학자들은 리더가 보이는 행동에 초점을 맞추기도 했으며, 최근에 와서는 그 요인은 상황에 의해 달라질 수 있다는 점을 부각시켜주기도 하였다. 그렇다고 해서 리더가 갖추어야 할 일반적 특성을 무시할 수는 없다. 리더의 성공 여부가 리더 이외의 다른 상황들에 의해 달라질 수 있다고 믿는다고 해도 결국 그 성공의 한 축을 결정짓는 것은 리더가 지닌 특성이기 때문이다. 위와 같이 초점을 달리하고 있는 일련의 연구들에서는 리더에게 공통으로 필요한 특성을 보여주고 있다. 즉, ‘업무에 대한 전문적 능력’과 ‘구성원들과의 인간관계 능력’이 성공적인 리더의 기본적인 자질로 보고 있다. 여기에서 ‘업무에 대한전문적 능력’은 구성원들과 밀접한 일선 지도자일수록 영향력을 높이는 데 필수적인 요인으로 판단되고 있다. 전문가 집단에 있어서도 최소한 전문용어의 이해나 기술적인 초점, 업무의 방향성에 대한 이해는 필수적인 것이며, 업무에 대한 지식·기술이 구성원보다 앞서 있으면 있을수록 그 영향력은 강력해질 수 있다. 다음으로 구성원들과의 인간관계능력은 구성원들과의 일체감을 갖게 하는 매력과 신뢰감이다. 이 인간관계능력은 다시 네 가지 특성으로 나누어 살펴볼 수 있다. 첫째, 리더가 보여주는 전력투구하는 사명감, 둘째, 구성원들이 믿고 의지할 수 있는 존경심, 셋째, 부하들의 감정을 움직일 수 있는 감수성, 그리고 마지막으로 상황대처능력과 유연성이다.

2) 평생교육 리더의 유형

평생교육 리더는 프로그램의 종류 및 수강생 수, 평생교육기관의 성격 및 소속기관의 특성 등에 따라 그의 임무는 다르다. 즉 대학평생교육원의 리더와 기업체 연수원의 리더는 프로그램 개발, 운영 방식, 수강생의 특성 등이 서로 다르기 때문에 그에게 주어지는 역할과 임무도 다르게 나타난다. 기업체 연수원의 경우에는 프로그램 개발 및 평가에 그 주안점이 주어지지만 대학평생교육원은 수강생 확보 및 이에 따른 프로그램 홍보에 그 비중에 더 크다. 따라서 평생교육 리더십을 분류하고 그 유형의 특성을 살펴보는 것은 평생교육 리더십 접근을 위한 필수적인 과제라고 하겠다. 여기에서는 평생교육 리더십 유형을 에델슨(Edelson, 1992)의 분류에 근거하여 프로그램 리더십, 정책 리더십, 정치적 리더십, 대중 리더십, 전문적 조직 리더십을 살펴본다(권두승 외, 2014).

(1) 프로그램 리더십

평생교육기관에서 프로그램은 그 기관의 계획된 사업 수행 여부 및 기관의 존립 여부를 결정짓는다. 평생교육 프로그램의 공급은 전체 사업(enterprisde) 존립에 중심적인 위치에 있다(Knowles, 1980; Sork & Caffarella, 1989; Offerman, 1987). 프로그램은 공급체제(deliverly system), 또는 포장(packing) 형태를 취하고 있어 더욱 구조적인 형태로 나타난다. 대부분의 일반인, 특히 평생교육 수강생들에게는 프로그램이 평생교육의 실체 또는 본질로 인식한다. 그러므로 성공적인 프로그램 관리는 생존의 핵심적인 요소이다. 프로그램 없이는 평생교육이 있을 수 없다고 말할 수 있다.

조직의 교육목적을 검토하는 것에 우선하여, 프로그램은 기관이 형성되는 데 기본적인 수단이다. 그것은 수강생의 단위 시간, 수강료 수입, 지역사회와의 친선 관계 및 훈련된 노동력의 산출 등의 형태로 나타난다. 지역경제 향상, 더 나은 직업을 얻는 데의 조력, 여가 시간의 창조적인 활용 등과 같은 이타적인 목적에서도 평생교육 프로그램을 분석해 볼 수 있다. 프로그램 리더십은 이러한 교환관계를 이해하고 프로그램 개발에 미치는 요인을 분석하는 것이 필요하다(W. Edelson, 1992).

기본적으로 프로그램을 검토하거나 분석해 보는 것은 마케팅 감사(marteting

audit)의 한 형태이다(P. Kotler, 1982). 이것은 평생교육 책임자가 그 기관의 단위 프로그램(units programs)과 관련된 모든 요소를 상세히 알 수 있도록 한다. 필수적인 프로그램 질의 중요성을 이해할 수 있을 뿐만 아니라 경쟁적 전략(Baden, 1987), 측면 확산 전략(ranking and extension strategy; Pappas, 1987), 포트폴리오 개관(Matkin, 1988)과 같은 개념에서도 프로그램 분석은 결정적인 역할을 한다.

프로그램 개발에서 생산지향 모델에 의존하여 평생교육에서 이른바 '프로그램 숍(program shop)'이 탄생하게 되었다. 이는 기업체로부터 갖고 온 과학적 관리론 개념, 특히 조립라인의 대량 생산 기법이 평생교육 프로그램 숍을 만들어내게 되었다(Edeison, 1992: 9). 이와 같은 비싼 수강료, 많은 수강생 확보 모델은 공공 및 사립 기관 모두에서 발견할 수 있게 되었다. 이는 성공적으로 보일지 모르지만 평생교육에서의 위험 부담을 내포하고 있는 것이다. 평생교육에서 그레샴(Gresham) 법칙의 한 형태인 많은 수강생 확보를 위한 코스나 프로그램이 확산된 경향은 기관 확장 프로그램을 왜곡시킬 수 있다. 만일 프로그램 설계자가 원칙에 의하기보다는 시장 변화에 따라간다면 평생교육은 수강료를 지불할 수 있는 능력을 가진 사람들의 소유물이 될 것이다.

따라서 평생교육 리더십은 수강생 확보, 수입, 전임 확보와 같은 문제에만 매달려서는 안 되며 평생교육 전문성을 더욱 깊게 인식하고 다른 분야와는 다른 리더십을 개발해야 한다. 예를 들어 프리드만(L. Freedman, 1987)은 실무자가 프로그램 개발의 시작으로서 프로그램의 질과 임무를 명확히 해야 한다고 주장하고 있다. 우로도우스키(R. Wlodovvski, 1985)는 평생교육학습실에서 교수·학습의 실제를 검토했으며 어떻게 교육자가 효율성을 증진시키기 위하여 동기부여 기법(motivational technique)을 사용하는가를 설명하고 있다. 또한 콜린스(M. Collins, 1991)는 평생교육 리더십을 기술적 과정(technocratic process)에서의 숙달성 정도(proficiency)에 의해서가 아니라 성인교육의 이해와 비전에 입각한 리더십을 규명했다. 실제로 프로그램 개발 리더십은 마케팅과 행정 조직체의 현장 지식을 이미 갖추고 있는 상태에서 평생교육의 폭넓은 지식을 계속 습득해야만 가능한 것이다.

(2) 정책 리더십

평생교육 프로그램은 프로그램이 독자적으로 존재하는 것이 아니다. 프로그램들은 불가피하게 정책을 포함하여 그 프로그램이 개설되어 있는 조직과 환경과 연계되어 있다. 즉, 정책은 매일 매일의 조직 실제와 절차에서의 공식적인 임무뿐만 아니라 소속 기관의 일반적인 목표와 가치에서 추출된다(Edelson, 1992).

정책은 서면으로 된 것일 수도 있으나 일시적인 묵시적 강조이거나 일종의 합의와 의견 또는 원칙과 같은 형태일 수도 있다. 지로우(Giroux, 1983)는 경쟁적 관점에서가 아니라 중립적이고 갈등이 없는(conflict-free) 합의를 보다 중요하게 생각했다. 그는 중립적으로서의 합의를 받아들임으로써 미래의 변화에 대안적 시나리오에 기초하여 적절한 선택을 할 수 있음을 강조하고 있다.

평생교육 경영자는 행동 계획과 정책 개발을 위하여 출발점으로서의 현재 정책을 받아들여야 한다. 평생교육정책을 이끄는 기존의 가정과 기술이 유효하려면 그 의미를 재검토하고 재구성할 필요가 있다. 평생교육 목표로서의 많은 기관들의 진술문은 오래전에 기술된 것들이고 정형화된 형태로 기술되어 있다.

목표를 진술하는 것은 현대 조직에서 반드시 필요한 의식이다. 센게(Senge, 1990)는 리더가 강요의 형태를 취하고 있는 하향식의 임무를 부여하지 말고 조직 구성원 각자가 비전과 임무를 규정할 것을 제안했다. 조직 구성원 각자가 이를 개발하게 하는 것은 그들의 바람을 진술하는 것이고 그들로 하여금 각자 리더로 되게 하는 것이다. 동료라는 인식과 협력하여 이러한 임무를 기술하는 것은 각 부분의 산술적인 합계보다 더 많은 효과를 거둘 수 있으며 조직의 성취를 제고하는 데 중요하게 작용하게 된다.

(3) 정치적 리더십

평생교육기관의 모체에 소속된 하위체제의 책임자로서 평생교육지도자는 그 자신이 책임지고 있는 조직의 임무와 활동에서 목표와 이익을 위해 정치적으로 행동

한다. 또한 모체의 다른 조직체와 갈등하고 경쟁하게 된다. 예를 들어 기업체 연수원은 그 연수원이 보기에 모 기업체인 그룹의 하위체제이다. 따라서 그룹에서 주어진 임무와 역할을 수행하고 있고 연수원에 교육생을 보내는 다른 하위체제인 일반 회사와의 경쟁 관계가 성립한다. 대체로 개별회사는 독자적인 교육 프로그램을 운영하는 경우가 대부분이며 현직교육도 강조하고 있어서 그룹 연수원과의 일정한 갈등 관계가 존재한다. 이러한 측면은 대학에 부설되어 있는 사회(평생)교육원의 경우도 마찬가지 양상을 보인다. 이러한 책임자는 모 조직체와의 정치적 능력을 발휘해야만 생존이 가능하다.

평생교육관에서의 시간표 작성, 정책 결정, 교육과정 구성 등이 정치적인 활동으로 인식된다(W. Edelson, 1992). 또한 평생교육 책임자는 대외적으로 외교적 역량을 발휘하여 기관 생존 및 발전에 책임을 지게 된다. 따라서 리더십 행동은 정치적 목표에 초점을 맞추게 된다.

평생교육 책임자가 행하는 정치적 리더십은 리더의 권력과 권위가 부하에 의하여 나온다는 것을 명심하고 리더는 부하를 이끌어야 한다. 리더는 부하와 그의 상사와의 이중적 충성심에 직면하게 되고 따라서 리더는 경쟁적(competing)이고 반박적인(contradictory) 요구에 직면하게 된다(D. Katz & R. Katz, 1996). 이것은 평생교육기관을 관리하는 데에 만나게 되는 전형적인 정치적 상황이다. 이것은 또한 조직 내에서 평생교육의 가치와 위치에 대해 서로 다르게 인식하는 문제로 진전된다. 효과적인 정치적 리더십은 항상 완전한 해결이 아닌 임시방편으로 타협을 선호하게 되고 문제를 도구적으로 접근하고 수용하려고 하거나 해결책에 대한 요구에 응하게 되는 경향이 있다(R. Brinbaum, 1988: 58). 이러한 결과로 이상적인 목표를 추구하는 대부분의 사람은 그들의 역할이 정치적인 차원에 관한 것으로 생각하려고 하지 않기 때문에 이러한 능력을 배양하려고 하지 않는 경향이 있다. 정치적 리더십은 평생교육 지도자가 그 조직체를 위험에서 보호하고자 한다면 반드시 인식해야 할 점이다.

(4) 대중 리더십

조직이 복잡하고 비선형적이고 다른 조직과 연계되어 있는 열린 체제로 인식(R. Birnbaum, 1988; Cohen & J. March, 1986)하는 것은 위인 또는 초영웅(superhero)의 역사적 역할을 간과한 것이다. 리더는 추종자(follower)에 의존하고 있다는 것을 인식하게 되었으며 최근에는 추종자를 동료(colleague)로 명명하면서 평등적인 방법에 의해 리더를 재규정하고 있다(Bennis & Nanus, 1985: 119-129). 이것은 조직이 목표 성취를 위해서는 인간자본이 중요하다는 인식을 반영한 것이다. 조직은 업무 성취를 위해 가치 있는 목표를 설정하고 있으며, 이는 가치 생성에 의해 가능한 것이다. 따라서 각 기관은 가치와 같은 지적인 차원을 중시하는 경향이 나타나고 있다.

구체적인 경영 프로젝트를 위한 실무팀을 구성하여 운영하는 경향이 증가하고 있고, 이와 아울러 리더십을 분권화하는 경향은 조직 내의 많은 사람에게 그들의 리더십 기법을 개발하고 증진시켜줄 수 있는 기회를 제공하고자 하는 의도이다(Edelson, 1992: 12). 미래를 진단하고 계획을 수립하는 것은 팀 프로젝트이지만 여기서 리더의 역할은 무엇을 시작해야 할 것인가를 결정하게 하고 그 집단이 집단 자체를 위하여 움직이도록 조장하는 것이다(Heider, 1986: 33).

이러한 분위기에서 리더십은 조직 내의 동료들이 평소와 다른 방법으로 그들 업무를 수행하는 데 있으며 각자가 자율성을 갖고 그의 책무를 수행할 수 있도록 도와주는 것이다. 일단 목표에 도달했다는 조직원의 합의가 이루어지면 이들 자신이 조직 구조에서 더욱 자유롭게 되며 자신의 방식대로 리더십을 개발해야만 한다. 이러한 분권화 경영 시스템이 효과적이 되기 위해서는 회의, 보고서 및 비공식적인 대화를 통하여 주기적인 피드백을 주어야 한다.

직원으로서 스태프의 시각은 한계가 있으므로 동료로서의 상호 간의 관점은 평생교육 분야에서 서로 도와주는 동료로 인식(M. Collins, 1991: vii)하게 되어 작업 현장에서 자기압력과 구속력을 증가시키게 되고 더욱 효과적인 결과를 가져오게 된다. 자신의 직무 개발을 하기 위한 평생교육 탐구자들은 자연적으로 강한 유대를 갖게 되고 더욱 분석적이고 고무된 방법으로 종사하게 될 것이다(Edelson, 1992: 12).

(5) 전문직 조직 리더십

평생교육 분야는 각 교육기관이 독자적으로 존재하는 것이 아니고 다양한 영역에서 협력체제로 묶여져 있다. 브록케트(R. Brackett, 1989)는 평생교육의 전문 조직체를 평생교육에서 서로 다른 성질로 분류할 수 있다고 주장하고 있다.

쉘톤과 스파익스(E. Shelton & W. Spikes, 1991)는 리더십 기법 개발을 포함한 전문 조직의 효과에 대하여 논의하고 있다. 한편 콜린스(M. Collins, 1991)는 전문 조직체를 수위(gatekeeper)로 보고 있다. 그는 역사적으로 전문직 조직체(professional associations)가 지식과 기법을 독점하고 있다고 보고 있다. 즉 전문 조직체는 같은 분야에 종사하는 전문인의 기법과 기술을 획일화시키고 그 분야에 새로 들어오는 것을 규제하고 있다.

전문직 조직체는 조직원들에게 문제, 도전 및 이슈에 대한 관심을 유도하고 진보를 할 수 있는 기회를 제공하지만 콜린스의 독점적인 지위 행사 관점도 상당한 설득력을 갖고 있다. 이러한 입장에서 소속 기관을 발전시키려는 리더는 개인의 전문성을 함양하는 것과 아울러 전문조직체에 참여할 책무성을 수용해야만 한다. 따라서 평생교육기관의 책임자는 자기 자신은 물론 소속원의 리더십 개발을 위해 적극적으로 평생교육협의체에 참여하여 전문적 소양 증진과 아울러 전문 분야의 변화를 적극적으로 수용하는 능동적인 자세를 가져야 하겠다.

3) 리더십의 새로운 패러다임

현대사회와 같이 불확실성과 변화성 중심으로 변화하는 환경은 대부분의 조직에 있어서 조직의 존속 여부에 중요한 영향을 미치게 된다. 이러한 변화의 시대에 위기를 타개하고 지속적인 성장을 기할 수 있는 교육기관이 되기 위해서 조직 구성원들에게 조직에 대한 강한 공동체성과 적극적인 참여를 유발할 수 있는 새로운 리더십이 요구되고 있다(권두승 외, 2014).

이러한 추세에 따라 등장한 리더십의 새로운 패러다임으로서는 리더를 중심으로 하는 변혁적 리더십과 구성원을 중심으로 하는 자율적 리더십이 있다(신유근, 2011)

(1) 변혁적 리더십

변혁적 리더십은 리더가 부하들로 하여금 자기 자신의 이익을 초월하고 더 나아가 조직의 이익에 관심을 가지고 공헌하도록 고무시켜주고, 부하 자신의 성장과 발전을 위해서도 노력하도록 중대한 영향을 미치는 리더십을 말한다.

(2) 자율적 리더십

조직의 팀 리더를 포함하여 팀 구성원 모두가 자율적으로 스스로를 관리하고 이끌어가는 리더십을 발휘하는 것에 관한 것이다. 이를 자기 리더십(self-leadership)이라고도 한다. 말 그대로 자기가 스스로 자신을 이끄는 리더십을 말한다. 부하들의 입장에서 자기규제와 자기통제에 의해 스스로 자신을 이끌어 나가는 것을 말하며, 리더의 입장에서는 부하들이 그러한 능력을 갖도록 촉진하고 지원하는 과정이다.

4. 평생교육기관의 리더십

평생교육기관을 효율적으로 이끌어 가기 위해서 평생교육기관의 경영자가 추구해야 할 방향은 고전적인 교환적 리더십에서 조직의 변화를 추구할 수 있는 변혁적 리더십으로의 전환이 요구된다. 지식창조 사회에서 한 조직의 리더에게 필요한 역량은 지식경영 마인드와 조직 구성원들이 자율적 리더십을 개발하고 촉진하여 평생교육기관의 경영혁신을 도모하는 것이다(최은수 외, 2017).

평생교육기관이 추구해야 할 윤리적 내용이 있다. 급변하는 사회 속에서 평생교육기관의 규모가 대형화되고, 프로그램 개발의 신종 패러다임의 구축 및 학습자의 참여욕구가 증대해지는 오늘날 평생교육 활동도 점차 다양화, 전문화 추세에 있다. 이에 평생교육 분야의 과다경쟁에 따른 윤리적 문제가 대두되기 시작하면서 바람직한 윤리의식과 행동견제가 필요하게 되었다. 이러한 윤리경영은 영리조직이든 비영리조직이든 시대에 부응하는 모든 조직이 경영활동을 전개해 나감에 있어 당연히 취해야 할 경영 패러다임으로 등장하고 있다(권두승 외, 2014).

Likett가 제시한 성공적인 리더들의 특성을 기초로 평생교육기관의 경영을 위한 효과적인 리더십을 제시하면 다음과 같다.

① 조직 구성원들과 발전하는 기관을 만들기 위하여 좋은 인간관계 등의 사회적 지원을 최대로 한다.

② 평생교육을 사랑하고 기관의 목표를 분명히 하여 비전을 설정하고 구성원들에게 그 중요성을 인식시켜야 한다.

③ 평생교육에 관한 다양한 지식과 정보를 획득하여 전문성을 제공한다.

④ 조직 구성원들과 함께 호흡하지만 모든 일에 지나칠 정도로 함께 행동하지 않으며 그들과 역할 차별성을 유지한다.

⑤ 미세하고 세부적인 지시보다는 기관 전체적인 시각에서 일반적인 지시 감독만을 한다.

평생교육기관 경영의 효과적인 리더십은 리드가 사회적 지원, 과업중심, 기술적 전문성, 역할 차별성, 일반적인 지시 감독을 잘 진행함으로써 조직 구성원들의 만족도와 경쟁력을 극대화시킨다.

학습정리

1. 평생교육기관의 경영자가 효율적으로 경영활동을 하기 위한 능력으로는 첫째, 교육자로 및 경영자로서의 적절한 태도(attitude), 전문적인 지식(knowledge), 기술(skill)이 필요하다.

2. 평생교육기관 경영자의 역할은 첫째, 교육전문자로서의 역할, 둘째, 관리자로서의 역할, 셋째, 대회협력자로사의 역할이 있다.

3. 리더십의 원천이 되는 권력의 유형은 ① 합법적 권력, ② 보상적 권력, ③ 강압적 권력, ④ 전문적 권력, ⑤ 준거적 권력이 있다.

4. 평생교육 리더십의 유형에는 ① 프로그램 리더십 ② 정책 리더십, ③ 정치적 리더십, ④ 대중 리더십, ⑤ 전문직 조직 리더십이 있다.

5. 평생교육기관이 추구해야 할 윤리적 내용으로는 신뢰(정직), 배려(돌봄), 책임, 정의와 공평, 시민·사회적 의식, 선행, 자기지각, 포괄적 철학, 다원주의, 능력이나 자질 등으로 구분할 수 있다.

6. 평생교육 관련 기관에서 강조하는 사회적 책임의 내용으로는 높은 질을 지닌 교육 프로그램 실시, 균등한 교육서비스 제공, 이익 또는 이해관계 추구 탈피, 학습자 기밀유지, 학습자의 요구존중, 정책이나 결과가 가져올 결과 제시, 정직한 홍보, 객관적 평가 실시, 학습자 참여기회 및 권한 부여, 학습자에게 해가되는 행동 피함, 담당자의 전문 능력 향상, 좋은 학습환경 마련, 법과 관련규정 준수, 강령제정 및 준수 등이 있다.

평가하기

1. 평생교육 경영자의 역할로 틀린 것은?

① 교육전문가로서의 역할

② 관리자로서의 역할

③ 대외협력자로서의 역할

④ 사회복지사로서의 역할

2. 리더십의 원천이 되는 권력의 유형 중 틀린 것은?

① 합법적 권력

② 보상적 권력

③ 사회적 권력

④ 전문적 권력

3. 평생교육기관의 경영에서 효과적인 리더십을 발휘하기 위한 방안에 대해 논하시오.

4. 평생교육경영자에게 요구되는 기본 역할과 능력에 비추어 자신을 평가해 보시오.

정답: 1. ④, 2. ③

Chapter 8

평생교육기관의 마케팅 및 홍보

학습목표

1. 평생교육기관의 마케팅 성격과 필요성을 알 수 있다.
2. 평생교육시장을 이해하고 세분화할 수 있다.
3. 평생교육기관의 마케팅 전략과 홍보 전략을 알 수 있다.

사전학습

1. 평생교육 마케팅의 성격은 다중 마케팅 시스템, 이익과 무관한 여러 가지 목표를 추구, 서비스의 성격이 강한 상품을 제공한다.
2. 평생교육기관의 마케팅 필요성은 평생교육기관이 급증, 정부의 미흡한 재정지원, 학습권에 대한 시민의식이 고조, 시장논리에 의한 평생교육기관의 경영추세이다.
3. 평생교육시장이란 평생교육을 필요로 하는 잠재 학습자들과 이들의 요구에 부응하여 프로그램을 개발하여 운영하는 평생교육기관들이 상호 교류하는 장소를 의미한다.
4. 마케팅 전략은 'STP 전략'과 '마케팅 혼합전략(marketing mix strategy)'로 구분된다.
5. 홍보 원칙으로는 진실성의 원칙, 상호작용의 원칙, 공공이익 합치의 원칙, 인간적 접촉의 원칙이 있다.

1. 마케팅과 평생교육

1) 마케팅의 개념

마케팅(marketing)이란 소비자 혹은 고객의 요구(needs)와 욕구(wants)를 파악하여 그것을 충족시키기 위한 제품이나 서비스를 제공하는 경영활동을 말한다.

학자에 따라 마케팅은 다양하게 정의되고 있으나, 마케팅의 아버지라 불리는 코틀러(Philip Kotler, 1982)의 세계적인 명저 『Marketing Management』에서 제시하였듯이 "교환을 통하여 인간의 욕구를 충족시키는 사회적 행위"라고 밝혔다. 이어서 세계 최고 권위의 미국마케팅 협회(AMA)의 정의를 살펴보면, 마케팅은 고객과 클라이언트, 파트너, 넓게는 사회에게 가치를 부여하는 제공물들을 창조하고, 알리고, 전달하고, 교환하기 위한 활동이자 제도적 집합이며 프로세스라고 명시하였다.

한편 '한국마케팅학회(KMA)[1)]'에 의하면, "마케팅은 조직이나 개인이 자신의 목적을 달성시키는 교안을 창출하고 유지할 수 있도록 시장을 정의하고 관리하는 과정이다"라고 제시하였다.

◆◆ 미국마케팅 협회(AMA)의 마케팅 정의

"마케팅은 개인이나 조직의 목표를 충족시켜주는 교환의 창출을 위해 아이디어, 제품, 서비스를 정립하는 활동 및 촉진활동과 유통활동을 계획 · 수립하고 실행하는 과정이다."

오늘날 마케팅의 개념은 고객을 중심으로 하는 새로운 의미로 영리를 추구하는 기업뿐만 아니라 정부, 공공기관, 평생교육기관 등과 같은 비영리 기관에서도 적용 가능하며 실제로 적용되고 있다.

평생교육기관에서의 마케팅이란 학습소비자, 말하자면 프로그램 참가자나 학습자

1) (사)한국마케팅학회(Korean Marketing Association, KMA)

들의 만족 요인을 규정하고 장기간 이익을 실현할 수 있는 교육과정(교육 프로그램, 교육서비스, 아이디어, 커뮤니케이션 방법의 개발)이 무엇인가를 찾아내는 것이다. 즉 고객(학습자)의 요구(needs)를 파악하고, 그 요구를 충족시키기 위해 사회문화적 요인과 개인적 특성을 고려한 필요(wants)를 개발하고 제공함으로써 궁극적으로 고객(학습자) 가치를 높여 평생교육기관 목표를 달성하고자 하는 활동이다(권두승 · 최은실, 2014).

(1) 마케팅 개념의 변화과정

과거 평생교육기관의 수가 적었고, 그러한 기관에서 제공하는 교육 프로그램과 서비스가 공급과잉이었던 시대에 있어서는 기관의 요구가 우선적이었고, 모든 것이 공급자인 기관중심으로 경영되었던 것이 사실이다. 그러나 최근에는 수요과잉상태가 공급과잉상태로 변화하면서 종전의 대량생산에 의한 공급관리체계에서 수요관리체계로 바뀌게 되었다.

초기의 마케팅의 개념은 제품 및 서비스의 생산과 유통에 초점을 두는 생산지향적 관점이었다. 이 관점에서의 좋은 제품의 생산도 중요하지만 판매의 난점이 있음으로 인하여 판매지향적 관점이 필요하게 되었다. 즉, 판매기술의 개선에 초점을 둔 것이다. 이후 1990년대에 들어 소비자의 욕구에 초점을 둔 고객지향적 관점으로 전환되었고, 최근에는 고객의 미래가치의 창출에 초점을 둔 시장지향적 관점이 강조되었다.

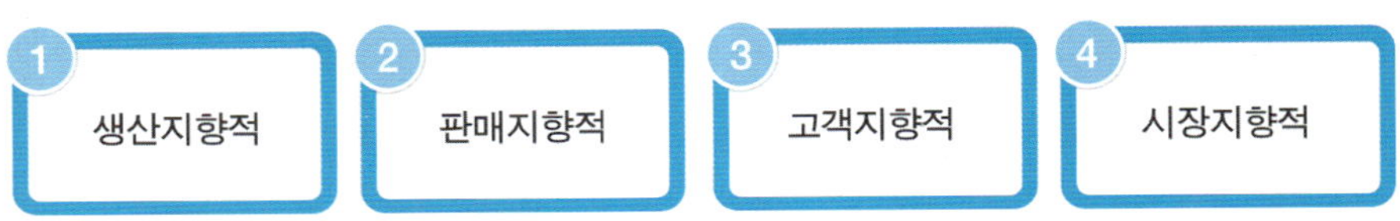

출처: 이향란(2015). 평생교육경영론. 경기: 공동체.

| 그림 8-1 | 마케팅 개념의 변화과정

다시 말하면, 마케팅의 개념도는 생산지향적에서 제품지향, 판매지향, 마케팅지향, 고객지향, 사회지향 마케팅으로 변화되었다(박명호 외, 2012). 고객을 일시적으로 만족시키는 대상이 아니라 평생 파트너로서 중시하고, 고객만족을 통한 기관 존속 및 발달을 목표로 하고, 고객의 장기적인 가치와 개별고객의 욕구를 중시하며, 나아가서 고객 만족요소로서 서비스 가치를 중요시하게 되었다.

이와 함께 평생교육기관은 목표시장에서 일반 시민 및 잠재적 학습자라든가 학습자의 필요와 요구를 발견하고 프로그램 개발·운영함에 있어 학습자와 사회 전체에 어떠한 영향을 미칠 것인가에 대한 관심을 가져야 하며, 평생교육기관은 그 기관이 속한 사회에 봉사할 수 있을 때 존속·번영할 수 있다는 것을 강조하는 것이 바로 사회지향적 마케팅(social marketing concept)이다(권두승 · 최은실, 2014).

(2) 평생교육기관의 마케팅 도입배경

① 평생교육 마케팅의 성격 및 특성

평생교육기관의 마케팅은 일반 기업의 마케팅과는 차이가 있다. 이는 비영리기관이 갖는 독특한 성격 때문이라고 할 수 있다. 이러한 비영리기관의 성격에 비추어 볼 때, 평생교육기관의 마케팅은 다음과 같은 기능적인 영역을 가지고 있다.

첫째, 자원개발 마케팅이다. 기금개발을 위한 마케팅과 자원봉사자를 확보하기 위한 마케팅으로 구분된다. 평생교육기관은 뜻 있는 사람들로부터 기금을 개발하는 것이 중요하다. 이때 마케팅의 관점에서 중요한 것은 이러한 기금개발이 일종의 가치교환이라는 사실이다. 그리고 평생교육기관에서 필요한 자원봉사자는 평생교육기관의 직업적 정규 지도자를 돕거나 그들을 대신해서 일하는 사람들이다. 평생교육 분야의 광범위함과 그 활동의 다양성으로 지도자 확보가 어려운 상황이므로 자원봉사자의 기능과 역할이 크게 요구된다.

둘째, 자원배분 마케팅이다. 마케팅의 관점에서 평생교육기관과 수요자 사이에는 가치의 교환이 이루어진다. 즉, 평생교육기관은 수요자의 참여를 촉진하고 그들의 욕구를 최대한 만족하게 하는 것이 동시에 잠재적인 후원자를 얻게 되는 것이다. 자원배분 마케팅과 관련하여 평생교육기관의 효과적인 운영을 위해서는 기관과 학습자 사이의 대화와 조정이 필요하다.

셋째, 내부 마케팅이다. 서비스 조직의 경우 일선에서 고객을 상대하는 직원에 대한 대우가 매우 중요하다. 그들의 만족도가 소비자에 대한 태도와 직결되기 때문이다. 평생교육기관에 근무하는 강사, 전일제 및 시간제 직원, 자원봉사자 등을 위한 내부 마케팅이 필요하다. 특히 마케팅은 서로의 만족을 위한 가치교환이다.

② 평생교육기관의 마케팅 필요성

오늘날 평생교육기관의 다양화와 규모의 확대 등으로 인해 기존 시설이나 프로그램으로는 경쟁력에서 우위를 차지할 수 없다. 보다 효과적으로 프로그램을 운영하고 생존하기 위해서는 프로그램의 질 관리와 학습자 유치에 있어서 획기적인 전략이 필요하다. 이러한 맥락에서 평생교육기관을 둘러싼 최근의 상황 변화는 경영부문에서의 고객중심을 강조하는 마케팅 개념을 도입하고 있다. 이와 같이 평생교육 마케팅을 활성화해야 할 필요성은 다음과 같다(이향란, 2015).

첫째, 다양한 평생교육기관이 급증하고 있다. 학령기를 주로 하는 정규교육기관의 학습자 수는 날로 감소하고 있는 반면, 평생교육기관에 참여하는 학습자의 수와 평생교육기관의 수는 날로 급증하고 있는 추세에 있다. 또한 각 평생교육기관은 다양한 유형의 평생교육기관과 학습자의 참여를 확보하기 위한 과다경쟁을 하게 되어 있다.

둘째, 정부의 미흡한 재정지원이다. 현재 우리나라는 사회구성원의 요구에 따라 평생교육기관이 증가하고 있으나 정부지원은 매우 미흡한 상태로 자체적인 생존경쟁을 통해 경영을 할 수밖에 없다. 따라서 평생교육기관은 국가가 지원하는 미흡한 재정으로 경영하는 것을 탈피하여 적극적인 마케팅 전략으로 평생교육기관 운영을 활성화해야 한다.

셋째, 학습권에 대한 시민의식의 고조이다. 오늘날 시민사회의 성숙 및 소비자의 주권과 더불어 평생교육기관의 학습자는 주체적인 참여자로서 학습권을 주장하고 있다. 학습권은 학습활동의 자유, 학습기회의 보장, 교육선택의 권리와 참여권, 지식 창출의 자유 등을 말한다. 이와 같이 성인학습자의 학습권에 대한 요구가 고조됨으로써 이를 수용하기 위한 평생교육 마케팅이 반드시 필요하다.

넷째, 시장논리에 의한 평생교육기관의 경영추세이다. 글로벌 시대의 도래에 따라 사회는 자본주의 체제 속에서 무한경쟁 속에 존재한다. 평생교육 분야도 예외는 아니어서 시장논리를 따르게 됨에 따라 사설 영리 평생교육기관이 급증하고 있는 추세이다. 예를 들어, 대형 백화점 부설 평생교육기관이나 언론매체, 기업체 및 대학 부설 평생교육원 등의 기관은 영리추구를 위하여 마케팅 기법의 도입은 절실히 필요하다고 하겠다.

(3) 평생교육 학습자의 참여동기와 마케팅

① 참여동기의 개념

우선 참여동기란 학습자들이 평생교육 프로그램에 실제적으로 참여하게 된 원동력을 의미한다. 최운실(1986)은 성인교육의 참여동기란 성인교육 참여의 형성원으로서의 참여현상의 특성을 이해하기 위한 출발점이 된다고 하였으며, 이향란(2012)은 “어떠한 학습목표 성취를 위해 지속적인 관심과 노력을 보이는 적극적 활동”이라 칭하기도 하였다. 평생교육 참여자의 참여 동기의 이론적 틀을 처음으로 구축한 학자는 울(Houle)이다. 울(1961)의 참여동기 유형론은 관련 이론에 있어 가장 대표적인 고전적 이론으로 널리 알려져 있다. 그는 평생교육에 참여하는 모든 학습자는 정도의 차이는 있겠지만, 누구나 학습을 통해 성취하고자 하는 목적을 지니고 있을 것이라고 하였다(나창훈, 2006; 이향란, 2012).

평생교육에 참여하는 학습자의 참여동기를 세 가지 유형으로 분류해 보면, 첫째, 학습지향형 참여동기, 둘째, 활동지향형 참여동기, 셋째, 명시적 목표지향형 참여동기로 구분할 수 있다. 이와 같이 국내의 평생교육 참여동기 관련 연구들에서는 학습지향적 동기와 활동지향적 동기로 학습에 참여하는 성인학습자의 비율이 목적지향적 동기로 참여하는 동기보다 더 높게 나타나고 있음을 보여준다(한국교육개발원, 2005).

② 목표지향형 참여동기

목표지향형 참여동기는 학습참여 동기가 구체적이고 명백하며 목표를 달성하기 위한 수단으로 교육을 활용한다. 이를 위해서 지식을 배우며 활용하지 않는 지식은 추구할 의미가 없음을 내포한다. 이러한 학습자들은 조직적인 강의나 코스에 관심을 갖고 개인적으로 직업 향상이나 전문적인 지식 및 기술의 습득, 기술자격증이나 졸업장 획득 등의 의도적인 목적을 지닌 학습자들이다. 여기에서 명시적 목표지향형이란 개인적으로 직업상의 향상, 전문적인 지식 및 기술의 습득 등을 목적으로 참여하는 유형으로 구체적이고도 명백한 목표(clear-cut objectives)를 지니는 경우를 말한다(이향란, 2012).

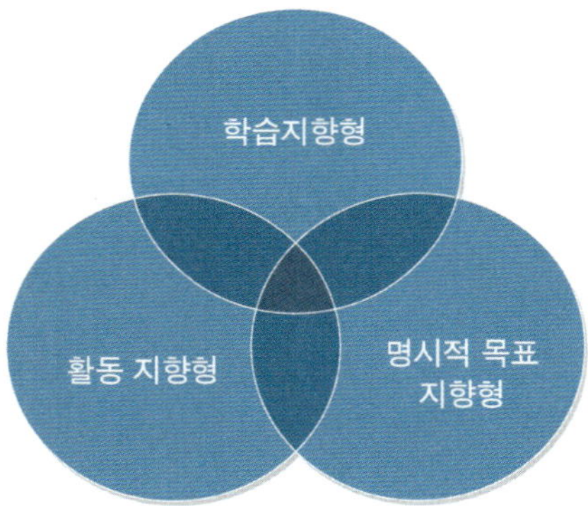

출처: 최운실(1986). p. 45; 이향란(2012). p. 22.

| 그림 8-2 | 울(1961)의 참여동기 모형

③ **활동지향형 참여동기**

활동지향형은 참여동기는 학습내용 혹은 학습 자체에 있는 것이 아니라 참여행위나 활동에 그 의미와 만족을 둔다. 즉, 특정한 목표를 획득하거나 어떤 과목을 배우기보다 오히려 우선적으로 활동 그 자체를 위해서 참여를 한다. 그들은 외로움이나 지루함 또는 불행한 가정생활이나 직업상황에서 탈피하기 위해, 배우자를 찾기 위해, 신용을 쌓거나 사회의 안정 및 사회적 인간관계를 유지・개선・확대하려는 데 의미를 둔다.

④ **학습지향형 참여동기**

학습지향적인 학습자들은 지식 그 자체를 추구하고자 한다. 즉, 배움이나 학습 그 자체를 추구하는 사람들을 말한다. 그들은 학습을 통하여 알고 성장하려는 근본적인 바람을 지니고 있으며, 그들의 활동은 지속적으로 학습에 참여하는 경우가 많으며 학습욕구가 더 커지며 참여가 더 확대되는 경향을 보인다. 또한 학습지향형은 이타적인 관심을 가지고 타인이나 지역사회의 발전을 위하여 봉사하기 위한 자신의 능력을 증진시키고 준비하기 위하여 참여하는 유형으로, 배움 그 자체가 좋아서 또는 근본적으로 알고자 하는 욕구나 지적 호기심을 충족시키기 위하여 참여하게 된다.

2. 평생교육시장의 이해

최근 우리나라의 평생교육을 둘러싼 시장 환경은 급속히 팽창하고 있다고 보아야 할 것이다. 왜냐하면 평생교육에 대한 시민들의 의식이 예전과 달리 많은 관심을 갖게 되었고, 베이비붐 세대의 은퇴가 본격적으로 시작되어 잠재 학습자가 많아지고, 또한 많은 지방자치단체가 앞 다투어 평생학습도시로의 전환을 통하여 지역사회 발전을 도모하고 있기 때문이다.

평생교육 시장의 정의를 살펴보면, 시장의 사전적 의미는 '여러 가지 상품을 팔고 사는 장소', '특정한 상품이 거래되는 곳, 또는 상품의 수요와 공급의 관계에 따라 가격이 결정되는 추상적인 기구'라고 풀이하고 있다. 그리고 행정기관은 시장의 의미를 '판매자와 구매자 간에 상품거래가 행해지는 구체적인 시설 또는 장소'로 규정하고 있다.

한편 경제학적 의미에서의 시장은 특정의 제품과 서비스의 수요와 공급을 통해 가치의 교환이 이루어지는 추상적인 시장을 의미한다. 즉, 사고자 하는 사람과 팔고자 하는 사람이 모여 그들이 가지고 있는 가치를 서로 교환하는 장소를 시장(market)이라고 한다. 따라서 평생교육 시장이라 함은 평생교육을 필요로 하는 잠재 학습자들과 이들의 요구에 충족한 프로그램을 개발하여 운영하는 평생교육기관들이 상호 교류하는 장소를 의미한다.

평생교육시장이 형성되기 위해서는 몇 가지 구성 요건을 갖추고 있어야 한다. 이러한 구성요건은 일반적 시장의 구성 요건을 참고로 생각하면 무리가 없을 것이다. 보통의 시장이 형성되기 위해서는 다음과 같은 조건을 갖추고 있어야 한다.

첫째, 수요자와 공급자의 거래 당사자가 존재해야 한다.

둘째, 거래 당사자는 상호 가치 있는 재화나 서비스 등을 소유하고 있어야 한다. 즉, 교환가치가 있는 것들을 서로 보유하고 있어야 한다.

셋째, 상호 가치 있는 것을 교환할 수 있는 장소가 제공되어야 한다. 즉, 제품이나 서비스가 교환될 수 있는 공간적 개념이 존재해야 한다.

넷째, 두 거래 당사자 사이의 의사소통의 수단이 있어야 한다. 즉, 상호거래의사를 분명하게 전달할 수 있는 커뮤니케이션 통로가 존재해야 한다.

다섯째, 거래 당사자들이 거래에 대한 자유 의지가 표명될 수 있어야 한다. 즉, 가치 있는 재화나 서비스의 거래에 대해 거래 당사자들의 거래의지를 자유롭게 표현할 수 있어야 한다.

평생교육의 시장도 이와 같은 조건에 크게 벗어나지는 않으나 교육 프로그램이라는 특수한 서비스가 제공되는 측면과 평생교육기관이 갖고 있는 고유한 이념, 즉 모든 사람에게 다양한 교육기회를 부여하려는 공공성과 공익성의 특수성 때문에 무료로 교육이 제공되는 경우도 있다. 따라서 평생교육시장은 일반적인 시장형성의 조건이 반드시 적용된다고 보기에는 한계가 있다(이향란, 2015).

3. 평생교육시장의 세분화

마케팅 활동에서 매우 중요한 개념 가운데 하나가 시장세분화(market segmentation)와 표적화(targeting) 개념이다. 시장세분화를 통해 평생교육기관의 주요 고객확보가 가능하고 이를 통해 지속적인 수입원이 보장되며, 마케팅 노력에 의해 효율적으로 접근할 수 있는 세분시장을 확보하게 해 준다. 즉, 경쟁우위를 체계적으로 확보 할 수 있다. 표적시장에 적합한 마케팅 믹스를 개발할 수 있다. 평생교육기관은 시장세분화를 통하여 각 마케팅 활동에 대한 학습자들의 반응을 알게 되므로 마케팅 자원을 더 효과적으로 배분할 수 있다. 그러므로 시장세분화를 함으로써 시장에서의 목표를 더욱 뚜렷이 선정할 수 있다.

1) 평생교육시장 세분화의 의의

통상의 시장세분화의 의미는 수많은 소비자로 구성되어 있는 시장에서 소비자 개개인의 욕구를 모두 충족시키기가 불가능하므로 이러한 문제를 해결하기 위해 소비자들을 일정한 기준에 따라 크게 몇 개의 세분시장(segment)으로 나누는 것을 말한다. 이러한 세분화는 나누어진 시장의 특성에 따라 차별화 전략을 수립하여 그 시장에 진입하게 된다. 이와 같이 시장을 세분화하는 이유는 시장세분화를 통해 수익성을 보장받게 되며, 마케팅 노력에 의해 효율적으로 접근될 수 있는 세분시장을 확보하게 해 준다(조동성, 2001).

평생교육 차원에서 시장세분화를 논의하면 평생교육기관을 둘러싼 지역에는 다양한 잠재 학습자들이 분포되어 있을 것이고, 이들은 개개인의 특성에 따라 학습요구를 달리 갖고 있을 것이다. 따라서 이들을 인구통계학적 관점에서 일정한 기준(예를 들면 나이, 소득, 학력, 취미, 관심 등)을 설정하여 유사한 특질로 구분할 수 있을 것이다. 이때 나누어진 특질에 따른 마케팅 전략이나 프로그램 개발전략을 수립하여 잠재 학습자들을 유치한다면 보다 수월하게 접근할 수 있을 것이다.

2) 평생교육시장 세분화의 중요성

평생교육시장을 세분화하는 이유는 잠재 학습자 집단마다 그 특성이 서로 다르므로 그들의 요구나 눈높이에 맞는 교육을 제공할 수 있는 기초자료를 수집하여 그에 대응한 교육 프로그램의 개발이나 마케팅 전략을 수립하기 위함에 있다. 즉, 프로그램을 개발할 때부터 잠재 학습자 집단의 특성과 요구를 파악하고 그에 부응하는 교육내용을 선정할 수 있으며, 교수방법도 적절한 것을 선택할 수 있게 된다. 평생교육시장의 세분화가 중요한 이유를 구체적을 살펴보면 다음과 같다.

첫째, 새로운 시장에 진입하는 것을 보다 쉽게 만들어 준다. 시장을 세분화한다는 의미는 목표시장을 설정하는 것과 같다. 따라서 목표시장에 적절한 마케팅 전략을 수립할 수 있으므로 새로운 시장진입을 보다 용이하게 할 수 있다.

둘째, 목표시장을 정확하게 파악할 수 있어 불필요한 비용의 지출을 줄일 수 있다. 불특정 다수를 향한 마케팅 활동보다는 특정의 집단을 대상으로 마케팅 활동을 펼칠 수 있으므로 집단의 특성에 맞는 전략을 수립하여 실행할 수 있다. 따라서 광고 및 홍보 비용을 절감할 수 있다.

셋째, 평생교육기관의 인적·물적 자원을 효율적으로 배분하여 활용할 수 있다. 즉, 세분화된 시장의 특성에 적절한 인력을 배치하여 활용할 수 있으며, 기관의 특성에 맞는 세분시장을 선택함으로써 경영자원을 효율성 있게 활용할 수 있다.

넷째, 급격하게 변화하는 시장상황에 효율적으로 대응할 수 있다. 현대사회는 매우 빠르게 하루하루 변화하고 있다. 더욱이 평생교육시장은 경제의 흐름에 아주 민감하게 반응하기 때문에 세분화된 시장별 변화에 적절하게 대응할 수 있다. 예를 들면, 지난 1998년 IMF의 경제위기가 우리 사회에 다가왔을 때 평생교육시장은 침체의 늪에 빠져 있었다. 그러나 많은 실직자를 양산한 경제상황 가운데 실업자를 위한 재취업과정은 매우 활성화되었던 것이다.

3) 평생교육시장의 세분화 절차

시장세분화는 잠재 학습자를 포함하여 평생교육기관의 고객이 누구인지를 인식하고 전체 시장을 특정기준에 의해 분류하여 동질적 집단으로 나누는 것이며, 고객시장에 대한 통일된 마케팅 활동을 수행할 수 있도록 하는 전략수단이라고 할 수 있다. 시장세분화의 절차를 간단히 살펴보면 다음과 같다.

(1) 잠재 학습자 분석

잠재 학습자에 대한 조사를 실시하여 시장의 충분한 이해와 잠재 학습자에 대한 명확한 이해를 해야 한다. 시장세분화를 위해서는 고객에 대한 조사가 수반되어야 하며 조사를 바탕으로 분석을 한 후에 세분시장에 대한 특성을 파악해야 한다.

(2) 세분화 방법 및 기준 선택

잠재 학습자에 대해 조사한 자료를 바탕으로 시장세분화의 목적을 정하고, 이에 알맞은 시장세분화 방법과 세분시장의 기준을 선정해야 한다. 예를 들면, 여성을 위한 교육 프로그램을 개발하여 새로운 시장에 진입하려는 목적을 설정하였다고 하자. 이때 시장세분화를 위해 여성을 여러 집단으로 나누어 생각할 수 있다. 기혼과 미혼, 연령, 직업의 유·무, 학력수준 등의 기준을 정하고 이에 따라 기준 요소를 결합하여 기혼여성 가운데 직업이 없는 30대 주부를 대상으로 나눌 수 있을 것이다. 이와 같이 기준을 정하고 집단을 구분한 이유는 현대사회에서 여성의 사회진출이

눈에 띄게 늘고 있는 것에 상대적으로 30대 주부들은 많은 소외감을 느끼고 있기 때문이다. 따라서 이들을 목표시장으로 설정하고 이들에 대한 요구조사부터 실시하여 프로그램을 개발하여 새로운 시장에 진출한다면 보다 수월하게 진입이 가능할 것이다.

(3) 세분시장의 특성 파악

마지막으로 세분시장을 구성하고 있는 잠재 학습자들의 특성을 정리해야 한다. 잠재 학습자들의 특성은 인구통계적 변수(지역, 학력, 결혼 유·무, 직업 유·무 등)에 따라 구분하여 정리하면 학습자 집단에 대한 파악이 용이하다.

4) 평생교육시장 세분화의 기준

앞서 살펴보았듯이, 평생교육시장을 세분화하는 것은 기관이 소유하고 있는 경영자원을 효율적으로 활용하여 새로운 시장에 보다 쉽게 진출하기 위함에 있다. 평생교육시장은 일반적인 시장과 달리, 유형의 제품이 아닌 무형의 프로그램을 판매하여야 하는 새로운 측면이 있다. 즉, 교육서비스의 판매이므로 시장을 분석하여 세분화하는 기준은 다소 차이가 있을 수 있다. 세분화 기준을 살펴보면 다음과 같다.

(1) 인구통계적 세분화

인구통계적 세분화(demographic segment)에서 인구통계적 변수는 몇 가지 특성에 따라 구분할 수 있다. 예를 들면 경제적 수준, 사회적 지위, 지리적 위치, 가정적 요인, 신체적 요인 등에 따라 잠재 학습자 집단을 구분할 수 있다. 이 변수는 소비자 욕구, 선호 및 사용률 등과 밀접한 관련이 있는 것으로 나타난다. 우리나라에서 사용하고 있는 전형적인 분류방법은 연령, 성별, 지역, 가족구성단위, 가족생활주기, 개인 또는 가족 소득, 직업, 학력, 종교이다.

(2) 심리학적 세분화

심리학적 세분화(psychographic segment)는 잠재 학습자의 가치기준이나 태도, 개성 및 라이프 스타일, 성격, 동기, 기대감, 관심 등에 관한 자료를 기준으로 세분화하는 방법이다. 심리적 자료는 인구통계학적 자료보다 추상적이고 측정하기가 쉽지 않으나 시장을 의미 있게 세분화하는 기준으로 그 중요성이 커지고 있다.

(3) 행동적 세분화

행동적 세분화(behavioral segment)는 교육 프로그램에 수강하는 학습자들의 행동을 기준으로 세분화하는 방법이다. 학습자들의 행동의 예를 들어보면 몇 개의 프로그램을 수강하고 있는가, 교육으로부터 얻고자 하는 것이 무엇인가, 수강 태도, 수강하게 된 동기요인, 마케팅 전략 변수에 대한 반응 정도에 따라 세분화하는 것이다.

4. 평생교육기관의 마케팅 과정

1) 평생교육과기관의 마케팅 전략

(1) 평생교육 마케팅의 STP 전략

마케팅 전략이란 기관이 설정한 목표를 달성하기 위해 표적시장을 어떻게 선정하고 어떤 수단을 활용한 것인가를 다루는 것이다. 마케팅 전략은 크게 'STP 전략'과 '마케팅 혼합전략(marketing mix strategy)'으로 구성된다. 먼저 STP 전략이란 '시장을 세분화(segmentation)'하고, 거기서 그 조직의 '표적시장을 설정(targeting)'하고, 다른 경쟁조직과 '차별화된 위치를 선점(positioning, 포지셔닝)'하는 것이다(한국능률협회).

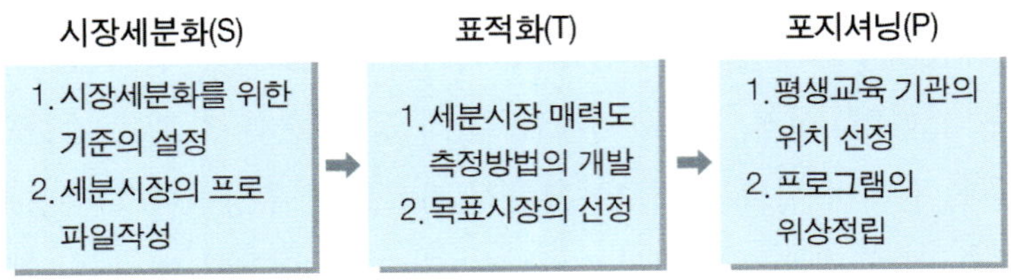

출처: 권두승 · 최운실(2014). 평생교육경영론. 경기: 교육과학사.

| 그림 8-3 | 표적 마케팅전략 과정

① S(segemanting): 평생교육시장의 세분화

시장세분화란 전체 시장을 비슷한 학습자 집단과 다른 성격의 학습자 집단을 구분하여 자기 기관이 제공하는 교육 프로그램이나 서비스에 가장 적합한 학습자 집단을 선정하는 과정이다. 세분화 과정에서 구체적인 고객의 욕구를 파악할 수 있다. 즉, 일정 기간에 대중 집단을 특정 상품이나 마케팅 활동에 대한 반응이 유사할 것으로 예상되는 집단으로 나누는 작업을 말한다. 평생교육시장에서 볼 때 시장세분화란 잠재적 학습자 집단을 평생교육 프로그램에 대해 비슷한 요구를 갖고 있을 것으로 예상되는 하위 집단으로 구분하는 것을 의미한다. 이와 같은 시장세분화는 다음과 같은 필요성을 갖는다(오혁진, 2003; 권인탁 · 임영희, 2011).

첫째, 기관에 유리한 시장을 선택할 수 있다. 평생교육기관은 자체의 강약점을 평가함으로써 가장 적절한 세분화된 시장을 선택할 수 있다.

둘째, 평생교육기관의 자원을 효율적으로 배분할 수 있다. 평생교육기관은 시장세분화를 통해 우리 기관의 경영자원을 고르게 활용할 수 있는 세분시장을 선택함으로써 경영자원의 전체적인 효율성을 높일 수 있다.

셋째, 평생교육시장 변화에 효율적으로 대처할 수 있다. 이는 잠재적 교육수요자 집단을 세분화함으로써 세분시장별로 변화하는 시장수요에 창조적으로 대응할 수 있음을 말한다.

② T(targeting): 표적시장 선정

표적시장의 선정은 시장세분화를 평가한 후 자신의 조직여건에 가장 적절하다고 생각되는 특정한 세분시장을 표적으로 삼는 것을 말한다. 표적시장을 선정하는 데에는 다음의 세 가지 마케팅 전략이 가능하다(정익준, 2006; 권두승 외, 2014).

첫째, 차별적 마케팅 전략으로 시장을 세분화한 후 모든 세분시장을 표적시장으로 선정하여 각각의 세분시장에 상이한 프로그램과 마케팅 혼합으로 접근하는 것이다. 일반적으로 마케팅에서의 차별화 전략은 최고의 결과를 가져올 수 있으며, 고객에게는 최고의 서비스를 제공할 수 있다고 인식된다. 그러나 이러한 전략은 인적·재정적 자원 등이 풍부할 때에 가능하다는 점에서 한계가 있다.

둘째, 비차별적 마케팅으로 이 전략은 세분화된 시장 간의 차이를 무시하고 하나의 프로그램으로 전체 시장을 공략하는 것으로 대중 마케팅 전략이라고 한다(오혁진, 2009). 이와 같은 전략은 마케팅 비용의 경제성을 추구하는 데 있으며, 표준화를 통한 최소의 비용과 최저의 가격으로 대량의 잠재시장을 개발하는 데 있다(김용현 외, 2014). 한편 평생교육기관에 참여하는 학습자의 요구가 다양화되고 있으며, 유사한 성격의 프로그램을 제공하는 평생교육기관이 증가하고 있기 때문에 고객의 프로그램 참여율은 저조하게 된다.

셋째, 집중 마케팅 전략으로 시장을 세분화한 뒤 모든 세분시장에 진출하지 않고 일부의 세분시장에 하나 혹은 그 이상의 프로그램을 운영하는 전략으로 이는 틈새시장을 공략하기 위한 전략이다. 이러한 집중 마케팅 전략을 통해 기관은 표적이 되고 있는 특정한 시장에 고객의 요구를 매우 잘 알고 있으므로, 그 시장 안에서 강력한 위치를 점할 수 있다. 그러나 이 전략은 다른 전략에 비해 위험한데, 이는 표적으로 삼고 있는 고객의 심리적·행동적 변수 등이 작용할 경우 시장성을 갖지 못하게 될 수 있기 때문이다(오혁진, 2009).

③ P(positioning): 차별화 포지셔닝(선점)

목표시장이 선정되었으면 그 교육기관이나 프로그램을 포지셔닝한다. 포지셔닝

(positioning)이란 표적집단을 만족시켜주기 위해서 다른 경쟁조직과 차별화된 자신의 조직의 위치를 잡는 것이다. 평생교육기관의 포지셔닝이란 학습자에게 경쟁기관 및 다른 해당 평생교육기관의 프로그램과 서비스의 차별적 특성을 인식시키는 활동을 말한다(권두승 외, 2009). 평생교육 포지셔닝은 다양한 변수를 기준으로 이루어질 수 있는데, 프로그램 속성에 의한 포지셔닝, 이미지 포지셔닝, 사용 상황이나 목적에 의한 포지셔닝, 학습자에 의한 포지셔닝, 경쟁 프로그램에 의한 포지셔닝 등이 있다. 성공적인 포지셔닝으로 생기는 제품 포지션은 경쟁기관과 비교하여 학습자가 느끼는 기관 또는 프로그램의 상대적 위치이다. 그래서 평생교육기관의 포지셔닝 전략의 출발점은 자기 기관이 현재 경쟁 기관에 비해 일반인들에게 어떻게 인식되고 있는가를 이해하는 것이다(권두승 외, 2014).

5. 평생교육기관의 홍보

1) 평생교육과기관의 홍보전략

(1) 평생교육기관 홍보의 중요성

홍보란 여러 사람에게 자신을 널리 알리는 행위이며, PR(public relations)과 유사한 개념으로 인식되고 있다.

평생교육에서 홍보란 평생교육기관에서 개발한 교육 프로그램을 어떤 매체를 활용하여 잠재적 학습자와 지속적으로 상호작용함으로써 기관을 이해시키고 프로그램 참여를 촉진시키고자 하는 제반 활동을 말한다. 평생교육기관에서 홍보의 중요성을 살펴보면 다음과 같다(권두승 외, 2009; 권인탁 외, 2014).

첫째, 홍보를 통해 학습자와 참여자를 유인하고 확보할 수 있다. 평생교육기관은 외부 고객에게 서비스를 제공하는 조직이기 때문에 고객을 어떻게 유치하느냐가 가장 큰 관건이다. 평생교육기관은 회원이나 참여자의 회비 또는 수강료에 의해서 대부분의 재정이 충당되므로, 홍보에 의한 참여자의 등록이 평생교육의 질은 물론 그 기관의 생존과도 관계되는 중요한 문제가 된다.

둘째, 홍보활동을 통해 평생교육기관의 인적 자원 및 재정적 후원자를 확보하는 것이 가능하다. 즉, 평생교육기관의 외부자원 중에서 재능기부자나 자원봉사자들을 홍보를 통해 스스로 찾아오게 할 수 있다는 것이다. 특히 자원봉사자의 유치는 그들 상호 간의 이해를 증진시키는 데 중요한 역할을 하는데, 비영리로 운영되는 평생교육기관의 경우, 이들의 활동은 기관을 운영하는 데 매우 중요하다. 또한 평생교육기관이 성공적으로 운영된다는 것은 반드시 학습자의 수만을 의미하는 것이 아니라 기관의 사명이나 가치 등을 공유하는 사람이 많다는 것도 의미한다.

셋째, 각종 매체를 통한 홍보의 내용 자체가 교육적 효과를 발휘할 수 있다. 평생교육이 추구하는 교육적 가치 그 자체는 어느 누구라도 긍정적인 평가를 하기 때문이다. 이에 학습자는 홍보의 내용을 통해서도 충분히 학습할 가능성이 있다고 할 수 있다. 따라서 평생교육기관의 기본적인 성격을 이해한다면 기관운영자는 프로그램을 통한 교육과 함께 홍보활동을 통해서도 교육적 효과를 거둘 수 있음을 주시해야 할 것이다.

넷째, 평생교육기관은 홍보를 통해 종사자의 지지와 이해, 공감과 결속력을 제공하여 기관에 대한 일체감을 형성할 수 있다. 기관과 관련된 다양한 대중과 적절한 관계를 맺는 것은 기관의 활동을 활성화하고 성공적으로 운영하는 데 중요한 요소가 된다. 이러한 홍보를 통해 기관의 사명이나 프로그램 등을 다양한 대중에게 전달하고 바람직한 의견을 수렴함으로써 평생교육기관의 질도 효과적으로 관리할 수 있게 된다. 이와 같이 홍보의 중요성을 다시 정리하면, 평생교육 실무자는 프로그램 개발이 종료되면 강좌를 개설한다는 것을 잠재적 학습자에게 공지해야 한다. 프로그램 홍보는 개설된 강좌에 사람들을 등록시키는 데에 결정적인 요소가 된다.

(2) 홍보의 원칙

홍보의 효과를 극대화하기 위해서는 대중에 대하여 일관성 있는 원칙을 가지고 홍보가 이루어져야 한다. 구체적인 일반적 홍보원칙을 살펴보면 다음과 같다(최은수 외, 2014; 이향란, 2015).

① 진실성의 원칙

홍보는 있는 그대로 정확한 내용을 전달해야 한다. 간혹 과장되거나 허위 사실을 전달하여 세상에 물의를 일으키는 보도를 접한 경우가 있을 것이다. 이와 같은 행위는 범법행위이고 사회에 혼란을 야기하며 신뢰감을 잃게 만드는 행위가 된다. 따라서 홍보의 내용은 정확하고 진실된 사실들만을 전달해야 한다.

② 상호작용의 원칙

홍보는 제공자의 일방적인 정보의 제공에만 그치는 것이 아니라 대중과 공급 주체인 평생교육기관의 사이에 일어나는 상호작용에 근거해야 한다. 즉, 평생교육기관이 추구하는 교육적 이념에 공감하고, 자신들의 교육요구에 부합하는 프로그램을 접하였을 때 학습 동기를 일으키게 되는 것이다. 이러한 상호작용이 있을 때 비로소 잠재 학습자는 수강을 결심하게 된다.

③ 공공이익 합치의 원칙

홍보는 계몽적 성격을 바탕으로 대중을 의식하고 그들의 이익과 공공의 이익을 실현할 수 있는 모습을 담아야 한다. 즉, 단순히 기관과 교육 프로그램을 알리는 데만 주력할 것이 아니라 이러한 홍보를 통해 평생교육에 대한 새로운 시각과 생각을 가질 수 있도록 하는 것들이 포함되어 있어야 한다.

④ **인간적 접촉의 원칙**

홍보는 대중을 상대로 하기 때문에 인간적인 관계가 중요시된다. 자칫 잘못하면 복잡한 매체들을 활용하게 됨으로써 비인간화를 초래할 수도 있기 때문에 조심하여야 한다. 특히 인터넷 문화가 매우 확산된 시점에서 지나치게 디지털적인 홍보로 인하여 인간적인 면을 잃게 될 경우, 오히려 홍보의 역효과를 초래할 수도 있다.

(3) 홍보내용

홍보내용은 평생교육기관의 소식, 교육 프로그램, 평생교육 소식 등으로 구성될 수 있다. 평생교육기관의 소식으로는 각종 사업, 지역사회 소식 등이 소개될 수 있으며, 교육 프로그램은 교육과정, 교육내용, 교육방법, 교육기간 및 일시, 교육장소, 교육비 등을 포함하여 소개될 수 있다. 평생교육 소식으로는 국가의 평생교육정책이나 평생학습관 소식 등이 소개되기도 한다(권인탁 외, 2014).

(4) 홍보매체의 선정원칙

홍보매체의 제작과 함께 중요한 것이 매체의 선정이다. 홍보매체 선정을 위한 몇 가지 기본 원칙은 다음과 같다(권인탁 외, 2014; 이향란, 2015).

첫째, 홍보매체의 특성을 감안하여 주 매체를 선정하고 그 매체의 단점을 보완할 수 있는 보조매체를 다각적으로 활용한다.

둘째, 무료 홍보수단(지역신문 등)을 보조 홍보매체로 최대한 활용한다.

셋째, 홍보내용이 간단한 것은 '눈보다는 귀', 복잡한 것은 '귀보다는 눈'을 활용하는 홍보매체를 선택한다.

넷째, 그 대상의 교육수준이 낮을수록 청각매체를 활용하고, 반면에 대상의 교육수준이 높을수록 시각매체를 활용하는 것이 바람직하다.

다섯째, 광범위하게 홍보할 수 있는 매체를 선택한다.

여섯째, 내용을 정확하게 전달할 수 있는 매체를 선택한다.

일곱째, 빠른 정보전달이 가능한 동시성 있는 매체를 선택한다.

여덟째, 학습요구를 촉진시킬 정도의 내용전달이 가능한 매체를 선택한다.

아홉째, 최소한의 경비로 최대의 효과를 얻을 수 있는 매체를 선택한다.

(5) 홍보의 과정

프로그램의 활성화를 위해 별도의 소요 비용 없이 잠재 학습자들에게 전달하는 것을 목적으로 실행하게 된다. 홍보의 과정은 다음과 같이 진행된다(김진화, 2002).

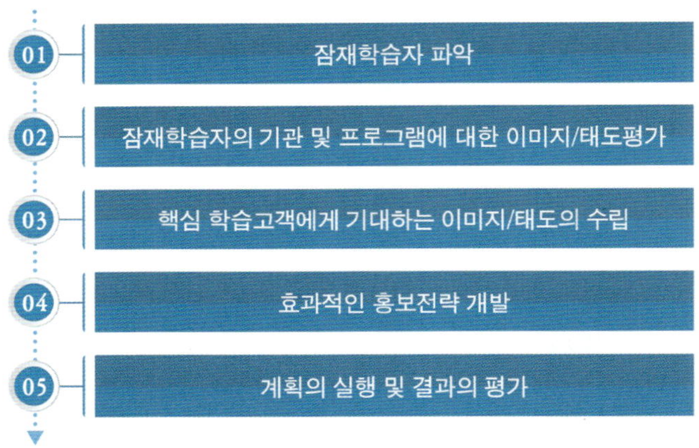

| 그림 8-4 | **프로그램 홍보의 과정**

1단계, 잠재 학습자에 대한 파악을 한다. 평생교육기관을 둘러싼 잠재 학습자들에 대한 정보를 수집하고 분석하여 목표집단을 탐색하도록 한다.

2단계, 잠재 학습자의 기관 및 프로그램에 대한 이미지 및 태도를 평가한다. 잠재 학습자들이 평생교육기관과 운영하고 있는 프로그램에 대해 어떠한 태도와 이미지를 갖고 있는지 평가하도록 한다.

3단계, 핵심 학습고객에게 기대하는 이미지 및 태도를 수립한다. 잠재 학습자 가운데 수강을 주도할 수 있는 핵심 학습고객에게 평생교육기관이 기대하는 바를 정립하도록 한다.

4단계, 효과적인 홍보전략을 개발한다. 앞서 실시했던 조사자료를 근거로 효과적인 홍보전략을 개발하도록 한다.

5단계, 계획의 실행 및 결과에 대한 평가를 실시한다. 홍보를 실시한 이후 실행단계는 효과적으로 진행되었는가? 그리고 홍보의 결과는 만족스러운가에 대한 평가를 실시하여 피드백하도록 한다. 평가는 다음의 홍보에 소중한 자료를 제공하게 된다.

(6) 홍보매체의 종류

① 구두(口頭) 및 전화

구두(口頭)의 홍보방법으로는 전화상담, 공식적 연설, 종교기관 혹은 시민 사회단체 특강, 비공식적인 대화, 학습자 또는 회원들의 입소문 등을 활용할 수 있다. 구두 홍보의 장점은 개별적인 접촉을 통하여 정확하게 전달할 수 있으며, 보다 안정적인 학습자를 확보할 수 있고, 비용이 거의 들지 않는다. 단점은 전달자의 자질과 신뢰성에 의해 좌우될 수 있다.

전화를 통한 마케팅은 우편물을 통한 홍보보다 고객에게 쉽게 접근할 수 있는 매체이다. 그러나 인터넷과 함께 스팸이 만연하여 광고효과 면에서는 다소 효과성이 떨어진다.

② 강의 안내지 및 브로슈어 등 인쇄물

강좌명은 단순하고 이해하기 쉬워야 한다. 복잡한 강좌명은 혼동되기 쉬우며, 불명확한 제목은 학습자들의 시선을 유인하지 못한다.

첫째, 개요는 강사명, 교육장소, 시간, 기간, 비용, 교재비, 강좌번호, 그 외에 필요한 정보가 포함된다.

둘째, 과정설명은 처음 한두 단락은 극적이거나 흥미로워야 한다. 처음 몇 단어를 가지고 고객은 계속 읽을 것인가, 아니면 다른 쪽으로 갈 것인가를 결정하게 된다. 다음 개요과정은 어떠한 설명이든 고객들의 관심을 끌어야 하며, 사실에 입각한 완전하고 정확한 요소를 갖추어야 한다.

셋째, 강사의 약력은 과정 설명 하단에 간략하게 독립된 문장으로 올린다. 강사의 자격은 그의 경력을 소개하는 것으로 설명하고, 그 과정을 진행하면서 갖는 흥미와 동기를 약력에 첨부하면 참가자가 강사를 호감 있게 받아들일 수 있다. 학위 등의 소개는 가능한 한 삼가하는 것이 학습자들과의 간격을 좁힐 수 있을 것이다.

프로그램에 대한 안내문을 인쇄 제작하여 게시판을 붙이거나, 신문의 간지로 삽입하여 신문구독자에게 전달될 수 있도록 하는 데 활용한다.

③ 대중 잡지 및 신문

잡지는 일반적으로 크게 주간지와 월간지로 나누어 볼 수 있는데, 특수한 층을 대상으로 하기 때문에 광고효과 측면에서는 효과성이 떨어질 수 있다.

신문의 홍보내용은 강좌명, 교육기간, 수강료, 모집기간, 전형방법, 문의처 등으로 지역신문 중 무료 배포지를 활용한다(예: 교차로, 벼룩시장 등). 신문 홍보의 장점은 전문적인 교육내용일수록 효과가 크고, 불특정 다수를 대상으로 광범위한 홍보가 가능하며, 모집기간에 맞춘 빠른 정보전달이 가능하다. 그리고 단점은 홍보비가 많이 들고, 무료 홍보일 경우 게재될 가능성이 적다는 것이다.

④ 안내책자

안내책자의 홍보내용은 교육 목적이나 목표, 교육기간, 강사명, 수강료, 특전, 모집기간, 문의처, 기타 공지사항 등으로 구성된다. 안내책자의 장점은 최소의 경비로 실속 있게 제작하고, 학습안내를 받고자 하는 학습자에게 배부하거나 상담용으로 활용할 수 있다. 보다 자세한 학습 정보일수록 한 안내책자를 개별 우송함으로써 학습동기를 유발하고, 장기간 활용할 수 있다. 단점은 한 번 제작하면 수정하기 어렵다는 것이다.

⑤ TV 방송매체

방송을 통한 홍보는 대중적 매체로 가장 넓은 층에게 전달될 수 있는 장점을 갖고 있다. 그러나 비용의 부담이 크기 때문에 신중히 고려할 필요가 있다. 더욱이 재정적으로 열악한 평생교육기관이 방송매체를 활용하여 광고하기란 그리 쉬운 일은 아니다. 방송매체는 라디오 매체와 TV 매체로 나눌 수 있는데, 라디오에 비해 TV가 좀 더 많은 비용을 지출하는 대신 광고 효과 측면에서는 높은 효용성을 나타낸다. 최근에는 홈쇼핑을 활용한 홍보도 등장하고 있다.

활용방법은 뉴스, 인터뷰, 공공서비스 프로그램 등이다. 장점은 TV는 시각적 효과를 가지고 있으므로 야외활동 강좌와 같이 시각적 장면이 요구되는 강좌라면, TV 방송국에서 흥미를 가질 수도 있다. 지역방송을 활용한다면 그다지 많은 시간을 들이지 않고 효과를 얻을 수도 있다.

⑥ 현수막

홍보내용은 가급적 단순하게 구성, 교육기관의 존재와 모집기간 등을 집중 홍보하고, 홍보전략은 궁금증을 자아내게 하고 문의처만 남긴다(예: "직업 진로개발 이것이 해법이다~!", "나를 행복하게 만드는 비법, 도전하세요~!"). 장점은 재활용이 가능하다(내용 중에서 기간 부분을 공란으로 하면 매 교육 시 재사용 가능).

⑦ 새로운 홍보매체

단편영화 제작, 이벤트 사업, 인터넷 홈페이지, 홍보용 비디오 제작, CF 제작, 홍보용, CD 타이틀 제작 등이 있다. 최근 인터넷 블로그나 카페, 그리고 스마트폰을 활용한 무료 실시간 홍보는 많은 인기를 얻고 있다.

학습정리

1. 평생교육 마케팅의 성격은 첫째, 평생교육기관은 다중 마케팅 시스템을 특징으로 한다. 둘째, 평생교육기관은 이익과 무관한 여러 가지 목표를 추구한다. 셋째, 평생교육기관은 물리적 형태를 가진 상품보다는 서비스의 성격이 강한 상품을 제공한다.
2. 평생교육기관의 마케팅 필요성은 첫째, 다양한 평생교육기관이 급증, 둘째, 정부의 미흡한 재정지원, 셋째, 학습권에 대한 시민의식이 고조, 넷째, 시장논리에 의한 평생교육기관의 경영추세이다.
3. 평생교육시장이란 평생교육을 필요로 하는 잠재 학습자들과 이들의 요구에 부응하여 프로그램을 개발하여 운영하는 평생교육기관들이 상호 교류하는 장소를 의미한다.
4. 마케팅의 STP 전략이란 '시장을 세분화(segmentation)'하고, 거기서 그 '조직의 표적시장(targeting)'을 설정하고, 다른 경쟁조직과 '차별화된 위치를 선점(positioning)'하는 것이다.
5. 홍보의 효과를 극대화하기 위해서는 일관성 있는 원칙을 가지고 홍보가 이루어져야 하며 홍보 원칙으로는 ① 진실성의 원칙, ② 상호작용의 원칙, ③ 공공이익 합치의 원칙, ④ 인간적 접촉의 원칙이 있다.

평가하기

1. 평생교육기관의 마케팅 필요성으로 틀린 것은?

① 다양한 평생교육기관의 증가

② 정부의 미흡한 재정지원

③ 학습권에 대한 시민의식의 부족

④ 시장논리에 의한 평생교육기관의 경영추세

2. 홍보의 원칙 중 틀린 것은?

① 진실성의 원칙

② 효율성의 원칙

③ 공공이익 합치의 원칙

④ 인간적 접촉의 원칙

3. 평생교육 참여 장애요인과 해결방안에 대해 논하시오.

4. 평생교육기관 홍보의 중요성과 효과적인 홍보 전략에 대해 논하시오.

정답: 1. ③,　2. ②

Chapter 9

평생교육기관의 평가

학습목표

1. 평생교육 프로그램 서비스의 개념 및 특징을 알 수 있다.
2. 평생교육기관에서의 질 관리와 원칙에 대해 알 수 있다.
3. 평생교육기관의 고객만족 경영관리를 알 수 있다.

사전학습

1. 서비스는 무형성, 비분리성, 이질성, 소멸성의 네 가지 특성을 갖는다.
2. 교육서비스 품질 측정의 차원으로 유형성, 신뢰성, 응답성, 확신성, 공감성, 결과의 질이 있다.
3. TQM에서 경영관리의 역할은 조직에 TQM 가치를 보급하는 데 있으며, 조직 구성원들에게 자치권과 책임감이 주어진다. 또한 고객의 기대 파악과 고객의 기대수준을 점검하며, 공동자와의 협력관계는 품질과 서비스의 질적 향상을 가져온다는 특징을 갖고 있다.
4. 고객만족 경영의 3대 원칙으로 고객만족의 최우선, 고객과 가까이에 있는 현장요원들을 우대해 주는 관리체계로 전환, 고객만족도를 정기적으로 측정하여 문제점을 찾아내고 이를 개선하기 위한 활동의 주력이 있다.

1. 평생교육 평가의 의미

1) 평가의 개념

평가는 대상의 가치를 판단하고 의사를 결정하는 과정이다. 검사나 측정을 통하여 얻어진 결과를 바탕으로 대상의 특성을 확인하고 가치를 판단하여 평가자의 의사결정을 도와주는 활동이라고 볼 수 있다(권인탁, 2011).

검사는 평가적 판단에 필요한 근거자료를 수집하기 위하여 제시되는 방법적 활동으로 프로그램에 참여한 학습자의 반응을 살피기 위하여 제시되는 일련의 질문활동을 말한다. 측정은 대상의 특성을 검사도구를 활용하여 기술해 내는 활동을 말하며, 통상 수량화된 결과로 제시된다(김용현, 2014).

(1) 평가수준 및 범위에 따른 구분

- 교육평가: 평가수준 및 범위에서 가장 넓은 의미로 사용되는 것으로, 교육기관에서 이루어지는 모든 수준의 평가를 총칭한다.
- 교육기관 평가: 교육기관 전체의 시설 여건이나 운영 상태 등을 평가하는 것으로 교육과정평가와 구별하여 사용되고 있다. 흔히 일정한 평가수준을 충족한 경우에 교육기관으로서 적합함을 인증하는 인증평가로 시행되고 있다
- 교육과정(프로그램) 평가: 교육기관에 개설되어 운영하고 있는 교육과정이나 프로그램을 평가하는 것으로 교육이나 학습목표의 성취 여부, 교수 학습과정, 교육이나 학습의 결과 등을 평가한다. 교육기관 평가와 대비하여 학문 영역이나 프로그램별로 구분하여 평가가 이루어진다.
- 수업평가: 평가수준 및 범위에서 가장 좁은 의미로 사용되는 것으로 수업활동이나 학습활동을 평가하는 것이다. 일정단위의 수업이나 학습을 통한 학습자들의 성취도나 태도의 변화 정도를 평가하고, 교육만족도나 교수자의 교수방

법의 적합성 등을 평가한다.

(2) 평가시기에 따른 구분

한편 평생교육 평가의 유형에는 평가의 시기에 따라 진단평가(diagnostic evaluation), 형성평가(formative evaluation), 총괄평가(summative evaluation)의 세가지로 구분할 수 있다.

- 진단평가는 프로그램 실시되기 전 출발점에서, 학습자들의 특성과 학습 상태를 평가하는 것이다. 학습자들에게 적합한 학급 편성과 학습 실패의 원인을 발견하여 대책을 마련하는 데 목적이 있다.
- 형성평가는 프로그램을 실시하는 도중에 이루어지는 것으로 학습 진행과정을 수시로 평가하는 것이다. 어떤 활동이 개선되거나 강점이 유지되고 약점이 보강될 수 있도록 하기 위해 증거를 수집하고 그것을 평가하는 과정이다. 창조적인 탐구과정을 통하여 끊임없이 대안을 찾아냄으로써 학습의 성취나 수업과정의 개선사항 내지 결함을 찾아내서 그것을 보강하기 위한 것이다.
- 총괄평가는 프로그램 최종단계에서 프로그램의 효과를 종합적으로 평가하여, 프로그램을 계속할 것인지, 아니면 종료할 것인지 판단하는 것이다.

이 세 유형의 평가에서는 평가자의 역할이 다르다. 진단평가와 형성평가에서 평가자는 교수자(instroctor)나 조직자(organizer)가 된다. 총괄평가는 제3자를 통해 객관성을 유지하는 것이 바람직하다. 그러므로 목적에 따라 병행하여 사용하는 것이 더 효과적이다.

(3) 평가대상에 따른 구분

- 교육 담당자를 대상으로 하는 평가: 평생교육 프로그램을 운영했던 담당자들을 대상으로 업무 수행과정이나 교육내용, 교수자 등을 평가하는 것이다.

- 학습자를 대상으로 하는 평가: 프로그램에 참가한 학습자들을 대상으로 프로그램 전반에 대한 만족도와 교수자의 자질, 학습효과, 시설 여건 등을 평가하는 것이다. 주로 설문지를 통하여 평가하며, 대표자를 선발하여 인터뷰를 개최하여 의견을 집약할 수도 있다.
- 교수자를 대상으로 하는 평가: 프로그램에 참여한 교수자들을 대상으로 학습 분위기와 학습자들의 태도, 학습지도상의 어려움, 프로그램 내용 구성과 운영 전반에 대한 건의 사항 등을 평가하는 것이다.

(4) 양(정량)적 평가와 질(정성)적 평가

- 양(정량)적 평가: 평가결과를 수량화하는 평가방법이다. 실증주의적 인식론에 바탕을 두고 있으며, 일반적으로 가설을 설정하고 객관도, 타당도를 활용한 질문지법을 사용하여 증명한다. 평가에 따른 시간을 절약할 수 있고, 대량표집을 할 수 있다는 장점이 있지만, 평가자 위주의 질문 작성과 응답자의 주어진 질문에 파동적으로 답변해야 하는 한계를 지니고 있다.
- 질(정성)적 평가: 구성주의적 인식론에 바탕을 두고 있으며, 일반적으로 참여관찰법을 활용하여 평가자의 주관적인 해석으로 의미를 파악한다. 평가자의 겸손한 자세와 피평가자의 논리와 상황 위주로 평가를 실시한다는 장점이 있지만 시간과 비용이 많이 소요되고 소량만 평가할 수 있으며 평가결과를 객관화하는 데 어려움이 따른다. 평가척도로 활용될 때 정성평가는 정량화할 수 없는 문제에 체크리스트를 활용하여 평가자가 주관적으로 수준을 결정한다.

2) 평생교육기관의 평가

평생교육기관의 평가란 평생교육기관에서 운영하는 프로그램이 설정한 학습목표를 어느 정도 달성했는지, 학습활동이 계획대로 진행되었는지, 그리고 학습자들의 학습과 성장에 어떤 영향을 주었는가를 확인하고 가치를 판단하는 과정이다. 학습자의 학업성취도를 평가할 뿐만 아니라 학습자가 직면한 여러 가지 문제를 진단하고 교육효과를 평가하여 평생교육 정책이나 프로그램 개발에 반영하는 데 목적이 있다.

평생교육기관의 평가는 경영과정의 마지막 단계이다. 경영목표달성 정도의 점검과 조직성과를 평가한다. 평생교육의 질 관리의 핵심 요소로 경영 전 과정에 대한 평가와 피드백이 필수적이다. 교수-학습, 행정활동의 평가를 통한 관계자에 대한 피드백은 조직원의 역량강화의 초석이 된다.

평생교육에서는 끊임없이 다양하게 변하는 상황을 확인하고 판단하는 일련의 과정이 평가라고 할 수 있다. 평가는 양적으로 표현되는 측정에만 의존하여서는 안 되며, 평가의 자료나 증거는 질적인 것도 포함할 뿐 아니라 인간의 심리적 과정이나 행동, 표현, 그리고 이들을 야기하는 환경이나 상황 등 측정하기 어렵거나 수량화할 수 없는 것, 즉 질적인 것까지 포함되어야 한다.

2. 평생교육 기획단계 평가

평가를 기획하고, 실행하고, 해석하고 활용하는 능력은 전략적 기획과 효과적 리더십에서 중요한 기술이다. 잘 기획된 평가는 환경조사과정 중에도 중요한 데이터를 제공한다. 평가는 평생교육경영에 관련하여 더 바람직한 의사결정을 내리는 데 필요한 일종의 자료를 모을 수 있도록 계획될 수 있다.

평생교육기획의 평가는 기관의 내부 요소와 외부 환경의 평가로 구분할 수 있다, 기관 내부의 평가는 기관의 구조, 시스템, 전략 등이 평가될 수 있다. 대부분 구조의 평가는 평생교육기관의 부서 또는 모기관의 조직표를 검토하면서 시작된다. 기관의 투입요소는 사람, 장비, 재료, 금전일 수 있으며, 산출은 재화와 용역, 비용 등일 수 있다. 평생교육기관의 내부자원요소로는 프로그램, 사람, 고객, 시설, 재정 등이 평가될 수 있다.

평생교육경영자는 평가에서 가장 먼저 기관의 사명을 분석하고 확인해야 한다. 평생교육경영자는 문화적 평가로부터 획득된 새로운 자료와 기관의 기존 지식을 합쳐서 미래의 비전을 설정해야 하며 이를 실현하기 위한 전략을 전개해야 한다.

평생교육기관경영에 있어서 선행평가(proactive evaluation)는 기관의 문제를 미리 예측하고 예방할 수 있다. 이는 평생교육의 기획단계에서 이루어지는 전략평가이다. 즉 프로그램, 인력, 고객, 시설, 재정 등의 요소에 대하여 조직의 환경요소인 외부조건, 기관적 조건, 구조적 조건, 문화적 조건을 평가하는 기획평가 또는 전략적 기획의 평가다. 평생교육 기획단계에서의 평가는 평생교육기관의 의사결정과 전략적 기회에 대하여 논리적이고 신뢰할 만한 토대를 제공한다(권인탁, 2011).

3. 교육 프로그램 서비스의 질 평가

1) 교육 프로그램 서비스의 개념 및 특징

서비스란 고객에게 만족을 주는 무형의 활동으로 소유권 이전을 수반하지 않고 제공되며, 일반적으로 저장하거나 운반할 수 없고, 주로 사람에 의해 결정되는 것이다(홍금순, 2005). 이와 같은 서비스의 개념을 전제로 하였을 때, 평생교육기관에서의 교육 프로그램 서비스란 교강사, 교직원 등 공급자인 기관측이 수요자인 프로그램 참가자(학습자)에게 교육적 목적 달성에 관련된 유형·무형의 서비스를 제공함으로써 참가자(학습자)에게 물질적·정신적 만족을 실현시켜주는 일체의 활동이라고 할 수 있다.

일반적으로 서비스 품질은 학습자에 의해 주관적으로 인식되는 품질이며 객관적인 품질과 구분하기 위해 이러한 주관적 품질을 '지각된 서비스 품질'이라고 정의한다. 다음은 여러 연구결과를 토대로 하여 만들어진 6개의 교육서비스 품질측정의 차원들에 대한 설명이다(박주성 외, 2003).

(1) 유형성

유형성(tangibles)은 물리적 시설, 장비 등의 외형적으로 형태가 있는 서비스의 요인으로 정의된다. 이 모든 것은 고객, 특히 신규고객이 품질을 평가할 때 사용하는 서비스의 물리적 표현과 이미지를 제공한다.

(2) 신뢰성

신뢰성(reliability)은 약속한 서비스를 정확히 제공하는 능력으로 정의된다. 교육기관이 서비스 제공, 문제해결 등에서 직접적으로 한 약속이나 교육기관의 목표 및 이념이나 정책을 직·간접적으로 한 약속을 제대로 제공하는 것이다.

수요자인 학습자들은 약속을 지키는 교육기관과 관계 맺기를 원하며, 특히 핵심서비스와 관련된 약속일 경우 더욱 그러하다. 고객이 기억하는 문제의 대다수는 핵심서비스 시스템의 실패와 이를 해결하려는 후속조치의 미비 등을 들 수 있는데, 특히 규범성을 강조하는 교육기관은 신뢰성 확보가 중요하다.

(3) 응답성

응답성(responsiveness)이란 고객을 도와주려는 의지와 신속히 서비스를 제공하고자 하는 의지이다. 이 차원은 고객의 요구, 질문, 불만, 문제 등을 처리하려는 배려와 신속성을 강조한다. 응답성은 도움, 질문에 대한 대답 및 문제해결을 하는 데 기다리는 시간 등으로 고객에게 전달된다. 또한 응답성은 유연성과 고객의 욕구에 서비스를 맞추는 고객화란 개념을 포함한다.

(4) 확신성

확신성(assurance)은 교육기관 당국과 학습자의 지식, 정중함, 믿음직함을 느끼게 하는 능력으로 정의된다. 이 차원은 고객에 의해 위험이 높다고 지각되는 서비스나 은행, 보험, 증권업, 의료, 법률 서비스 등의 서비스와 같이 결과를 평가할 능력에 대해 자신이 없을 때 중요하다. 믿음과 확신은 증권 중개인, 보험대리인, 변호사, 컨설턴트 등과 같이 고객에게 회사의 서비스를 연결하는 사람에게서 구현된다. 이러한 서비스의 경우 회사는 핵심접촉 인물과 고객 사이의 믿음과 애호가 형성되기 때문이다.

(5) 공감성

공감성(empathy)은 교육기관이 학습자 개개인에게 제공하는 주의와 보살핌으로 정의된다. 공감성의 핵심은 개인화되고, 주문화된 서비스로 고객이 독특하고 특별하다는 것을 전달하는 것이다. 고객은 서비스를 제공하는 대학이 자신을 이해하고 중요하게 느끼길 원한다. 평생교육기관의 교직원들은 학습자들의 욕구성향을 알고, 학습자들의 개별적인 욕구와 기호까지 알아 이를 감안한 관계를 구축해야 할 필요가 있다.

(6) 결과의 질

결과의 질(quality of consequence)은 평생교육기관의 교육서비스에 대한 학습자들의 욕구 충족도와 만족도, 그리고 과정 이수 후 진로 및 취업의 용이성으로 정의된다.

평생교육서비스 품질 평가는 유형성, 신뢰성, 응답성, 확신성, 공감성, 결과의 질의 요소를 파악하는 것이다.

2) 평생교육기관에서의 질 평가

평생교육기관에서 제공하는 프로그램은 하나의 교육서비스이다. 교육서비스로써의 프로그램의 품질향상력은 평생교육기관에서의 질 평가 내용이 된다. 그래서 교육서비스의 질적 향상은 고객의 요구에 초점을 둠으로써 출발하며, 고객만족은 성공을 위한 중요한 요인이 된다.

4. 고객만족도 평가

1) 고객만족의 개념

고객만족(customer satisfaction)은 '고객의 요구와 기대에 부응하여 그 결과로써 상품, 서비스상의 재구입이 이루어지고 아울러 고객의 신뢰감이 연속되는 상태'라고 이해되고 있다. 그러면, 여기서 '고객'이란 누구인가를 규명하는 것이 우선적으로 필요하다고 본다. 평생교육기관의 입장에서 보면 고객은 곧 평생교육기관의 '이해관계자'를 의미한다. 여기서 이해관계자란 넓은 의미로는 '조직의 안팎에서 나(우리 기관)의 일의 결과를 사용하는 사람'을 말한다. 이렇게 보면, 나의 고객은 조직 내에서는 직장 상사, 동료, 그리고 부하 직원일 수 있고, 조직 외에서는 관련 업체의 직원들이라든가 우리 기관이 제공하는 프로그램이나 서비스의 '소비자'를 일컫는 말이다. 평생교육기관이 제공하는 교육 프로그램의 소비자는 곧 학습자이기 때문에, 교육기관에서의 '학습자는 소비자인 동시에 고객이고, 고객인 동시에 배우고 가르치는 자'인 것으로 이해된다.

흔히 기업체에서의 고객만족은 제품, 서비스, 이미지의 3가지가 많이 언급되곤 하는데, 이를 평생교육기관에 대비하여 보면 평생교육기관에서의 고객만족은 유형적인 교육 프로그램 만족, 무형적인 교육서비스 만족과 기관이미지 만족의 3가지로 구분할 수 있다(계도원, 2013). 말하자면, '고객은 무엇으로 만족하는가?'에 대한 답이 바로 이들 요소에 달려 있다는 것이다. 곧, 평생교육기관에 있어서 고객 만족은 직접적인 요소인 교육 프로그램과 서비스, 그리고 간접적인 요소인 평생교육기관 이미지의 총합에 의해 결정된다. 여기서 교육 프로그램 만족과 교육서비스 만족은 고객만족의 직접적인 요소이지만, 기관의 이미지는 간접적인 요소이기도 하다. 교육 프로그램 만족은 교육 프로그램의 하드웨어적 가치와 소프트적 가치를 말하는데, 하드웨어적 가치는 프로그램의 내용 등 소위 유형적인 가치를 말하고, 소프트적 가치는 간소한 등록절차, 친절한 상담, 행정절차의 편의성 등 무형적인 가치를 말한다. 이러한 교육활동 및 교육서비스에 대한 만족은 학습자들의 지속적인 등록은 물론 좋은 구전효과를 초래할 수 있는 반면, 불만족한 고객은 곧바로 등록을 중단하거나 중도탈락하게 될 뿐만 아니라 좋지 못한 구전을 통하여 기관에 학습자들이 유입되는 것을 가로막아 기관발전의 저해요소로 작용하게 된다.

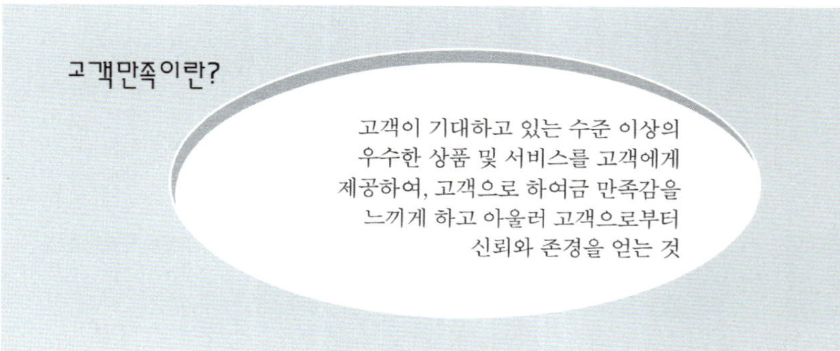

출처: 김용현(2014). 평생교육프로그램개발론. 경기: 양서원.

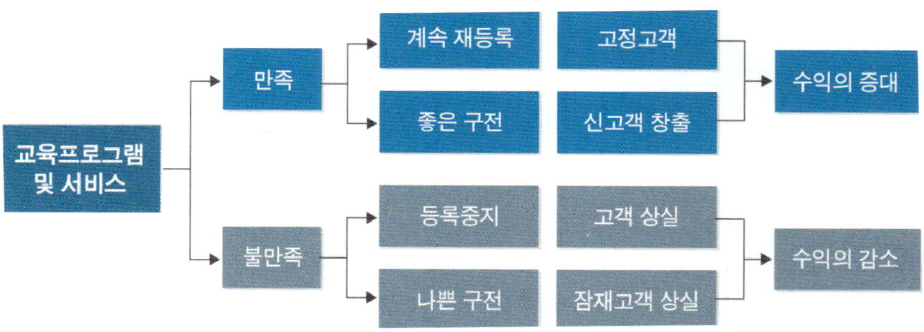

출처: 김용현(2011). 평생교육개발론. 경기: 양서원.

| 그림 9-1 | 교육 프로그램 및 서비스의 만족 및 불만족 효과

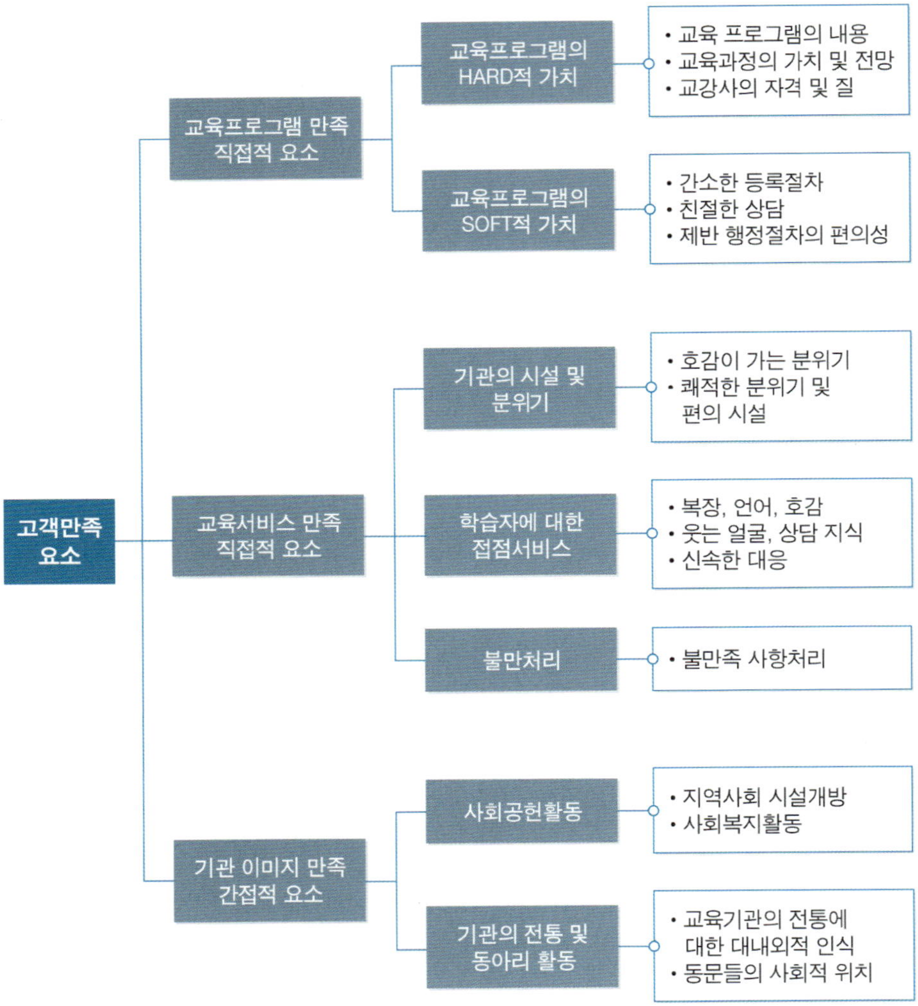

출처: 김용현(2011). 평생교육경영론. 경기: 양서원.

| 그림 9-2 | 고객만족의 3요소와 그 하위 요인

2) 고객만족 경영체제

고객만족은 눈앞에 닥친 불을 끄는 데 급급한 수단이 아니라, 평생교육기관이 하나의 조직으로서 경영의 목적, 기관의 중심비전이자 사명이 되어야 한다. 이것은 한낱 구호에 그치거나 고객만족 헌장을 제정하고 현판식을 거행하거나 하는 식으로는 달성되지 않는다. 고객만족을 실천하기 위해서는 [그림 9-3]과 같이 고객만족 경영을 위한 실천 체제가 구축되고 정착되어야 하며, 기관의 경영체제의 모든 부문에서 고객만족 개념을 접합시켜야 한다. 이를 위해서는 고객만족 경영의 3대 원칙이 필요하다(김영한, 1997).

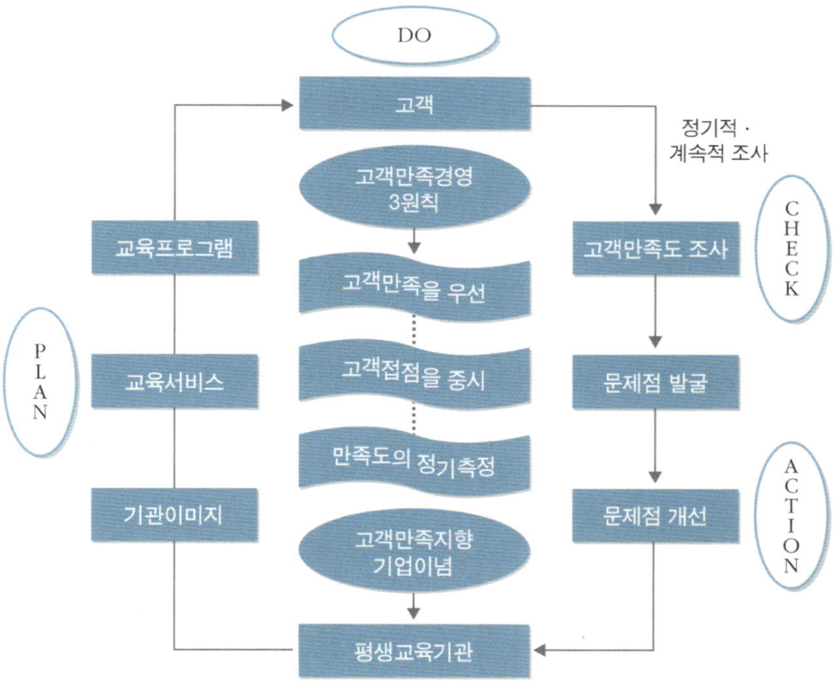

출처: 김용현(2011). 평생교육경영론. 경기: 양서원.

| 그림 9-3 | 고객만족 경영체제의 개요

첫째, 경영활동 중에 고객만족이 최우선시되어야 한다. 기존에는 경영활동에 있어서는 성장성이라든가 수익성 등이 강조되었지만, 고객만족 경영에 있어서는 항상 고객위주로 생각하는 발상이 지배적이다.

둘째, 고객과 가까이에 있는 직원, 교강사 등과 같은 현장요원들을 중요시하고 그들을 우대해 주는 관리체제로 전환되어야 한다.

셋째, 고객만족도를 정기적으로 측정하여, 그 결과에서 문제점을 찾아내고 이를 개선하기 위한 활동에 주력해야 한다. 모든 성과는 측정할 수 있어야 하며, 측정 없이는 성과관리가 불가능하다는 인식하에 고객만족도를 측정해야 한다.

이와 같은 고객만족 경영의 3대 원칙을 토대로 평생교육기관은 서비스 만족, 교육 프로그램의 질 만족, 그리고 기관 이미지 만족 등을 기할 수 있어야 하며, 이는 곧 교직원 만족으로부터 출발한다는 것을 인식할 필요가 있다. 왜냐하면, 평생교육기관 경영자의 입장에서 보았을 때 제1차적인 고객은 평생교육기관의 구성원인 교직원이고, 이들이 우선적으로 만족해야만 이들을 통해 학습자만족, 교강사만족, 나아가서 외부 관련 단체나 기관으로부터 만족을 이끌어낼 수 있기 때문이다.

이와 함께 고객만족 서비스의 질과 학습자들에 대한 서비스의 질을 개선하기 위해서 평생교육기관의 경영자들이나 구성원들이 귀를 기울여야 할 방안을 간추리면 다음과 같다(Kotler & Lee, 2007).

첫째, 최고 경영자의 고객서비스에 대한 인식 및 지원이 필수적이다. 평생교육기관의 최고경영자는 평생교육기관의 전반적인 경영뿐 아니라 평생교육기관 내의 학습자서비스 문화를 구축하고 이를 구성원들에게 체득하도록 하는 데 중요한 인사이다. 최고경영자의 철학·신념·의지 등은 그 무엇보다 중요하다고 볼 수 있다. 실제적으로 평생교육기관에서 모든 서비스의 질은 최고경영자의 지도력(leadership) 수준에 의해 좌우된다고 볼 수 있다.

둘째, 학습자와 교직원과의 서비스 접점지대를 분석하여 무엇이 문제이고, 무엇을 개선해야 하는지를 재설계하는 것이 필요하다. 우선, 평생교육기관은 학습자들의 기대와 평생교육기관의 서비스 수행 간의 차이를 없애기 위해 기본적인 문제점을 찾아내어 서비스를 재설계하는 것이 중요하다. 여기에는 상담 및 수강신청제도, 등록제도, 증명서 발급 등 학습자와 직접적으로 관련된 서비스의 내용과 전달방식을 개선하는 것을 말한다. 한편, 기존의 조직을 서비스 중심체제로 재설계하는 작업도 필요하다.

셋째, 교직원 및 교강사에게 중단 없는 교육기회를 제공하고 동기부여 체제를 구축하는 것이 필요하다. 서비스 지향적인 평생교육기관의 직원들은 학습자에 대한 서비스 마인드가 충만하다. 한마디로 조직 자체가 서비스 문화가 가져야 하고 직원들이 학습자들을 위해 봉사하겠다는 신념 · 가치관 · 철학이 있어야만 서비스의 질이 높아질 수 있다. 그런데, 여기에서 중요한 점은 평생교육기관 경영자들이 직원들로 하여금 학습자들을 위해 서비스하도록 요구하는 만큼 직원들에게도 인간적인 배려, 상호지지, 그리고 일의 수행에 대한 진정한 감사의 표시가 있어야 한다.

넷째, 일선에서의 서비스 제공자에게 권한을 부여할 필요가 있다. 평생교육기관에 있어서 대부분의 서비스는 대면적 만남을 통해서 이루어진다. 따라서 일선에 있는 서비스 제공자(특히, 교강사 및 직원)의 사고, 태도, 전문성이 학습자의 만족 수준을 결정한다. 그러므로 서비스 수행에서 일선 담당자들에게 결정권을 넓혀주는 일이 중요하다.

다섯째, 학습자들이 평생교육기관 내에서의 다양한 서비스를 제대로 활용할 수 있도록 적극적인 조치가 필요하다. 이는 평생교육기관에서의 생활 초기나 중간에 학습자들에 대한 철저한 오리엔테이션이 중요함을 의미한다. 예컨대, 평생교육기관의 자료실을 활용할 수 있는 능력을 키워주면 자료실 직원의 도움 없이도 원하는 자료를 찾을 수 있어서 불필요한 갈등이나 시간낭비를 줄여주어 학습자의 만족도는 높아질 것이다. 평생교육기관의 편에서 보면, 잘 훈련된 학습자는 '직원의 일부'가 되는 셈이기 때문에 경비절감의 효과도 기할 수 있다.

여섯째, 가시성(visibility)이 높은 조치를 우선 행해야 한다. 학습자들을 위해 개선해야 할 서비스 중에는 아주 근본적이며 중요하지만 많은 시간과 비용이 요구되는 것이 있는 반면, 손쉽게 해결할 수 있는 문제도 있다. 이럴 경우, 우선 적은 시간과 비용으로 해결 가능하면서도 학습자들이 직접적으로 그 개선의 정도를 확인할 수 있는 조치를 취하는 것이 필요하다. 그 이유는 학습자들로 하여금 우리 평생교육기관은 학습자를 위해 무엇인가 '행하고 있다'는 믿음을 줄 수 있기 때문이다.

마지막으로, 학습자들과 체계적인 의사소통 체제를 확보하고 지속적으로 관리를 하는 것이 필요하다. 평생교육기관은 높은 수준의 서비스를 제공하는 일과 함께 서비스의 재설계 등을 학습자들에게 공개할 필요가 있다. 이를 테면, 한 학기가 지나면서 평생교육기관이 등록절차를 변경하였다면, 이에 대한 구체적인 내용을 학습자들에게 자세하게 알려주는 것이 좋다. 그래야만 학습자들의 불평을 줄이고 협조를 구할 수 있으며, 스스로 등록에 필요한 계획을 세울 수가 있기 때문이다.

3) 고객만족도 조사

고객이 어느 상품을 구입했을 때 구입한 상품과 서비스에 어느 정도 만족하고 있는가를 중요시하는 마케팅 수법, 상품에 대한 고객의 만족도, 또는 소비자만족도라고 한다. 상품의 품질과 성능만이 아니라 점원의 서비스, 애프터서비스 등도 포함된다. 종합적인 의미로는 상품의 공급부터 고객이 기대한 만족도, 실제로 느낀 만족이 어느 정도 높은가 하는 것이다.

고객만족도조사설문지란 회사의 제품이나 고객의 만족 정도를 파악하기 위해 작성하는 설문지를 말하며, 고객이 구매한 제품 또는 서비스에 대한 평가를 기재하도록 한다. 고객만족도조사설문지를 작성할 때는 조사 일자, 평가 내용, 품질, 평가, 점수, 고객 의견 등으로 구분하여 각 항목에 정확한 내용을 기재하도록 한다. 고객만족도조사설문지는 일반적으로 무기명으로 작성하나 설문지의 성격에 따라 구매한 교육 프로그램 또는 서비스를 포함하여 설문지 작성자의 성명을 기재하기도 한다. 고객만족도조사설문지를 작성함으로써 평생교육기관에서는 교육 프로그램 또는 서비스에 대한 고객의 평가를 확인할 수 있으며, 이를 통해 교육 프로그램 또는 서비스를 개선하여 고객 만족도를 높일 수 있으며, 평생교육기관의 경쟁력을 높이기 위한 참고 자료로 활용할 수 있다.

학습정리

1. 서비스란 고객에게 만족을 주는 무형의 활동으로 소유권 이전을 수반하지 않고 제공되며, 일반적으로 저장하거나 운반할 수 없고, 주로 사람에 의해 결정되는 것으로 무형성, 비분리성, 이질성, 소멸성의 네 가지 특성을 갖는다.

2. 교육서비스 품질 측정의 차원으로 ① 유형성, ② 신뢰성, ③ 응답성, ④ 확신성, ⑤ 공감성, ⑥ 결과의 질이 있다.

3. TQM의 주요 특징으로 첫째, 경영관리의 역할은 조직 전반을 통해 TQM 가치를 보급하는 데 있다. 둘째, 조직 구성원들에게 문제해결이나 직무완성을 위한 목적으로 자치권과 책임감이 주어진다. 셋째, 고객이 누구이며, 고객의 기대가 어떤 것인지 파악하는 일에 공동관심을 두고, 성취된 고객의 기대수준이 어느 정도인지 점검한다. 넷째, TQM 연수는 실행과정에 실질적인 도움을 준다. 다섯째, 공동자와의 협력관계는 품질과 서비스의 질적 향상을 가져온다.

4. 고객만족 경영의 3대 원칙으로 첫째, 경영활동 중에 고객만족이 최우선시되어야 한다. 둘째, 고객과 가까이에 있는 직원 교강사 등과 같은 현장요원들을 중요시하고 그들을 우대해주는 관리체계로 전환되어야 한다. 셋째, 고객만족도를 정기적으로 측정하여, 그 결과에서 문제점을 찾아내고 이를 개선하기 위한 활동에 주력해야 한다.

평가하기

1. 교육서비스 품질측정에 대한 요소로 맞는 것은?

① 무형성

② 이질성

③ 소멸성

④ 확신성

2. TQM의 주요한 특징 중 틀린 것은?

① 경영관리의 역할은 조직 전반을 통해 TQM 가치를 보급하는 데 있다.

② 조직 구성원들에게 문제해결이나 직무완성을 위한 목적으로 자치권과 책임감이 주어진다.

③ TQM 연수는 실행과정에 실질적인 도움을 준다.

④ 공동자와의 협력관계는 품질과 서비스의 양적 향상을 가져온다.

3. 평생교육기관에서의 교육 프로그램 특징과 질 향상을 위한 방안에 대해 논하시오.

4. 평생교육기관 경영에서 고객만족 향상을 위한 방안에 대해 논하시오.

정답: 1. ④, 2. ④

Chapter 10

평생교육 프로그램 개발 및 평가

학습목표

1. 계획단계에서의 프로그램 관리를 알 수 있다.
2. 실행단계에서의 프로그램 관리를 알 수 있다.
3. 평가단계에서의 프로그램 관리를 알 수 있다.

사전학습

1. 계획단계에서 프로그램 관리의 목표는 프로그램 존속에 필요한 지지와 자원을 계속적으로 확보하는 것이고, 관리과업과 기술을 통해 목표를 성취하는 것이다.
2. 실행단계는 준비단계, 실천단계, 정리단계의 3부분으로 구분할 수 있다. 준비단계는 일정표와 사전 체크리스트를 작성하여 항목을 점검·확인하는 것이다. 실천단계는 준비된 프로그램을 실제적으로 행동에 옮기는 것이다. 정리단계는 실천된 프로그램에 대하여 계획과정, 실천과정에 대한 결과를 기록하고 정리하는 것이다.
3. 평가단계는 이미 전개한 프로그램의 과정 및 결과에 대하여 기록·정리하고 평가·보고하는 것을 주로 하는 시기이다.

1. 평생교육 프로그램 개발의 의미

교육 프로그램은 문제제기 단계부터 적용하기까지 계속 왜(why)로부터 접근한다. 단순히 피상적인 '왜'가 아니라 교육 목적을 위한 '왜' 이다. 따라서 평생교육 프로그램 역시 왜 필요하고 무엇을 할 것인가 하는 문제의 속에 교육기관 혹은 개인이 진행할 교육활동의 지침서 혹은 계획서다. 반면, 교육적 의미에서 프로그램은 학습자의 가치, 기술, 태도에 의미 있는 변화를 가져올 수 있도록 계획적이고 과학적인 교수방법이 활용된 교육활동이다.

평생교육 프로그램은 교육효과를 위해 전략적 의사결정과 행동의 방향, 시급한 교육문제의 해결, 교육 조직에서의 니즈(needs) 파악, 구성원의 상호작용을 원활히 하는 휴먼네트워크 구성 등 총체적 교육의 당면한 문제 및 학습내용들을 재구성·관리하는 데 있다. 조직 내 매니저들과 전략적 소통, 교육콘텐츠 개발, 구체적 문제해결 주제를 밝혀내고 이에 대응한 프로그램을 만들어 다양한 니즈를 충족시켜 나가는 것이다.

2007년 개정된 「평생교육법」에서는 평생교육진흥원을 설립(법 제19조 제1항)토록 하고, 평생교육진흥원의 주요 업무 중 하나로 "평생교육 프로그램 개발의 지원"(법 제19조 제4항 3호)을 지정하고 있다. 시·도지사가 설치·운영하는 시·도 평생교육진흥원(법 제20조 제1항)에서도 "평생교육 프로그램 운영"(법 제20조 제2항 3호)을 주요 업무로 규정하고 있다. 평생교육 프로그램의 개발과 운영이 효율적으로 추진되기 위하여 「평생교육법」 제16조(경비보조 및 지원)에서 "평생교육 프로그램의 개발(법 제16조 제1항 3호)"을 실시하거나 지원할 수 있도록 국가 및 지방자치단체에 의무를 부과하고 있다.

평생교육 프로그램 개발은 교육현장 및 정책결정자의 특별한 필요에 맞춰 조직차원의 적시성, 능력, 그리고 대안제시 등의 보편 타당성을 유지하며 학습효과를 높이기 위한 지식 생산 활동이다. 따라서 평생교육 프로그램은 교육내용, 교육방법, 교육활동 및 교육매체 등을 총괄적으로 명시한 일련의 학습활동을 망라한 교육계획이다. 평생교육 프로그램은 지속적이고 빠른 변화를 경험하고 있는 사회에 능동적으로 대처하고 생존능력을 배양할 기회가 되어야 한다.

평생교육 프로그램 작성자는 실제 작업에 들어가기 전에 염두에 두어야 할 중요요소는 프로그램 작성과 내용구성에서 일단 교육현장의 문제들과의 관련성(relevance), 적시성(timely), 정확성(accuracy), 완전성(completeness)이다.

평생교육 프로그램은 요구와 관심분석, 정책결정의 우선순위 판단, 프로그램 목표설정, 프로그램 설계, 프로그램 실행, 평가와 피드백 등의 단계로 진행된다. 이러한 계획들이 잘 실행되고 평가될 때 학습문화는 물론 교육계가 발전할 수 있다. 평생교육 프로그램을 통해 구성원들에 대한 지속적인 교육 및 학습체계로 발전시키고 나아가 학습조직들에 대한 혁신, 물자, 인력, 시설분야에서의 지원체계가 새롭게 확립될 수 있다.

평생교육 프로그램을 토대로 학습현장의 문제해결 및 '의사결정'에 기여할 수 있는 새로운 아이디어, 문제해결 시뮬레이션 실험을 통해 학습사회 구성원들의 지적 변화(intellectual change)를 확립해야 한다. 사실 지적 변화가 없으면 행동의 규범, 교리, 조직 및 지도자의 실질적 변화도 기대할 수 없다. 더구나 평생교육 프로그램은 학자들의 관심 영역에 따라 다르겠지만, 환경 적응을 통한 조직 목표와 조직 규칙이 결정되고, 누적적 경험 효과를 통해 조직 구성원들의 생산 활동이 이루어지며, 조직원들의 인지적, 신념적, 그리고 새로운 발견과 아이디어에 의해서 조직의 발전이 촉진된다.

따라서 이런 요소들이 성공하기 위한 프로그램 작성에서는 다음을 고려해야 한다.

- 목적의식적 학습계획 제목의 설정
- 문제파악, 분석설계, 분석진행, 작성범위, 보고시기 및 보고서 형태, 가치판단, 영향력
- 기존 계획서 자료의 평가 적합성, 타당성 검토 판단
- 부족한 자료, 추가 필요한 자료, 특수자료 발굴 등 정보시장 조사
- 작성과정에서 조직 내 의견교환, 관련 보고서 비교, 사용자 욕구 충족 가능성

평생교육 프로그램의 목표(program objective)는 요구분석과 요구의 우선순위 결정결과를 바탕으로 프로그램 잠재 참여자의 현재 상태에서 지식, 기술, 태도의 부족한 부분을 충족시켜줄 내용이 포함되어야 한다. 나아가 프로그램 목표는 프로그램 개발의 구체적 지침으로 시간과 비용이 허용되는 범위에서 구체적으로 기술되어 프로그램 개발과 실행 과정에 참여하는 직원들에게 정체성을 확립할 근거를 제공해야 한다. 이때의 프로그램에 포함될 내용과 작성 시 포함될 요소는 다음과 같다.

- 교육학습 현장의 환경
- 학습조직의 제도와 법령
- 학습대상 및 참여자 수준
- 새로운 과학기술의 개발과 축적
- 교육자원관리와 축적상태
- 교육과정 및 학습조직의 효율화
- 교육예산편성
- 교육정책수립, 집행 내용 등

평생교육 프로그램은 학습 기관들의 지식 창출, 콘텐츠 개발, 학습 진행의 효율화의 내용이어야 한다. 평생교육 프로그램은 규범적·제도적 원리에 근거해서 교육사회에서 나타나는 불확실성을 해소하는 한편, 학습자들이 알고 싶어 하는 지식과 경험을 학습기관들과 교수자들에게 제시하는 내용이다. 그러므로 평생교육 프로그램 개발자는 프로그램 개발을 학문적 객관성을 바탕으로 논리적으로 구성해야 하며, 지역사회와의 상호작용을 통한 효과성을 높일 수 있도록 함은 물론 프로그램 참여자에 대한 교육 참여, 기회의 평등성 등 다양하고 복합적인 요인을 고려해서 작성해야 한다.

따라서 프로그램 개발 과정이 이러한 모든 요인을 반영하는 것은 현실적으로 어려움이 있으나 평생교육 프로그램 개발 과정에서 기초가 되는 보편적 원리인 독창성, 실행가능성 및 전문성 중심으로 살펴보면 다음과 같다.

첫째, 독창성의 원리이다. 학습조직과 교육효과에서 경쟁우위 확보에 활용할 수 있도록 하는 이른바 스마트한 독창적 아이디어가 동원되어야 한다. 프로그램 개발자는 프로그램의 독창성을 유지하기 위해서 개발과정과 실천 현장에 대한 지속적인 분석은 물론 새로운 아이디어를 창출해서 새로운 개발과정에 반영하려는 노력이 필요하다. 프로그램의 독창성은 실행 가능성과 깊은 관계가 있기 때문이다.

둘째, 실행 가능성의 원리이다. 프로그램 개발자는 예측적 통찰력(predictive insight)을 통해 경쟁 우위의 프로그램을 내놓아야 한다. 평생교육 프로그램의 실행 가능성을 높이기 위해 선행 프로그램의 성공과 실패 요인에 대한 심층적 분석, 프로그램이 실행될 환경, 자원 및 상황 등에 대한 예리한 판단과 관련 전문가의 참여를 확대하는 일이다.

셋째, 전문성의 원리이다. 평생교육 프로그램은 환상의 전략이거나 제스처가 아닌 현상에 대한 지각의 대상이다. 그러므로 프로그램 개발 전문가 및 기관은 물론 지역사회와 학습자의 다양한 요구를 반영할 합리적이고 적절한 의사결정을 할 수 있는 전문지식과 능력을 갖추고 있어야 한다. 또한 프로그램 개발자는 프로그램의 내용은 물론 실행방법 등 학습과정에 관하여 전문성을 갖추고 있어야 한다.

따라서 이와 관련된 다양한 자료를 토대로 학습자의 요구와 관심이 어느 정도 정리되고 분석된 후에는 개별 학습자의 요구, 기관의 필요, 그리고 지역사회의 요구 사이에 우선순위를 결정하여 진행한다. 특히, 평생교육 프로그램은 경쟁우위 우선순위 결정을 위하여 다음과 같은 요인들이 포함된다.

- 평생교육기관의 당면목표
- 기관이나 지역사회의 미래 수요에 대한 예측
- 인적 자원, 시간, 공간, 장비 등 가용 지원
- 기초단위 지방자치단체, 국가수준의 관련 규정과 지침
- 평생교육기관이 속해 있는 협회의 입장과 지침
- 확인된 유무와 관심을 반영하고 있는 다른 교육기관의 프로그램 유무 등

프로그램 개발자는 개발과정에서 이러한 다양한 요인들의 해결방법을 제시하고 통합적으로 구성해야 한다. 프로그램의 개발과정의 특징은 프로그램 개발 주체, 목적, 활용, 개발방법, 설계 및 영향력 등에 대한 현장에서의 실천의 전략이자 조정 통제의 방향을 제시하는 것이다.

2. 평생교육 프로그램 기획과 설계

평생교육 프로그램 기획은 학습조직에서의 조정기능과 관리는 중앙단위 교육청으로 하여금 각 부분별 기관의 구성원, 편제, 존재 목적, 학습활동 등 관리 분야를 검토·평가하고 우선순위를 결정하는 전체 프로세스의 실행계획이다. 이때는 우리나라가 궁극적으로 실현하고자 하는 교육목표 및 가치와 지침들을 실행하기 위해 기획하고 지시·조정할 때 사용하는 인력, 장비, 시설관리 및 절차의 배합으로 행사되는 것을 의미한다.

평생교육과 프로그램에 대한 정의가 다양한 것과 같이, 개발에 대한 정의 역시 학자들마다 다양하게 정의하고 있다. 개발(development)은 "직무와 직접적인 관련은 없지만 미래의 어느 순간에 사용될 수 있는 자신의 능력, 기술, 지식을 향상시키는 학습활동"이다(권대봉, 2003). 그러나 프로그램의 목표를 설정하는 단계가 평생교육 프로그램의 개발단계에서 매우 중요하다는 것은 누구나 인정하지만, 구체적으로 어떻게 해야 하는가와 관련해서는 사람들마다 다른 입장을 보이는 것이 사실이다.

일반적으로 평생프로그램은 주로 평생교육기관이 하나의 주제(예: 서예, 꽃꽂이, 영어회화, 인터넷 활용 등)를 위해 또는 특정 대상 집단(예: 주부, 노인, 청소년 등)을 위해 제공하고 있는 여러 가지 코스를 모두 가리킨다. 여기서 말하는 코스는 구체적인 하나의 과목 또는 활동단위를 가리킨다. 구체적인 코스의 학습목표는 가능한 한 행동적인 목표로 기술할 것이 권장되고 있으나, 프로그램 목표를 행동적인 용어로만 기술하면 어색한 것은 바로 프로그램과 코스의 이러한 차이에서 기인하는 것이다.

따라서 프로그램 교수설계는 구체적이어야 한다. 평생교육 프로그램 개발은 정치, 경제, 사회 및 문화의 영향력을 받는 과정으로서 계획에 앞서 개발에 영향을 미치는 프로그램 개발의 타당성 분석, 환경분석, 참여자 분석이 우선적으로 이루어져야 한다. 요구와 관심분석결과 이들의 우선순위가 결정되었다면 이제 이것들을 구체적인 프로그램의 목표를 세워 진행하면 된다. 프로그램의 목표는 학습준비단계에서 이루어지는 교수설계와 프로그램 운영의 기초가 되고, 나아가 프로그램실시 후의 평가기준이 되기도 한다는 점에서 매우 중요하다.

프로그램의 목표가 아무리 고상한 것이라고 하더라도 이것이 구체적인 교실수업 또는 학습 장면에서 학습자의 활동을 통해 구체화되지 않으면 아무런 의미가 없다. 교수설계는 어떻게 하면 소정의 프로그램 목표를 달성할 수 있을 것인지, 다시 말하면 학습자에게 어떤 체험을 언제 어떤 방법으로 하도록 할 것인지를 교수공학적인 방법과 절차를 동원하여 해결하고자 하는 과정이다. 학습프로그램은 학습조직이 전략적 의사결정과 이슈들을 해결하고 나아가 현재 실행 중인 행동을 위한 사용경영자들의 명확하고 구체적인 주제들이다.

그리고 평생교육 프로그램 개발에서 교수설계단계는 교수공학과 평생교육분야에서 전문적인 훈련을 받은 평생교육 프로그램 기획자가 전문성을 발휘하는 단계이기도 하다. 이 단계에서는 요구와 관심 분석결과를 고려하고 구체화된 프로그램과 코스의 목표를 달성하기 위한 콘텐츠를 선정하게 된다. 이 단계에서 가장 중요한 것은 이 콘텐츠를 학습 대상자의 특성과 기관의 상황을 고려하여 어떠한 방식으로 조직하고 제시하여 학습자들로 하여금 의미 있는 학습경험을 하도록 할 것인가에 있다.

프로그램의 개발자는 학습사회의 변화와 혁신을 위해서 학습조직의 운영, 행정체계 및 실천수단의 성격들을 지속적으로 평가해야만 한다. 평생교육 프로그램 개발의 필요성과 타당성 분석, 외부환경분석, 학습참여자와의 소통분석, 학습자의 요구분석 등을 성찰 · 접근해야 한다.

1) 프로그램개발의 필요성과 타당성 분석

학습기관들의 활동과 관련한 운영정책은 권한과 책임배분을 비롯해 업무의 과정과 절차에 대한 기본틀을 제공하는 것이어서 프로그램은 가능한 한 모호하지 않고 명확해야 한다. 더구나 학교사회 전체의 학습활동 및 관리의 잠재력을 합법적으로 극대화시키는 동시에 현재 시 · 도교육청이 유지하고 있는 제도와 활동들을 활성화시키고 개선할 수 있어야 한다.

따라서 프로그램 개발 결정은 조직의 의사결정권자의 새로운 도전의식에도 영향을 받는다. 의사결정권자가 조직의 이념과 목적에 맞는 프로그램을 독창적으로 개발하기보다는 선행된 프로그램을 답습함으로써 실패에 대한 위험부담을 줄이려는 소극적인 태도는 프로그램 개발을 어렵게 만든다.

프로그램 개발의 타당성 분석은 문제해결에 대한 다양한 전략을 도출해 내고 이러한 대안이 현실적으로 실행 가능함을 밝혀내는 포괄적인 과정으로서 프로그램이 개발될 핵심적인 이유를 찾는 과정이다. 또한 프로그램 개발의 타당성은 환경분석 및 참여자 분석과 밀접한 관계성을 유지한다.

결국 평생교육 프로그램은 학습사회 내에서 자주 일어나고 있는 모순구조들과 관련해 문제의 정확한 인식과 해결하는 지식으로 작용하고, 의사결정과 정책시스템 실현을 위해서 제공되며, 관리자들의 지침으로 정책결정을 돕고 학습공동체 내지 관련기관에 대한 신속한 전파로 이어져 궁극적으로 학습목표를 달성하려는 것이다.

2) 외부환경 분석

세계 환경 변화는 거대하고 다양하며 불확실성 그 자체이다. 무엇보다 많은 사람들이 심각하게 사회에서 무슨 일이 일어나고 있는지를 확실하게 지속적으로 관찰하지 못하고 있다. 그것이 우리에게 어떤 의미가 있는지를 객관적으로 파악하지 못한다.

습관적으로 아니면 판에 박힌 관성적인 생각 속에 대안을 내고 있는 수준에 머물러 있을 뿐이다. 그래서 경외감을 느낄 정도로 많은 조직들의 경우 다운사이징(downsizing), 리스트럭처링(restructuring), 벤치마킹(benchmarking), 리엔지어링(reengineering) 예측 기법 등 수많은 경영혁신 방법들을 내놓고 있다.

따라서 평생교육 프로그램 역시 이런 세상 변화에 맞추며 대안을 찾아야 한다. 평생프로그램을 통해 학습조직의 발전과 교육 기법들을 지원해야 하기 때문이다. 조직은 프로그램 개발 과정에 조직의 임무와 목적을 반영시킴으로써 조직이 지향하려는 철학을 달성할 때 물적 및 인적 자원 지원을 지속하거나 확대해 나갈 수 있을 것이다.

조직분석의 주요한 도구로는 기업의 환경분석(SWOT; strength, weakness, opportunity, threat)이 활용된다. 어떤 기업내부 환경을 분석하여 강점과 약점을 발견하고 외부환경을 분석하여 기회와 위협을 찾아내 이를 토대로 강점은 살리고 약점은 보완하여 기회를 활용하고 위협을 억제하는 마케팅 전략이다. 평생교육 프로그램 역시 이런 기법을 동원하면 될 것이다. 교육공동체가 우수한 학습활동기관으로 작용하기 위해서는 학습현장의 문제를 포착해 개선하고 대응하는 것이지만 무엇보다 교육정책을 수립하고 집행하는 것을 돕는 프로그램이어야 한다. 평생교육 프로그램 개발에서 조직분석은 자원의 활용적 측면은 물론 조직 내부의 역학관계 등 모든 변화 요인을 고려하여 다양한 차원에서 세심하게 이루어져야 한다는 뜻이다.

그리고 평생교육 프로그램은 지역사회와의 협력적 관계 설정이 중요하다. 평생교육 프로그램은 정부, 지방자치단체, 지원기관 및 주민집단의 후원을 받아야 하고 지역사회 공통의 관심 사항 속에서 지역사회의 발전을 위한 수단으로 존중될 때 개발될 가능성이 높다. 물론 대부분의 평생교육기관이 교육 프로그램 제공만을 위해서 설립되기보다는 복합적인 기능을 수행할 목적으로 설립되었기 때문에 개발과정에서 조직 내의 타 기능과의 협력, 의사소통이 매우 중요하다.

3) 학습참여자와의 소통 분석

프로그램 개발은 학습 참여자와의 상호작용을 통해서 학습목적을 달성하는 의도적인 활동이다. 학습 참여자들은 사회적 · 문화적 · 경제적 차원에서 자신들의 학습 기회의 가능성을 확대하려고 다양한 학습 기회를 찾는다. 평생교육 프로그램은 학습자 참여의 폭을 확대할 수 있도록 개방적이면서 학습자의 요구가 충분히 반영되도록 개발되어야 한다.

따라서 학습 참여자에 대한 다층적 분석은 프로그램 개발과 실행에 있어 성공적인 요인이다. 학습 참여자의 분석은 참여자의 연령, 학력, 성별, 지역, 경제적 수준, 참여 가능시간, 사회문화적 배경, 참여목적, 참여 장애요인, 학습 스타일 등을 기초로 하여 참여 가능 수를 예측하는 것이다.

같은 맥락에서 복잡한 시스템을 갖추고 있는 현대 사회조직들 중에서 공통된 관심과 의사소통을 나누는 학습 조직으로서 이들 집단 내 구성원들은 독특한 규범과 제도, 그리고 통제의 메커니즘을 가지면서 환경 변화에 끊임없이 대응하는 자기 조직화와 적응, 혼돈 속에서 생존해가기 위해 구성원들 간의 끊임없는 의사소통 분석이 필요하다.

4) 요구분석

궁극적으로 모든 개인이나 조직들은 오류를 줄이고 예측하지 못했던 상황이 발생하면서 다양한 요구가 생기게 된다. 마찬가지로 학습과정에서도 학습자나 관리자들은 어떤 요구를 해 오기 마련이다. 인간의 요구는 요구하는 주체에 따라 학습자 자신으로부터 발현된 인식 요구와 외부의 전문가 등 제3자로부터 나온 귀속 요구, 요구의 수준에 따라 개인 차원의 개인적 요구, 국가나 사회적 차원의 사회적 요구 및 하나의 기관단위 차원의 조직적 요구, 타인과의 비교에서 나오는 비교 요구, 전문가 또는 자격증과 같이 객관적인 기준과의 차이로부터 나온 규범적 요구 등 다양하게 나타난다.

프로그램 개발은 다양한 계층과 다양한 요구를 지닌 학습자를 대상으로 실행되기 때문에 프로그램 개발자가 학습자의 요구를 정확히 분석해서 파악하는 것이 매우 중요하다. 학습자의 요구에 대한 적절한 반응 정도는 프로그램의 성공과 실패에 직접적인 요인이기 때문이다.

따라서 학습사회 구성원들이 추구하는 목표들에 대해 달성할 시기, 목표설정의 기준, 추진 엘리트들의 창의성, 보고 체계 등이 시스템적으로 작동되어야 한다는 사실이다.

3. 학습내용 선정 및 구성

좋은 프로그램이 되기 위해서는 학습목표에 적합한 교육내용의 도출과 내용 제시 전략이 필요하다. 그러나 많은 경우 프로그램 개발자들이 세운 학습목표가 형식적인 경우가 많기 때문에 학습자들이 학습목표달성에 적합한 교육내용을 도출하기보다는 교수자가 필요하다고 생각되는 내용을 단순히 나열하고 있는 실정이다.

프로그램 개발자는 프로그램의 학습목표를 달성하기 위하여 학습내용과 그와 관련된 여러 자료를 수집하여 분석해야 한다. 먼저 목표에 적합한 내용 선정을 위해 기존의 유사 프로그램 및 타 기관의 프로그램을 참조하고 또한 개발하고자 하는 목표의 내용에 대하여 잘 알고 있는 현장의 전문가들로부터 자문을 얻는 것도 필요하다. 일단 내용과 관련된 자료가 수집되면 학습자의 요구와 학습목표에 맞는 최종내용을 선정한다. 학습목표를 달성하기 위한 내용 선정에 있어서는 먼저 프로그램 목표를 달성하는 데 기여를 많이 할 수 있는 내용을 선정해야 한다.

1) 학습내용의 선정

평생교육 프로그램은 구성원들에 대한 지속적인 학습(learning)이 필요하다는 것을 전제로 교육정책 및 실천 방안에 대해 제시하는 것이다. 여기서 학습이란 상호 협력과 교류의 수단으로서 조직의 목표, 행동, 실습, 모의실험 과정을 말하고 있으나 이때는 반드시 환류 장치(feedback mechanism)를 거쳐서 늘 재평가되어야 한다는 점이 강조된다.

학습내용은 프로그램 내용과 동일한 의미를 갖는다. 학습내용은 파머(Farmer, 1972)의 분류기준으로 학습목적에 따라 내용 전달형, 요구 중심형, 문제 중심형으로 구분되고, 블레이니(Blaney, 1974)의 분류기준으로는 학습내용 결정권자의 의도에 따라 기관형, 공유형, 개인형으로 구분되며 학습내용도 다르게 구성된다.

이를테면 내용 전달형은 프로그램 참여자에게 지식, 기술, 태도에 관한 정보를 일방적으로 제공할 의도로 내용이 구성된다. 내용 전달형에는 교양강좌 및 취업설명회 등이 있다. 요구 중심형은 학습자의 자기 주도적 책임하에 학습내용은 스스로 구성하는 것이다. 대표적 예로는 원격교육 프로그램이 있다. 문제 중심형은 현재 직면한 문제를 해결하기 위한 내용으로 구성된다. 새로운 기계 도입으로 인한 작업기술과 환경적응 프로그램 등이 해당된다. 기관형은 평생교육 프로그램 내용이 전적으로 실행기관에 의해서 선정되는 것을 말하고 개인형은 요구 중심형과 유사하게 학습자가 학습내용의 선정에서부터 평가에 이르기까지 모든 사항을 결정한다. 그리고 공유형은 개인형과 기관형을 절충한 형태다.

그러므로 학습내용의 선정은 학습자들이 실제로 배우고 경험한 내용을 선정하는 과정으로 학습자의 요구를 충족시켜줄 수 있도록 하는 것이 중요한데 특별히 학습내용을 선정할 때는 다음과 같은 몇 가지 기준을 활용하는 것이 바람직하다(기영화, 2001).

첫째, 학습자의 사전 경험과의 관계성이다. 학습자는 새로운 학습을 경험할 때 자신의 사전 경험과 연관성을 찾아 학습효과를 높이려 한다.

둘째, 학습목적과의 관계성이다. 평생교육 프로그램은 다양한 요구의 내용을 기관의 목적과 부합하도록 선정하여 기관의 이념과 교육철학을 실현하는 수단이다. 따라서 학습내용의 선정 또한 이러한 목적의 범주에 포함되도록 해야 한다.

셋째, 실현 가능성과의 관계다. 실행 가능성은 학습자들의 수준, 일상생활에서의 활용 가능, 물적 및 인적 자원의 지원 여부 등에 대한 고려다.

넷째, 자발성과 흥미의 여부다. 평생교육 프로그램은 학습자들의 내적 자발성에 많이 의존하고 강의중심 내용으로 구성되는데 지루하지 않도록 흥미롭게 구성되는 것이 필요하다.

프로그램 내용의 선정은 참여자에게 직접적인 영향을 미치고 프로그램의 질과 상관성이 있다. 사소한 내용일지라도 큰 결과를 가져올 수 있다. 그러므로 많은 학습관련 정보자료들을 발견(find)하고 증가(raise)시키거나 감소(reduce)하고 제거(eliminate)하여 창조(create)되는 과정을 거친다. 많은 자료를 카테고리로 묶어 기술적 · 기능적 · 이익적 측면을 정밀히 분석하면 좋은 교육정책과 개선된 학습프로그램이 도출될 수 있을 것이다. 이런 측면에서 프로그램 개발에 관계된 이해당사자들과의 충분한 협의와 의사소통 과정이 필요하다.

2) 학습내용의 구성과 교육기법 개발

교육 프로그램은 자료의 단순한 확실성만이 아니라 맥락 속의 정확성으로 인식할 때 올바른 프로그램을 만들어 낼 수 있다. 프로그램 작성과정에서는 자원과 시간을 효율적으로 사용하지 못하고, 욕심만으로 진행한다면 생산적이고 혁신적인 결과를 가져올 수 없다. 높은 이상과 새로운 개념, 능력, 기술일지라도 어설픈 예측만 가지고 진행하면 실패의 위험이 클 수밖에 없을 것이다.

선정된 학습내용을 어느 범위에서 어떻게 구성하여 실행할 것인가와 같은 학습내용의 조직은 평생교육 프로그램 개발전문가에게는 또 다른 중요한 의사결정과정이다. 학습내용 조직은 제한된 인적 및 물적 자원, 환경을 적절히 활용하여 학습자의 요구가 충분히 반영되는 방향으로 계열화될 필요가 있다.

평생교육 프로그램 개발자가 프로그램 작성 시 나타나는 오류 및 불확실성을 대비하지 않는 경우가 많다. 프로그램의 실패를 줄이고 학습자의 특성과 능력이 고려된 학습내용을 조직할 때는 다음의 몇 가지 원리에 유념하는 것이 바람직하다(기영화, 2001; 김진화, 2001; 김지혜, 2006).

- **프로그램 목적과 부합성**: 학습목적은 잠재적 학습자의 요구, 가용 자원의 활용 가능성과 기관의 특성 등을 기초하여 결정되기에 학습내용을 조직할 때 프로그램의 목적을 고려하는 것이 바람직하다.
- **학습내용의 통합성**: 학습자들은 주 관심과 부수적인 관심 분야를 동시에 갖고 있기 때문에 다양한 분야의 통찰력을 넓힐 수 있도록 고려해야 한다.
- **학습내용의 독창성**: 평생교육기관이 증가함에 따라 유사 또는 중복 내용을 다루는 프로그램은 자원의 낭비는 물론 장기적인 생존에 어려움을 초래할 수 있기 때문에 학습내용 조직이 창의적이고 독창적으로 이루어져야 한다.
- **학습내용의 시간 제한성**: 학습내용의 종류에 따라 학습시간은 다양하다. 그러나 시설과 장비, 진행자 등의 가용성은 제한되어 있어 학습내용이 제한된 가용성 내에서 달성될 수 있도록 구성되어야 한다. 보통 프로세스는 업무시간(task time)과 시스템 내에서 시간(time in system)을 허비해 버리면 결국 프로그램 자체의 효용성이 상실된다.
- **학습내용의 계열성**: 새로운 학습내용이 과거의 학습 경험과 연계되어 양적 및 질적 확대를 촉진할 수 있도록 계열적으로 구성되어야 한다.
- **학습내용의 반복성**: 중요한 학습내용은 일회적이기보다는 반복적 학습이 가능하도록 구성되어야 한다.
- **학습내용의 시대성**: 평생교육은 개인의 요구는 물론 사회적 요구를 반영하는 것이 중요하므로 시대적 혹은 당면한 사회적 요구와 현상의 반영이 고려되어야 한다.

또한 프로그램 개발자는 조직된 학습내용을 바탕으로 참여자들에게 학습내용이 효과적으로 전달될 수 있는 방법을 고려해야 한다. 교수기법은 학습활동의 진행방법과 교수매체를 포함해서 학습내용의 효과적인 전달방법을 모색하는 것이다. 학습내용과 학습자의 참여태도 등에 따라 적용 가능한 방법이 무수히 많으므로 가능한 한 참여기회를 확대하여 학습자들이 흥미를 느끼면서 성취감을 높일 수 있도록 교수기법이 설계되어야 한다.

프로그램 개발 측면에서 전략적 요구 진단의 경우 학습자 또는 조직의 요구를 주의 깊게 경청하고 그들의 요구가 객관적인지 혹은 주관적인지 고려하여 프로그램 제공기관의 철학과 실행 가능성과 연계해서 생각해야 한다. 그리고 교수기법은 학습자의 자아욕구, 학습 자료, 학습 조직, 학습목표, 지도력 등에 따라 구성된다.

평생교육 프로그램은 학습공동체에 대한 새로운 능력 평가, 학습능력의 극대화를 위한 계획이다. 교육효과 향상을 위한 열쇠는 가능한 한 양질의 프로그램에 달려 있다. 그러므로 학습책임자가 평가해야 하는 것은 새로운 아이디어의 유효성, 새로운 개념의 이해와 그 적용의 가능성, 새로운 교재개발에 대한 투자 대 효과, 그리고 새로운 능력을 추구하는 교수자들과 행정 담당자 차원의 평가 등이 따라야 한다. 실제로 교육장들은 예상되는 교육환경에서 떠오르는 경제적 · 정치적 · 기술적 요소들을 분석한다는 맥락에서 이러한 평가를 소홀히 해서는 안 된다.

4. 평생교육 프로그램 평가의 의미

평생교육 프로그램의 실천 및 영향 평가는 사용자 입장에서 왜(why)에서 시작해 그것이 결국 무엇이냐(so what)라는 평가이다. 여기서 so what란 현재 진행 중인 프로그램 의미가 어떻게 산출됐는가에 대한 평가 작업이다. 다른 교육기관과 전문적인 교육 훈련 내용들과 비교하거나 자체 목적에 따라 어떤 성과가 있었는가를 분석하는 단계이다. 그리고 그 결과에 따라 계속적인 변화 촉진과 개선, 그리고 지식의 축적을 위해 교육의 내용을 개선하며 학습자들에 대한 만족을 향상시키고, 조직의 업무 향상과 효율성을 증대시키는 자료가 된다.

따라서 평생교육에서 프로그램 평가는 매우 중요하고 복합적인 과정이다. 평가는 일회적인 과정이기보다는 프로그램 개발의 참여자로부터 관리자, 의사결정권자, 학습참여자 등에 관련된 모든 사항을 측정하는 과정이기 때문이다. 평생교육 프로그램 평가는 보다 좋은 프로세스 능력 등 지식정보조직으로 발전시켜 가자는 것이다. 나아가 교육훈련 뒤에는 사후 관리를 통해 학습효과를 현장에서 적용토록 해 업무 개선에 참여케 함으로써 비용 대 효과의 문제를 해결할 수 있도록 하는 일이다.

그러나 학습사회의 구성원들이 프로그램 평가의 중요성과 활용가치가 있음에도 다수의 기관과 프로그램 개발자들은 평가를 실시하는 데 소극적이다. 교육환경의 변화, 현재와 불확실한 미래에 대비할 필요성을 늘 느끼면서도 이에 잘 대응하지 못하고 있다. 보통 정부나 기업조직들은 어떤 문제의 "인지-대응-대비전략"(shape-respond-prepare system)을 수립해 불확실한 미래에 대비하고 있지만 교육현장은 그렇지 못한 상태이다. 이러한 원인에 대해서 러스-에프트와 프레스킬(Russ-Eft & Preskill, 2001)이 밝힌 이유를 요약하면 다음과 같다.

- 의사결정권자들이 평가의 목적과 기능에 대해서 정확히 인식하지 못하고 있다.
- 프로그램 개발자 등 관계자가 평가결과에 대한 두려움을 갖고 있다.
- 평가에 대한 전문성이 부족하거나 교육을 받지 못하고 있다.
- 평가는 부차적 과정이며 평가결과는 이용될 확률이 낮다는 인식이 존재한다.

그리고 프로그램에서 나타난 내용이 사실이라면 작성자 자신의 판단인가 혹은 가설인가, 문제해결방안이 창의적이며 사용할 시 위험성은 없는가, 프로그램이 중복 없이 누락 없이 착오 없이 논리적으로 접근했는가를 검토할 때 프로그램 자체의 오류를 발견할 수 있다. 특별히 프로그램이 잘 구성되고 현장에서 실천 가능성이 있는가를 성찰하기 위해서는 〈표 10-1〉과 같은 경험적 요소와 분석적 시각을 참고할 필요가 있다.

| 표 10-1 | 경험적 시스템과 분석적 시스템 비교

경험적 시스템	분석적 시스템
* 전체적인 관점 * 활동적: 기쁨 고통에 기초한 감정 * 관념적인 관계 * 과거의 경험으로 행동 * 분명한 이미지 은유 속에 현실을 의식 * 빠른 처리 과정: 즉각적인 반응 * 변화에 느리게 반응 (강열한 경험 에 의한 변화) * 단순한 통합:분열적이고 감정 중시 * 단순한 구별법: 일반화 경향 * 수동적 경험주의. 감성에 의존 * 자기 확충 경험중시	* 분석적 관점 * 논리적: 합리성에 근거한 인식 * 논리적인 관계 * 사건에 대한 의식적 평가를 통한 행동 * 추상적인 기호 언어로 현실을 반영 * 느린 처리 과정(섣부른 행동을 자제) * 변화에 더 빠르게 반응 (생각의 속도에 의한 변화) * 고차원적인 통합- 상호관련성 중시 * 세련된 판단 구분 * 적극적 경험주의. 사고력에 의지 * 논리와 증거에 의한 정당화

자료: Epstein, Seymour. "Cognitive- Experiential Self-Theory: An Integrative Theory of Personality" in R.C, Curtis, *The Relational Self: Theoretical Convergence in Psychoanalysis and Social Psychology*(ed) (New York: Guilford Press, 1991), pp. 111~137.

평생교육 프로그램 평가는 실행 후에 나타날 효과측정 및 학습 집단의 학습요구와 관심을 파악하는 계기가 된다. 학습자들에 대한 동기 유발을 위해 개인적인 성장(자기 잠재력을 일깨워 주는 기회), 운영상의 자치적 업무환경(자기측정, 부여된 임무수행), 효과창출(개인 업적보다 학습효과)에 기여토록 하기 위한 프로그램 평가이다. 이를 위해서는 다음과 같은 프로그램 평가의 유형, 평가의 준거, 평가절차, 피드백 등을 살펴보아야 한다.

1) 평가의 유형

평가의 유형은 평가시기에 따라 총괄평가(summative evaluation)와 형성평가(formative evaluation)로 구분된다. 총괄평가는 프로그램 개발과정에서 설정한 목표가 효과적으로 달성되었는가에 대한 정보를 제공한다. 총괄평가는 한 집단에서 비용과 효과의 관계, 교육의 결과를 측정하는 데 관심을 둔 양적인 측정이다.

따라서 형성평가의 결과는 프로그램의 지속개발 또는 종결 여부를 결정하는 의사결정 자료로 활용된다. 학습결과를 측정하는 또 다른 평가로 학습자평가가 있다. 학습자평가와 총괄평가는 동일한 집단 안에서 학습의 성취결과를 양적으로 측정한다는 점에서 동일하다. 그러나 학습자평가가 학습자 개별의 성취결과에 중점을 둔다면, 총괄평가는 집단 전체의 성취결과에 관심을 둔다. 예를 들면, 동일한 집단에서 모든 학습자가 A분야에서는 모두 만족스러운 학습결과를 보였으나 B분야에서 미흡한 결과를 보였다면, 프로그램 설계자는 B분야의 학습과정 등을 재검토해야 한다.

또한 평생교육 프로그램에서 일반적으로 사용되는 총괄평가에서는 다시 4단계 평가가 있는데 그것은 반응평가(reaction evaluation), 학습평가(learning evaluation), 행동평가(behavior evaluation), 결과평가(result evaluation)가 있다. 반응평가는 프로그램에 대한 기대 부응, 인적 및 물적 자원에 대한 만족도, 학습내용에 대한 가치 등의 긍정적인 정도를 학습자로부터 확인하는 것이다. 학습평가는 프로그램 과정에서 학습자들이 달성한 학습의 정도를 측정하는 것이다. 행동평가는 프로그램을 이수한 후 학습자들이 학습한 내용을 실제 현장에서 적용하는 정도를 측정하는 것이다. 결과평가는 행동평가의 수준을 넘어 프로그램 이수자들이 타 분야에까지 교육의 효과가 미치는 정도를 확인하는 것이다.

2) 평가의 준거

프로그램 평가는 복합적인 과정으로 평가의 판단 준거의 설정이 중요하다. 평가의 준거는 평가자가 평가의 내용을 측정할 때 적용하게 될 이상적으로 판단되는 행동에 대한 규칙, 표준, 규범 등이다. 실제 프로그램이 해결해야 할 문제가 무엇인가에 대한 정보를 평가의 준거를 통해서 얻을 수 있다. 프로그램 평가의 준거는 가치 있는 프로그램의 틀을 제시하는 데 유용하게 사용된다.

일반적으로 프로그램 평가의 준거로는 효과성(efficiency), 효율성(effectiveness), 적정성(adequacy), 형평성(equity), 대응성(responsiveness), 적절성(appropriativeness)

등이 있다(신용주, 2004).

효과성은 프로그램이 가치 있는 결과를 산출했는가에 대한 측정이다. 효율성은 프로그램 투입 비용과 얻은 수익에 대한 분석이다. 적정성은 프로그램이 문제해결에 적절하게 활동되었는가에 대한 측정이다. 형평성은 프로그램의 참여기회와 자원의 분배가 집단 간에 어느 정도 균형적인이었는가에 대한 결과다. 대응성은 개인 또는 집단의 요구에 어느 정도 만족하게 대응하였는가에 대한 측정이다. 적절성은 평가 준거의 전반에 대한 측정으로 프로그램 개발 목적 등이 전체적으로 타당했는가에 대한 분석이다.

3) 평가의 절차

평가는 일회성이 아니라 지속적이고 반복되는 과정으로 객관적-체계적으로 수행되어야 한다. 평가의 과정에는 프로그램 개발자, 외부 전문가, 교수자, 학습자 등이 참여하여 객관성을 확보해야 한다. 평가과정은 평가의 기법에 따라 다른 접근법을 필요로 하나 평가과정의 기준의 설정, 기준에 대한 증거 확보, 비교를 통한 해석 등으로 실행한다. 기준의 설정은 평가의 대상과 방법을 밝히는 것이다. 증거의 확보는 수행의 결과에 대한 실제 자료를 수집하는 과정이다. 해석은 설정된 기준과 확보된 증거의 비교를 통해서 성과를 밝혀내고 차후 활동에 적용할 수 있도록 보고하는 과정을 의미한다.

그리고 평가는 공식적인 과정 외에도 비공식적이고 가시적이지 않은 경우도 있다. 비공식적 평가는 공개적으로 표출하기 어려운 사실적 내용을 얻을 수 있기 때문에 프로그램 평가자가 비공식 평가과정도 중요하게 고려해야 한다.

4) 피드백

피드백에는 네거티브 피드백(negative feedback)과 포지티브 피드백(positive feedback)이 있다. 전자는 조직 활동을 안정시키는 요소로서 잘못된 방향이나 행동이

다른 각도로 움직일 때 안정을 찾도록 압력을 가하는 것이고, 후자는 의도된 방향으로 잘 가는 것으로 현재의 상황을 계속 유지하며 변화를 증폭시키는 것이다.

리처드 윌리엄스(R. Williams)의 〈피드백 이야기〉에서는 출력(결과)에 의해 입력을 변화시키는 피드백이 잘못되거나 없을 때 바로 소통의 부재를 가져온다고 지적한다. 가족 혹은 직원 간의 문제 역시 바로 피드백을 잘하지 못한 결과이다. 그가 말하는 피드백 형태로는 어떤 행동이 긍정적으로 반복되도록 하는 지지적 피드백, 행동의 변화를 일이키는 교정적 피드백, 상대방으로 하여금 모멸감을 갖는 학대적 피드백, 형식적으로 하나마나하고 무의미한 피드백 등으로 나누고 있다. 여기서 입맛에 쓰더라도 삼켜야 할 피드백으로 지지적 피드백이나 교정적 피드백을 강조한다. 피드백은 일생을 꽃 피울 수 있는 관계의 기술이요 미학적인 도구라고 전해 준다(Williams, 2007).

▣ 기억하기

- 평생교육기관들은 학습활동에 있어서 최소한의 자원을 학습효과를 높여야 하고, 어느 시기 어느 곳에 누구에게 사용하는가, 그 결과 이익은 무엇이고 무엇을 분석 평가하여 성인들의 다양한 학습요구를 반영하는 교육 프로그램 개발이 필요하다.
- 평생교육 프로그램 작성자는 실제 작업에 들어가기 전에 염두에 두어야 할 중요 요소는 교육현장의 문제들과의 관련성(relevance), 적시성(timely), 정확성(accuracy), 완전성(completeness)을 갖추도록 하고 해야 한다.
- 학습 프로그램 작성에서는 ① 목적의식적 학습계획 제목의 설정, ② 문제파악, 분석설계, 분석진행, 작성범위, 보고시기 및 보고서 형태, 가치판단, 영향력, ③ 기존 계획서 자료의 평가 적합성, 타당성 검토판단 ④ 부족한 자료, 추가 필요한 자료, 특수자료 발굴 등 정보시장 조사 ⑤ 작성과정에서 조직 내 의견교환, 관련보고서 비교, 사용자 욕구 충족 가능성 등을 고려하여 작성한다.
- 평생교육 프로그램 평가는 실행 후에 나타날 효과측정 및 학습집단의 학습요구와 관심을 파악하는 계기가 된다. 학습자들에 대한 동기 유발을 위해 개인적인 성장(자기 잠재력을 일깨워 주는 기회), 운영상의 자치적 업무환경(자기측정, 부여된 임무수행), 효과창출(개인 업적보다 학습효과)에 기여토록 하기 위한 프로그램 평가이다.

5. 평생교육 프로그램의 평가모형

평가는 어떤 것에 대한 가치나 의미를 결정하기 위한 체계적인 과정이다. 평생교육에 있어서 평가는 프로그램의 운명과 기관의 효율적인 경영을 위한 정보를 제공해 준다. 따라서 무엇을, 어떤 내용으로, 어떻게, 누가, 언제, 왜 평가하는지에 대한 평가전략을 수립하는 것이 매우 중요하다. 평생교육 프로그램을 평가하기 위해 사용될 수 있는 여러 가지 접근 모형을 살펴볼 수 있다.

1) 목표 지향적 평가모형

목표 지향적 평가모형은 교육평가모형을 대표하고 있다. 이 모형은 테일러(R. Tyler)에 의하여 제안되었다. 이 평가모형은 원래 고등학교 학생들의 학업성취를 평가하기 위하여 제안되었으나, 이를 기업교육과 보건교육 등 평생교육 프로그램 평가모형으로 널리 활용되고 있다.

이 모형은 프로그램을 실시하기 이전에 설정해 두었던 프로그램의 의도와 목표를 중심으로, 학습자들이 프로그램 참여를 통해, 어느 정도 도달하였는가를 판단하는 일련의 과정을 말한다. 진행과정은 프로그램 계획단계에서 미리 예상되는 결과, 즉 프로그램 목표를 설정한 후 실행과정을 통해 발생된 결과를 측정하고, 그 결과를 평가의 기준되는 목표와 비교하여 그 가치를 판단하게 된다.

결국, 목표 지향적 평가모형은 교육목표가 평가에서 핵심적인 역할을 하고 있으며, 교육목표의 행동적 정의와 진술은 측정 및 평가를 용이하게 하여 평가의 효율성을 증대시킨다. 또한 교육목표를 설정하는 방법과 목표를 측정하는 도구의 개발을 촉진시켰으며, 교수자들이 교육목표 선정과 진술에 보다 관심을 갖도록 유도하여 교육에 대한 책임의식 제고에 기여했다고 볼 수 있다(김용현, 2014). 그리고 평가기준 설정과 평가결과의 해석이 용이하며, 평가에 소요되는 시간이 비교적 짧고, 프로그램 참석자의 성과를 쉽게 수량화할 수 있는 장점이 있다.

그러나 교육목표에서 의도하지 않은 부수적 교육효과를 평가할 수 없으며, 교육목표에만 치중하게 되어 교육 프로그램을 지나치게 단순화시킬 가능성이 있다는 단점이 있다. 또한 행동으로 표출되지 않고 측정하기 어려운 경험이나 태도 변화 같은 학습결과는 평가하기 어렵다는 제한점을 지니고 있다.

2) 의사결정중심 평가모형

의사결정중심 평가모형 중 널리 활용되는 것은 스티플빔(D. Stullebeam)이 1968년 제안한 CIPP(context-input-process-product) 모형이다. 기존의 평가모형과는 달리 프로그램 개선을 목적으로 의사결정을 보조하기 위한 새로운 평가모형을 발표하였다(배호순, 2008). 의사결정자에게 필요한 정보를 제공하여 의사결정을 돕는 데 초점을 맞춘 모형이다. 평가는 프로그램 운영자의 의사결정을 돕는 수단적 기능을 하고 프로그램 운영자가 프로그램을 지속적으로 시행할 것인가를 결정하기 위해 수행하는 평가이다. 평가자는 단지 프로그램에 대한 정보와 자료만을 수집하고 자료에 대한 가치판단은 의사결정자에 의해 이루어진다.

의사결정에 필요한 정보 제공을 위하여 다음과 같은 네 가지 형식의 평가틀을 개발하였다.

(1) 상황평가

상황평가(context evaluation)는 프로그램 실행 여부 및 프로그램 목적설정과 관련된 평가이며, 조직이나 개인이 직면한 상황이나 배경과 프로그램의 목표 간의 적합성을 평가하는 것이다. 프로그램의 학습목표를 설정하기 위한 타당한 근거를 제공하기 위하여 이루어지는 기본적인 평가단계다. 프로그램의 요구분석과 상황분석을 통해서 학습목표를 설정하고, 학습자들의 요구를 파악하며, 그들의 참여전략을 구체화시키기 위한 근거를 파악해야 한다.

상황평가의 주된 내용은 프로그램을 위한 적절한 환경을 규정하고, 실제적인 환경을 기술하며, 학습자들의 충족되지 않은 욕구와 활용되지 않은 기회를 규정하는 것이다.

(2) 투입평가

투입평가(input evaluation)는 설정된 목적 달성을 위해 필요한 수단을 구체화시키는 평가이며, 프로그램의 목표를 달성하기 위하여 자원을 어떻게 활용해야 하는지를 평가하는 것이다. 프로그램 담당자의 역량, 적절한 예산계획과 시간계획, 프로그램 운영을 뒷받침하는 각종 시설 및 기자재, 프로그램 운영기관의 각종 지원 등 다양한 요소를 평가 할 필요가 있다.

평가방법으로는 참고문헌 탐색, 현지방문이나 답사, 사전탐색적 시행 등의 방법을 활용한다. 프로그램 운영의 적절성, 실천가능성, 경제성을 파악하기 위하여 사용가능한 인적 자원이나 물적 자원, 해결방안이나 절차를 기술하고 분석하는 데 중점을 두고 있다(김용현, 2104).

(3) 과정평가

과정평가(process evaluation)는 프로그램 실천단계에서 실천과정이나 절차상의 문제점을 파악하고 프로그램 담당자에게 주기적인 피드백을 제공하는 평가를 말한다. 특히 과정평가에서는 프로그램 운영에 부정적인 영향을 주는 환경상의 장애요인을 사전에 확인하는 것이 중요하다.

프로그램 운영과정에서 실제로 어떠한 일이 일어나는지를 기술하고, 프로그램 담당자들과 지속적으로 접촉하여 운영과정상의 문제점이나 결함을 파악하고, 그것을 의사결정자에게 제공하는 것에 초점을 두고 있다.

(4) 산출평가

산출평가(product evaluation)는 프로그램의 실시단계와 종료단계에서 프로그램을 통하여 산출된 결과를 측정하고 해석하기 위하여 이루어지는 평가이다. 산출된 결과를 프로그램의 목표나 상황, 투입 과정과 관련된 정보와 연계시키는 데 중점을 두고 있다.

CIPP 모형은 의사결정자에게 계속적으로 새로운 정보를 제공해 줌으로써 초기 결정에 대한 재검증을 가능하게 해 준다. 또한 평가대상의 폭이 넓고, 프로그램의 여러 상황에 대한 평가가 가능하며, 의사결정과 평가 간의 체계적인 접근이 가능하다는 장점이 있다.

그러나 평가자가 가치판단을 회피하고 주요한 가치판단을 의사결정자에게 위엄한다는 약점이 있다. 또한 평가가 너무 복잡하고 완벽하게 실천되기 위해서는 많은 비용이 소용된다는 제한점이 있다.

3) 결과중심 평가모형

결과중심 평가모형은 커크패트릭(D. Kirkpatrick)의 4가지 모형이 가장 대표적이다. 커크패트릭은 4가지 수준(반응평가, 학습평가, 행동평가, 결과평가)에서 프로그램의 결과를 중심으로 평가할 것을 제시하였다(권대봉, 2008).

(1) 반응평가

반응평가(reaction evaluation)는 학습자나 교수자 또는 교육 담당자를 대상으로 교육 프로그램에 대한 만족도를 평가하는 것이다. 프로그램 종료 직후 프로그램에 참여한 학습자들이 그 프로그램에 대하여 얼마나 만족하는지를 설문지 형식으로 평가한다. 이를 통해 프로그램의 지속 여부를 결정한다. 반응평가는 학습내용에 대한 학습자들의 만족도 평가만이 아니라 교수자나 교육 담당자를 대상으로 학습자들의 태도나 분위기, 교육시설과 기자재 만족도, 교수자의 자질, 교육기관의 서비스 만족도 등 교육 프로그램 운영 전반을 평가하는 것이 필요하다.

(2) 학습평가

학습평가(learning evaluation)는 프로그램 참여자가 프로그램을 통하여 무엇을 배웠는지 학습내용에 대한 정도를 평가하는 단계이다. 프로그램에 참여한 결과 얻어진 학습자들의 지식 증진, 태도 변화, 기술 향상의 정도를 평가하는 것이다. 학습자들의 태도 변화나 기술 향상의 정도를 평가하기 위해서는 지필평가방법만이 아니라 실기, 시범, 역할연기, 토론 등을 통한 수행평가를 실시하는 것이 필요하다.

(3) 행동평가

행동평가(behavior evaluation)는 프로그램에 참여한 결과 얻어지는 학습자들의 행동변화를 평가하는 것이다. 프로그램을 통해서 학습한 지식과 기술이 현직에 돌아와서 그들의 실제 직무에 얼마나 기여했는지를 평가하는 것이다. 교육 실시 후 대체로 3개월 정도 시간이 경과한 후에 평가하는 것이 일반적이다. 평가방법은 학습자 자신의 자기보고서와 주변인들을 대상으로 실시하는 다면평가 설문지를 주로 활용하고 있다.

(4) 결과평가

결과평가(result evaluation)는 교육 프로그램 운영결과로 발생하는 효과에 대하여 평가하는 단계다. 개인의 지속적인 태도 변화, 조직이나 지역사회의 발전 기여도, 비용절감효과 등에 초점을 두고 있다. 따라서 비용절감, 노동산출 향상, 지각률 감소 등의 조사 자료를 프로그램 실시하기 전과 후를 비교·분석하여 평가한다.

결과중심 평가모형은 평가절차와 정보분석상의 편의성으로 널리 활용되고 있다. 그러나 프로그램의 개발 및 실시과정에 대한 평가를 실시하기 어렵다는 문제점을 지니고 있으며, 결과중심 평가모형 준거(반응–학습–행동–결과) 간의 영향관계가 명확하지 않다는 비판을 받고 있다.

4) 가치판단중심 평가모형

가치판단중심 평가모형은 1967년 스테이크(R. Stake)에 의하여 제안되었다(배호순, 2008). 스테이크에 의하면 평가를 구성하는 가장 중요한 요소는 기술과 판단이다. 특정 프로그램에 대한 적합한 평가를 내리기 위해서는 프로그램에 대하여 충분하게 기술하고 판단할 필요가 있다는 것이다.

6. 평생교육 프로그램 평가의 방법 및 절차

프로그램이 실행되기 전부터 계획되고 실시되는 계속적인 과정이다. 일반적으로 평가방법 및 절차는 평가과정 설계 → 평가도구 선정 및 개발 → 평가자료 수집 및 분석 → 평가결과 보고 및 활용 등의 단계를 거쳐서 시행된다.

1) 평가과정 설계

평가과정 설계에는 평가결과를 어떻게 활용할 것인지에 대한 설계가 선행되어야 한다. 배호순(2008)은 평가과정을 설계할 때 고려해야 할 요소로 다음과 같은 여섯 가지를 들고 있다.

- 어떤 목적으로 평가하고자 하는가?
- 평가 요구자와 핵심 관련자는 누구인가?

- 어떤 접근방법으로 평가하고자 하는가?
- 특별히 고려할 점은 무엇인가?
- 중요한 평가준거와 기준은 무엇인가?
- 평가자원은 무엇인가?

평가과정 설계는 평가를 위한 판단근거를 수집하고 설정하는 일을 어떻게 수행하고 전개할 것인가라는 질문에 답변하는 일이라고 할 수 있다. 먼저 거시적인 관점에서 평가의 골격을 정한 다음 미시적으로 구체적인 평가활동을 단계별로 계획하는 것이 필요하다.

2) 평가방법 선정

평가자료를 수집하고 분석하기 위해서는 먼저 평가방법을 결정해야 한다. 평가자료를 수집하기 위한 평가방법은 여러 가지가 활용될 수 있다. 평가방법은 프로그램의 목표, 학습내용과 수준, 집단의 규모나 시설 여건, 학습자들의 특성, 평가비용 등을 고려하여 선정되어야 한다.

평생교육 프로그램 평가에서 자주 사용되는 다섯 가지 방법을 소개하면 다음과 같다(김용현, 2014).

첫째, 질문지법이다. 가장 일반적으로 활용되는 기법으로 정보를 신속하게 수집하는 객관성 있는 방법이다. 그러나 이 방법은 한계성을 지니고 있으므로 지나치게 의존해서는 안 된다.

둘째, 면접법이다. 면접은 얼굴을 대면하고 서로 개인적인 질문과 대답을 주고 받는 것이다. 면접은 사전에 미리 계획되어서 매우 조직적으로 실시될 수 있고, 완전히 개방적이고 융통성 있게 진행될 수 있다. 면접법은 비교적 시간이 적게 소비되고 소규모 집단에 사용하는 것이 적합하다. 그러나 면접에 응한 응답자의 의견이 프로그램에 대한 의견을 대표한다고 보기 어려운 경우도 있고, 면담결과를 분석하기 곤란한 경우도 있다는 점을 유의해야 한다.

셋째, 관찰법이다. 관찰법은 프로그램의 진행과정을 찬찬히 살펴보는 데 유용한 방법이다. 학습자들의 행동을 체계적으로 관찰하고 기록하며, 수행되는 과정에 강조점을 두고 있다. 관찰자는 훈련이 잘 되어 있어야 하고, 관찰을 기록하기 위하여 체계적인 절차가 활용되어야 한다. 이 방법은 교수자의 행동이나 기술수준을 확인하는데도 매우 유용한 방법이다.

넷째, 논평(comment)이다. 논평은 공식적이거나 비공식적인 기록이다. 프로그램에 참여한 학습자들에게 프로그램 전반에 대하여 자신들의 소감을 기록하도록 하는 것이다. 논평은 사람들의 예기치 않은 반응을 알아보는 데 매우 유용한 방법이다. 그러나 논평은 분석하기 어렵고 대표성이 없는 평가자료를 만들어 낼 가능성도 있다.

다섯째, 녹음과 녹화이다. 녹음기나 비디오를 활용하여 녹음이나 녹화하는 것은 프로그램 진행과정이나 학습자들의 태도를 영구적으로 기록할 수 있는 방법으로 교수자의 질적 수준을 평가하는 방법으로 활용될 수 있다.

3) 평가자료 수집 및 분석

(1) 자료수집 시기 및 장소

- 프로그램이 시작되기 전에는 출발점에서 학습자들의 수준을 알아보기 위해서 그들의 지식이나 기술, 태도에 관한 기초 자료를 수집하는 것이다. 관찰이나 보고서 검토, 질문지 조사가 활용된다.
- 프로그램이 진행되는 도중에는 교육이 실시되는 현장에서 평가자료가 수집된다. 학습자와 교수자의 반응을 평가하기 위해 질문지나 면접, 테스트가 활용된다.
- 프로그램이 끝난 직후에는 교육현장에서 학습자들의 만족도나 반응을 질문지, 면접 등을 통해서 자료를 수집한다. 프로그램 시작되기 전에 평가한 자료와 비교하여 학습자들의 수준 향상 정도와 개선사항을 밝히는 데 활용된다.

- 프로그램이 종료되고 시일이 경과한 후에는 추후평가를 통하여 참여자들의 지식수준, 수행능력, 가치와 태도 변화 등을 알아본다. 관찰이나 면접, 기록검토, 참가자 주변인을 대상으로 한다면 평가와 직무수행 평가 등을 통하여 자료가 수집된다.

(2) 자료분석

평가자료가 수집되면 자료는 양적인 자료와 질적인 자료로 구분된다. 양적인 자료는 정확한 수량을 나타내는 반면, 질적인 자료는 풍부한 기술적 자료를 제공한다(김용현, 2014).

- 질문지에 대한 분석은 통계적 기법이 이용되기도 한다. 응답의 빈도나 평균치에 의한 기법이 적절하다. 때로는 문항 간 혹은 특정 문항과 다른 문항 사이의 상관관계가 유용하다.
- 면접결과에 대한 분석은 범주별로 응답을 기술하는 것으로 구성된다. 면접이 구조적일 경우 범주가 미리 결정되고 필요 시 수정될 수 있다. 비구조적일 경우 응답을 검토한 후 범주가 만들어지며, 범주별로 응답의 빈도에 따라서 결과가 요약된다.
- 관찰에 대한 분석은 행위나 특성에 대한 체크리스트(checklist), 평정척도(rating scale)를 활용하여 행해진다. 즉, 체크리스트의 항목에 대한 체크나 평점의 빈도를 측정하여 이루어진다.
- 논평에 대한 분석은 면접과 유사한 방법이다. 각 범주별로 진술의 빈도를 측정하여 응답이 범주화되고 평가결과로 요약된다.
- 녹음과 녹화에 분석은 관찰과 유사한 방법으로 분석한다. 일정한 간격으로 시간의 흐름에 따른 표집으로 할 수 있다. 이러한 기법은 학습과정이나 분위기에 대한 보다 많은 대표표집을 산출해 낸다.

7. 평가결과 보고 및 활용

평가자료의 분석이 끝나면 평가결과를 어떻게 보고하고 활용할 것인가를 결정해야 한다. 평가결과는 프로그램을 개선하거나 프로그램을 홍보하는 데 활용될 수 있기 때문에 중요하다. 평가결과 보고 및 활용 단계에서 평가자는 보고의 목적을 설정하는 일, 보고서의 내용과 형태를 결정하는 일, 보고서 배포시기를 결정하며 보고서를 제출하고 배포할 대상자를 선정하는 일, 보고서를 활용하여 관련자 모두가 읽고 그를 활용하도록 권장하는 일, 보고서에 대한 반응을 파악하는 일을 준비해야 한다. 나아가서 평가결과를 활용하고 난 뒤에 예상되는 변화를 지속적으로 파악하고 결과 활용의 정도와 반응을 추적하고 조사하는 등의 계획을 수립할 필요가 있다(배호순, 2008).

보고서 활용방안은 평가보고 대상자로 하여금 평가결과에 대한 의견을 제시할 기회를 주고 반응할 수 있도록 하기 위한 구체적인 방법도 제시할 필요가 있다. 특히 평가결과보고서를 필히 읽도록 권장하고 그것을 충분히 이해했는가, 어떤 점을 의문시하는가, 어떤 점을 필히 이해해야 하는가, 소감이나 건의할 점은 무엇이며, 특히 지적할 만한 문제점은 무엇인가를 자유롭게 표현할 수 있도록 구체적인 방법 및 절차를 제시해 주어야 한다.

평가결과 보고에 접한 후에 프로그램 관련자들의 근무 태도 및 행동상에 어떤 변화가 생기고 있는가, 평가결과를 자신의 업무 수행에 적용하고 있는가, 프로그램에 대한 관심에 어떤 변화가 생기고 있는가 등을 지속적으로 파악하고 조사하여 활용하면 프로그램 개선과 평가활동의 개선에 실질적인 도움을 줄 수 있다(김용현, 2014).

8. 프로그램 진행단계별 평가

1) 계획단계의 프로그램 평가

계획단계에 있어서 프로그램 평가와 목표는 첫째, 조직체 내외의 지원자들로부터 신뢰를 얻음으로써 프로그램의 존속에 필요한 지지와 자원을 계속적으로 확보하고 있는가. 둘째, 조직목표는 상호 의존적인 것이어서 하나를 달성하지 못하면 나머지 하나도 제대로 수행했는가.

프로그램이 기관의 정책에 의하여 정당성이 주어지고 광범위한 목표가 설정되며 프로그램에 대한 전체적인 설계가 포함된 정도를 파악한다.

계획단계의 프로그램 평가에서 가장 중요한 것은 조직체의 내적 및 외적 영향력을 파악하는 것이다. 우선 새로운 프로그램은 조직체 내의 상위자들로부터 영향을 많이 받는다. 프로그램 운영에 관한 정보와 지지, 그리고 프로그램의 정당성을 획득하기 위해서는 지도자들에게 의존할 수밖에 없으며 자금이 부족하거나 지역사회와의 접촉이 필요할 경우에는 특히 그러하다. 요컨대 프로그램이 조직체 내에 완전히 통합되기 전까지 조직체의 경영자들의 지지가 필수적이다(Boone, 1997).

또한 새로운 프로그램은 조직체 내의 다른 부서나 프로그램과의 수평적 관계도 중요시해야 한다. 새로운 프로그램은 한정된 자원이나 서비스 영역, 조직체 내에서의 지위 등을 놓고 다른 부서와 경쟁관계에 놓이게 되는데, 이러한 경우 다른 부서의 일상 업무를 방해하거나 자원을 과다하게 요구하게 되면, 프로그램 운영에 협조를 얻기가 어렵게 된다. 그러므로 수평적 관계 장애요소가 있는지 파악한다.

프로그램이 외부의 요청에 의하여 시작되는 경우에는 외부의 영향력이 매우 크게 작용한다. 즉, 자신들의 가치나 의견을 프로그램 내에 반영시키려 하며 프로그램의 운영과 방향성까지도 지시하는 경우가 있다. 따라서 새로운 프로그램을 설계할 때 그들의 의견을 적절하게 반영시켜서 조직체 외부로부터의 신임과 지원을 계속적으로 얻고 있는지 확인한다.

2) 실행단계의 프로그램 평가

실행단계는 계획단계에서 조직의 신뢰성을 확립하고 서비스 전달 능력을 창출하는 발달상의 목표가 충분히 성취되었음을 전제로 하고, 실행단계에서는 자원과 노력, 그리고 관리자와 프로그램 진행자의 관심이 점차적으로 프로그램을 제공하는 서비스에 중점을 둔다(Boone, 1997).

실행단계 동안 프로그램 평가는 학습자 확보에 대한 파악이다. 지역사회에서의 기관에 대한 인식이나 접근성, 프로그램에 대한 태도 등에 문제가 있다면 프로그램 참가자들을 제대로 모집하기 어렵게 된다. 이러한 상황이 오랫동안 지속될 때 그 프로그램은 외부로부터 비판을 받거나 지원이 줄어들게 되고 경쟁력이 약해질 수 있다. 학습자들을 확보하지 못한 프로그램은 서비스 영역이 줄어들 뿐 아니라 프로그램을 지원해 줄 지원집단도 잃게 되기 쉽다. 프로그램이 초기에 존속해 나갈 수 있느냐 하는 것은 프로그램 참가자(학습자)들을 안정되게 확보하는 능력에 좌우된다. 말하자면 등록관리(enrollment management)가 매우 중요하다는 것이다.

그리고 일단 학습자를 확보하게 되면 고객중심, 학습자 중심의 서비스 전달체계 속으로 들어가야 한다. 이러한 체계 속으로 들어가는 것은 조직이 다른 기관들과 성립해 놓은 관계를 통해 이루어지는 것이지만, 각각의 새로운 프로그램 제공자들과 나름대로의 관계를 궁극적으로 형성해야 한다.

프로그램의 실행단계는 준비단계, 실천단계, 정리단계의 세 부분으로 구분할 수 있다. 이를 간단하게 설명하면 다음과 같다(권두승, 2000).

(1) 준비단계

프로그램 활동이 계획한 바대로 체계적이고도 원만하게 진행되느냐의 여부는 이 실행단계에서의 점검 및 확인이 제대로 되어 있느냐에 달려 있다고 해도 과언이 아니다. 그만큼 이 준비단계는 학습지도 활동에 있어서 중요한 하나의 과정이다. 여기에서 말하는 점검이란 주로 학습지도 활동의 운영 조직과 내용에 대한 사전 정비 및 연락을 취하는 것을 일컫는 말이다. 그러므로 여기서 중요한 것은 사전 연락과 제반 상태를 철저히 해 두는 일이다. 확인이란 각 준비상황에 대하여 재차 점검을 하고 확정짓는 것을 말한다.

이 준비단계에서는 〈표 10-2〉에서 보는 바와 같은 일정한 준비 일정표를 작성해서 체계적인 준비를 해 나가는 것이 효과적이다. 학습지도를 위한 준비단계에서 중시되어야 할 사항은 당일 학습지도 활동을 전개해 나갈 지도안의 편성과 그에 대한 작업이 이루어져야 한다는 것과 체계적인 점검 및 확인을 위하여 사전 체크리스트(checklist)를 작성하고 그에 의거하여 구체적인 항목을 점검 · 확인하도록 하는 것이다.

| 표 10-2 | 프로그램 실행관리를 위한 준비단계에서의 관리과업

구분	점검 · 정비	행정 · 확인	비고
중점 처리 사항	1. 인적 체제의 정비 • 운영스태프 확인 • 강사의뢰 및 연락 2. 역할분담 • 지도스태프의 역할 • 운영스태프의 역할 3. 조건의 정비 • 장소 확보 · 점검 • 학습 자료의 내용 • 재정확보 상태	1. 프로그램 참가자 모집 2. 참가의 준비 • 참가자 명부 및 명찰 • 학습형태 · 방법 • 학습자료 작성 3. 조건의 확정 · 확인 • 전개안 편성 • 학습 환경 확보 및 확인 • 사전 체크리스트 확인	사전점검 확인철저

출처: 김용현(2011). 평생교육경영론. 경기: 양서원.

한편, 이 체크리스트의 구체적인 내용 구성으로 〈표 10-3〉과 같은 것을 제시할 수 있다(권두승, 1994). 이 체크리스트를 점검하는 것은 프로그램 활동을 실시하기 전에 최종 확인을 위한 것이다. 이를 통한 점검 결과, 착오가 있을 시에는 신속하게 보완할 수 있어야 한다. 또한 만일의 경우 기상조건의 변화, 학습자와 지도자의 사정 등과 같은 상황의 변화에 긴밀하게 대처할 수 있도록 대비책도 마련해야 한다.

| 표 10-3 | 프로그램 실행을 위한 준비단계에서의 체크리스트 구성내용

점검 사항	비고
1. 장소는 잘 준비되어 있는가 • 장소는 지정된 날에 사용할 수 있는가 • 강의실의 크기, 밝기, 환기, 온도는 적절한가 • 책상 및 의자의 수는 적당한가 • 명찰 및 장소의 표시는 되어 있는가	
2. 필요한 교구 준비는 잘 되어 있는가 • 칠판준비(청결상태, 분필준비 등)는 좋은가 • 괘도 등은 준비되어 있는가 • 필요한 기자재 등은 준비되어 있는가 - 영화, VTR, OHP 등의 사용 시 필요한 자료는 준비되어 있는가 - CD 및 테이프는 조정되어 있는가 - 마이크의 여부 및 점검은 되어 있는가 - 설명 및 소개 그리고 종료 후의 모임 계획은 생각하고 있는가	
3. 필요한 자료를 준비하였는가 • 참석자 수만큼의 자료는 준비되었는가 • 참석자들을 위한 종이, 필기구 등은 준비되었는가	
4. 장소의 배치는 적절한가 • 책상 · 의자 · 칠판 · 스크린 · 마이크 등의 위치는 • 지도자 · 자문가 · 기록자 · 배석자의 위치는	
5. 기록준비는 되어 있는가 • 녹음기 · VTR을 사용하는가 • 기록용지 · 필기구 등은 준비되어 있는가	
6. 참석자들에 대한 통지는 잘 되었는가 • 목적 · 일시 · 장소 등에 대하여 정확하게 알렸는가 • 준비물 및 미리 조사해 올 항목에 대하여 잘 알렸는가 • 강사 · 지도자 · 자원봉사자 등에 대한 연락은 하였는가	
7. 참석한 사람들에 대한 안내 • 학습활동에 참여한 사람들을 친절하게 맞이하고 안내할 수 있는 준비는 되어 있는가	

출처: 김용현(2011). 평생교육경영론. 경기: 양서원.

(2) 실천단계

실천단계는 실제로 프로그램 활동을 전개하는 단계로서 평생교육기관의 활동 가운데에서 가장 핵심적인 과정이다. 말하자면, 이 단계는 계획되고, 준비된 프로그램을 실제적으로 행동에 옮기는 단계이다. 이 시기는 프로그램 활동의 생명이 달려 있는 때이고, 목표실현의 장이기도 하다. 이 단계를 실패함이 없이 명쾌하게 전개하기 위한 과업으로서는 ① 역할분담 내용의 확인, ② 프로그램 지도안의 진행, ③ 상황변화에의 대응의 세 가지를 들 수 있다.

주로 운영조직과 관련되는 역할분담 내용의 확인은 지도자 및 운영 스태프의 확인, 준비물의 사전 체크 등과 같은 학습지도 실시 당일에 확인해야 할 가장 중요한 일이다. 또한 개별 프로그램을 지도하기 위하여 구안되고 편성된 프로그램의 진행은 당해 프로그램 담당자에 의하여 실시되는 것으로써 구체적이고도 계획적인 활동을 요구한다. 프로그램 활동의 실시는 도입-전개-심화-정리의 단계로 체계적으로 진행되도록 하고 이 단계마다 의도하는 바가 달성될 수 있도록 제반 조치를 마련하는 것이 필요하다. 그리고 여기서 상황변화에의 적응이란 프로그램의 계획 시에 예상하지 못했던 기상조건의 변화, 지도자의 사정변화, 학습자의 상황변화 등과 같은 일에 직면하였을 때 효과적으로 대처할 수 있는 방향으로 프로그램을 실시해야 한다는 것을 의미한다. 〈표 10-4〉는 체계적인 실시를 위하여 필요한 과업을 나타낸 것이다.

| 표 10-4 | 실천단계에서의 주요 과업

구분	역할분담 확인	프로그램의 실시	상황변화에의 대응
중점 처리 사항	1. 지도의 확인 • 지도자 등 확인 • 학습자의 실태파악 2. 운영스태프의 확인 • 체크리스트 점검 • 자원봉사자 확인 3. 학습자조직 • 그룹편성 • 대표자 선정	1. 도입-전개-심화-정리 단계별 시간배분 2. 실시 단계마다의 반응파악 (지도자, 학습자의 반응) 3. 내용, 방법, 평가의 점검	• 기상조건 변화 • 지도자의 사정 • 학습자의 사정 변화 • 학습장소의 변화 등에 대한 효과적인 대처활동

출처: 김용현(2011). 평생교육경영론. 경기: 양서원.

(3) 정리단계

이 단계는 계획되고 실천된 프로그램에 대하여 계획과정, 실천과정에 대한 결과를 기록하고 정리하는 것을 주로 하는 시기이다. 우리들은 흔히 프로그램을 실천에 옮기고 나면 그것으로 프로그램이 종료된 것으로 생각하기 쉽다. 이는 프로그램의 실천이 거둔 성과와 그 의미를 고려하지 않기 때문이다. 계획하고, 실천에 옮긴 프로그램을 정확하게 기록하고, 정리하여 프로그램에 대한 체계적인 평가를 위한 자료로 활용할 수 있도록 하여야 한다(김용현, 2011).

3) 평가단계의 프로그램 관리

평가단계는 이미 전개한 프로그램 활동의 과정 및 결과에 대하여 기록·정리하고, 평가·보고하는 것을 주로 하는 시기이다. 흔히 프로그램 활동을 실시하면 그것으로 프로그램 활동이 종료된 것으로 생각하기 쉽다. 이것은 계획과 실시만으로 프로그램을 완결시켜 버린다는 것을 의미한다. 그러나 이와 같은 생각은 프로그램의 실시가 가져온 성과라든가 그것이 지니는 의미에 대한 판단을 결여한 것이 되기 때문에 문제가 있다고 볼 수 있다. 따라서 실시한 내용을 정확하게 기록·정리하고, 그를 통하여 체계적인 평가를 위한 자료로 활용할 수 있도록 관련 조치를 취할 필요가 있다. 이제까지 평생교육기관에서 실시하고 있는 정리방법을 살펴보면 대체적으로 다음과 같은 2가지로 대별할 수 있다(권두승, 2000).

그 하나는 실적 보고서 등에 필요한 형식으로써 사업명, 대상 인원, 실시횟수 및 시간수, 강사·자문가·자원봉사자, 내용항목, 경비 등을 주로 '양적 처리형'으로 정리하는 것이 있다. 이는 주로 실적 정리를 위하여 많이 사용하는 방법으로 실제로 이 방법에 의한 정리가 대부분의 기관에서 이루어지고 있다. 다른 하나는 강사의 지도내용, 참여자의 감상문, 질문지 조사 결과표(단순한 수적 처리인 경우가 대부분임) 등 '내용나열형' 정리형이 있다. 이는 당해 기관의 연도별 정리 및 평가, 다음 연도의 사업계획 실시를 하기 위한 기초자료로써 활용하기 위하여 정리하는 경우가 많다. 이와 같은 방법들을 통한 정리는 학습자의 목표달성에 어느 정도 공헌하였는가를 중심으로 정리하는 경우도 있고, 주최자 측의 사업실시의 타당성 여부를 판단하기 위한 자료로 활용하기 위하여 정리하는 경우도 있다(권두승, 2000; 김용현 2011).

| 표 10-5 | 평가단계에서의 프로그램 관리과업

구분	기록	정리	평가
중점 처리 사항	1. 기록, 보고 • 내용정리 • 학습자의 실태파악 2. 기록의 방법 • 슬라이드, VIR, 사진, 문서, CD 등	1. 장소, 강의실, 기구, 게시물 점검 · 정리 2. 경비의 처리	1. 학습 성과 파악 2. 평가실시 및 분석 3. 결과보고

출처: 김용현(2011). 평생교육경영론. 경기: 양서원.

학습정리

1. 계획단계에서 프로그램 관리의 목표는 첫째, 조직체 내·외의 지원자들로부터 신뢰를 얻음으로써 프로그램 존속에 필요한 지지와 자원을 계속적으로 확보하는 것이다. 둘째, 조직목표는 상호 의존적이기 때문에 프로그램 관리자는 관리과업과 기술을 통해 목표를 성취해야 한다.

2. 프로그램의 실행단계는 준비단계, 실천단계, 정리단계의 세 부분으로 구분할 수 있으며, 준비단계는 일정표와 사전 체크리스트를 작성하여 항목을 점검·확인하도록 하는 것이다. 실천단계는 준비된 프로그램을 실제적으로 행동에 옮기는 것으로 이 단계의 과업으로는 ① 역할분담 내용의 확인, ② 프로그램 지도안의 진행, ③ 상황변화에의 대응을 들 수 있다. 정리단계는 실천된 프로그램에 대하여 계획과정, 실천과정에 대한 결과를 기록하고 정리하는 것을 주로 하는 시기이다.

3. 평가단계는 이미 전개한 프로그램의 과정 및 결과에 대하여 정리하고 평가·보고하는 것을 주로 하는 시기이며, 또한 체계적인 평가를 위한 자료로 활용할 수 있도록 관련 조치를 취할 필요가 있다.

평가하기

1. 실행단계의 관리 특성으로 틀린 것은?

① 실행단계는 프로그램이 완전히 가동되면서 시작된다.

② 실행단계에서는 자원과 노력 등의 관심에서 점차 프로그램을 제공하는 서비스에 중점을 둔다.

③ 실행단계 동안 프로그램에 영향을 미치는 일련의 환경적 작용은 더욱 단순해진다.

④ 실행단계에서 가장 큰 과제는 학습자를 확보하는 일이다.

2. 프로그램 실천단계를 실패 없이 전개하기 위한 과업을 틀린 것은?

① 평생교육기관의 외부환경 확인

② 역할분담 내용의 확인

③ 프로그램 지도안의 진행

④ 상황변화에의 대응

3. 평생교육 프로그램 관리의 필요성과 경영자의 역할에 대해 논하시오.

4. 평생교육기관에서 운영되고 있는 프로그램을 조사하고 분석하시오.

정답: 1. ③, 2. ①

참고문헌

교육부(2015). **평생교육법, 평생교육법시행령, 평생교육법시행규칙**. 서울: 교육부.

교육부 · 국가평생교육진흥원(2014). **2013 평생교육백서**. 서울: 한국교육개발원.

교육부 · 한국교육개발원(2014). **2014 교육통계분석자료집**. 서울: 한국교육개발원.

권두승, 최윤실(2009). **평생교육경영론**. 경기: 교육과학사.

권인탁(2011). **평생교육경영론**. 서울: 학지사.

권인탁, 임영희(2013). **평생교육경영론**. 서울: 학지사.

김규태, 강유정, 강성복(2014). **교육행정 및 교육경영**. 경기: 양서원.

김규태, 강유정, 권민석, 최경민(2016). **학습자지원을 위한 현장중심 교육행정 및 교육경영**. 경기: 양성원.

김규태, 김영보, 김정란, 변기흠, 안병규, 이재식, 이혜정, 장동만, 최명숙(2013). **현장전문가가 들려주는 교직실무**. 경기: 공동체.

김성국(2004). **21세기 한국사회의 구조적 변동**. 서울: 정보통신정책연구원.

김용현(2008). **평생교육개론**. 경기: 양서원

김용현 외(2011). **평생교육경영론**. 경기: 양서원.

김용현 외(2014). **평생교육프로그램개발론**. 경기: 양서원.

김정근(2011). **고령화 시대의 노인 1인 가구: 소득변화의 특징과 시사점**. 서울: 삼성경제연구소.

김창엽(2012). **평생교육경영: 평생교육기관의 경영과 전략**. 서울: 청목출판사.

김환식(2015). **2015년 지역 평생교육활성화 지원 사업**. 서울: 한국직업능력개발원.

노규성(2014). **비즈니스 혁신의 10대 경영도구**. 서울: 커뮤니케이션북스.

다니엘 핑크(2011). **새로운 미래가 온다**. 서울: 한국경제신문.

박동오, 송위진(2008). **지속가능한 기술을 향항 새로운 접근: 전략적 니치관리**. 서울: 과학기술정책연구원.

박성호 외(2014). **국가평생학습체제 구축을 위한 평생교육통계 분석 연구**. 서울: 한국교육개발원.

박주희, 임문규, 하정수(2013). **학습하는 조직이 살아남는다**. 서울: 이담.

박찬욱(2013). **인문학 융합의 현상진단 및 정책방향 연구**. 서울: 한국문화관광연구원.

배호순(2008). **교육프로그램 평가론**. 서울: 원미사.

백욱인(2013). **디지털 데이터 · 정보 · 지식**. 서울: 커뮤니케이션북스.

백욱인(2013). **정보자본주의**. 서울: 커뮤니케이션북스.

오석홍(2011). **조직이론(제7판)**. 서울: 박영사.

오혁진(2003). **평생교육경영론**. 서울: 학지사.

오혁진(2012). **평생교육경영론**. 서울: 학지사.

윤호성, 이기동(2011). 소셜네트워크를 이용한 집단지성 측정연구. **디지털 정책연구**, 9(2), 53-63.

이명진(2012). 네트워크 사회의 도래와 공공성의 특성 변화: 영역, 경계, 행위자, 배제를 중심으로. **한국사회**, 13(1), 63-85.

이영찬, 임영규, 정혜숙(2010). **현대사회, 탈현대사회**. 대구: 계명대학교출판부.

이재열 등(2004). **위험사회와 생태적 · 사회적 안전**. 서울: 정보통신정책연구원.

이재현(2013). **SNS의 열 가지 얼굴**. 서울: 커뮤니케이션북스.

이찬영, 태원유, 김정근, 손민중(2011). **인구고령화의 경제적 파장: 성장잠재력, 생산성, 세대 간 일자리 대체를 중심으로**. 서울: 삼성경제연구소.

이항우, 이창호, 김종철, 임현경 외(2011). **정보사회의 이해**. 서울: 미래인.

이향란(2015). **평생교육경영론**. 경기: 공동체.

장성원 외(2013). **미래산업을 바꿀 7대 파괴적 혁신기술**. 서울: 삼성경제연구소.

정정길, 최종원, 이시원, 정준금, 정광호(2012). **정책학원론**. 서울: 대명출판사.

정지선(2011). **신가치창출 엔진, 빅데이터의 새로운 가능성과 대응 전략**. 서울: 한국정보화진흥원

최은수, 배석영(2008). **평생교육경영론**. 경기: 양서원.

최은수, 배석영(2018). **평생교육경영론(개정판)**. 경기: 양서원.

최항섭(2009). 레비의 집단지성: 대중지성을 넘어 전문가지성의 가능성 모색. **사이버커뮤니케이션학보**, 26(3), 287-322.

클라우스 슈밥(2016). **클라우스 슈밥의 제4차 산업혁명**. 서울: 새로운 현재.

하원규, 최남희(2016). **제4차 산업혁명**. 서울: 콘텐츠하다.

한국경제연구원(2010). **지식경영: 조직 내 지적 자산의 창출 및 공유 · 확대방안**. 서울: 21세기북스.

한숭희(2009). **평생교육론**. 서울: 학지사.

한일영, 한창수, 신형원, 김진성(2011). **인문학이 경영을 바꾼다**. 서울: 삼성경제연구소.

홍성태(2005). **정보위험사회의 도래와 대응에 관한 연구**. 서울: 정보통신정책연구원.

Castells, M. (2003). 네트워크 사회의 도래(김묵한, 박행웅, 오은주 역). 서울: 한울아카데미. (원서 2000년 발행)

Daft, R. L. (2013). **조직이론과 설계**(김광점 등 역). 서울: 한경사. (원서 2009년 발행)

George, J. M., & Jones, G. R. (2015). **조직행동론(6판)**. (양동훈 역). 서울: 시그마프레스.

Giddens, A., & Sutton, P. W. (2014). **현대사회학**(김미숙 등 공역). 서울: 을유출판사. (원저 2013년 발행)

Hoy, W. K., & Miskel, C. G. (2013). *Educational administration*(9th ed.). New York: McGraw-Hill.

Lengrand, P. (1970). *An introduction to lifelong education.* London: The UNESCO Press.

Lèvy, P. (2002). **집단지성: 사이버공간의 인류학을 위하여**(권수경 역). 서울: 문학과 지성사. (원저 1994)

Roco, M. C., & Bainbridge, W. S. (2003). Overview converging technologies for improving human performance. *In Converging technologies for improving human performance* (pp. 1-27). Springer, Dordrecht.

Tapscott, D., & Williams, A. D. (2009). **위키노믹스** (윤미나 역). 서울: 21세기북스. (원저 2006년 발행)

Toffler, A. (2008). **제3물결**. 서울: 한국경제신문. (원저 1980년 발행)

〈참고사이트〉

법제처

찾아보기

〈인 명〉

〈내 용〉

ㄱ

저 / 자 / 소 / 개

■ **김진숙**

숙명여자대학교 대학원 문학박사
현, 대구한의대학교 중등특수교육학과 교수
대구한의대학교 평생교육융합학과장

■ **김규태**

동국대학교 대학원 교육학박사
The University of Texas at Austin 철학박사
현, 계명대학교 교육학과 교수

■ **서민호**

대구한의대학교 대학원 사회복지학박사
현, 영남외국어대학교 사회복지과 교수

■ **조정선**

대구대학교 대학원 이학박사
현, 대구한의대학교 중등특수교육학과 외래교수

평생교육경영론

1판 1쇄 인쇄 – 2018년 9월 5일
1판 1쇄 발행 – 2018년 9월 10일

저　　자 - 김진숙 · 김규태 · 서민호 · 조정선
발 행 인 - 강철원
발 행 처 - 양성원
주　　소 - 경기도 파주시 검산로 173번길 29-20
전　　화 - 031-946-3861(代)
팩　　스 - 031-946-3864
이 메 일 - tnwpub@naver.com
홈페이지 - tnwpub.co.kr
출판등록 - 2015년 8월 31일 제 2015-000211 호

ISBN 979-11-6126-142-3

정가 19,000원